हिन्दी दलित साहित्य : एक मूल्यांकन

हिन्दी दलित साहित्य : एक मूल्यांकन

सम्पादक

डॉ. प्रमोद कोवप्रत

वाणी प्रकाशन

वाणी प्रकाशन
4695, 21-ए, दरियागंज, नयी दिल्ली 110 002
फ़ोन : +91 11 23273167 फ़ैक्स : +91 11 23275710
शाखाएँ
अशोक राजपथ, पटना 800 004, बिहार
कॉफ़ी हाउस कैम्पस, महात्मा गांधी मार्ग, इलाहाबाद 211 001, उत्तर प्रदेश
महात्मा गांधी अन्तरराष्ट्रीय हिन्दी विश्वविद्यालय, वर्धा 442 001, महाराष्ट्र
www.vaniprakashan.in
marketing@vaniprakashan.in
sales@vaniprakashan.in

HINDI DALIT SAHITYA : EK MOOLYANKAN
Edited by Dr. Pramod Kovprat
ISBN : 978-93-5072-837-6
Criticism/Dalit Literature

प्रथम संस्करण 2016
आवृत्ति 2018

मूल्य : ₹ 595

एम.एस. प्रिंटर्स, दिल्ली-110 095 में मुद्रित

वाणी प्रकाशन का लोगो मक़बूल फ़िदा हुसेन की कूची से

अनुक्रम

भूमिका

लगभग पिछले तीन दशकों से दलित विमर्श हिन्दी में गरम चर्चा का विषय रहा है। वैसे तो सत्तर-अस्सी के बाद साहित्य के क्षेत्र में नये-नये विमर्शों की बाढ़ ही आ गयी है। उत्तराधुनिक युग में खासकर हाशिए के विमर्श ने अपनी विशेष जगह पा ली है। यह आकस्मिक नहीं हो सकता। इसके पीछे अवश्य सामाजिक, राजनीतिक, आर्थिक तथा सांस्कृतिक कारण क्रियारत हैं। भारत में मराठी भाषा में पहले पहल दलित विमर्श तथा आन्दोलन की चर्चा शुरू हुई है। सम्पूर्ण भारतीय साहित्य में जो दलित चर्चाएँ फिलहाल चल रही हैं, उसकी जड़ें मराठी भाषा में ढूँढ़ना सार्थक एवं समीचीन होगा।

'हिन्दी दलित साहित्य : एक मूल्यांकन' नामक इस पुस्तक के पीछे मुख्यतः दो तरह की प्रेरणाएँ रही हैं। उसमें एक तो प्रस्तुत विषय की प्रासंगिकता है तो दूसरी हिन्दी में दलित कृति केन्द्रित मूल्यांकनपरक समीक्षा ग्रन्थों का अभाव है। दलित साहित्य पर पुस्तकें कई हैं, पर कृतियों के समग्र मूल्यांकन की कमी कभी-कभी महसूस होती है। इसी परिप्रेक्ष्य में यह पुस्तक तैयार की गयी है। पूरे दो साल का श्रम इसमें लगा है। प्रस्तुत पुस्तक में उनतीस आलेख शामिल हैं, जिनमें कविता, कहानी, नाटक, उपन्यास तथा आलोचना केन्द्रित रचनाओं का मूल्यांकन एवं विश्लेषण प्रस्तुत है। सभी दलित कृतियाँ इसमें शामिल नहीं हैं। आशा है कि छूटी कृतियों को अगली पुस्तक में शामिल कर सकते हैं। भारत के भिन्न-भिन्न प्रान्तों के विश्वविद्यालयों तथा महाविद्यालयों के विद्वान लोग एवं शोधार्थियों ने अपना आलेख देकर इसमें योग दिया है। उन सभी के प्रति मैं हृदय से आभारी हूँ। वाणी प्रकाशन तथा अरुण माहेश्वरी के प्रति विशेष आभारी हूँ जिन्होंने मेरी इस सारस्वत साधना को पाठकों तक पहुँचाने का महत्त्वपूर्ण कार्य किया है। पाठकों की प्रतिक्रिया सादर प्रार्थित है।

डॉ. प्रमोद कोवप्रत
एसोसिएट प्रोफेसर
हिन्दी विभाग, कालिकट विश्वविद्यालय
मलप्पुरम जिला, केरल-673635
मोबाइल-09447887384
ई-मेल : drpramodcu@gmail.com

'मुर्दहिया' : अन्तर्पाठ

–डॉ. गजेन्द्र पाठक

प्रो॰ तुलसीराम के गाँव से पूरब दिशा में बनारस है और पश्चिम की ओर अमेठी। बनारस में तुलसीदास रहते थे अमेठी में जायसी। उनके गाँव में पूरबी हवा का असर यह हुआ कि वे तुलसी हो गए। जाति के कारण राम भी हो गए। पछिया हवा का असर यह हुआ कि होश सँभालने से ही पहले एक आँख के हो गए। जायसी को याद कीजिए एक आँख का होना जितना कष्टमय है उतना दोनों आँखों से हीन होना भी नहीं है। सूरदास दोनों आँखों से अंधे थे, घिघिया रहे थे लेकिन उनके मन में अपशकुन होने की पीड़ा नहीं थी। यह पीड़ा जायसी को थी। तुलसीराम को है।

आप देखें कि हिंदी साहित्य के हजार वर्ष से ऊपर के इतिहास में जायसी को छोड़कर कोई दूसरा कवि नहीं मिलेगा जिसे अपनी कुरूपता पर इतना गहरा अफसोस हो। एक ही आँख, चेहरा कुरूप, शरीर पर मांस नहीं और शरीर के अन्दर खून भी नहीं। यह कवि अपनी काया को लेकर कितनी पीड़ा और आत्मदया की भाव से गुजरा होगा इसका अहसास 'पद्मावत' के शुरू और आखिर में दिखाई पड़ता है। अपने रक्त की लेई से जिस प्रेमकाव्य को वह जोड़ने चले थे उसमें खून की जब कमी महसूस हुई तब आँख के आँसुओं का सहारा लेना पड़ा लेकिन हाय री किस्मत! आँख भी तो एक ही है, इसलिए आँसुओं का भी अकाल।

मुर्दहिया में तुलसीराम जायसी का नाम नहीं लेते। तुलसीदास को बार-बार याद करते हैं। शायद अपने नाम के कारण। लेकिन मुझे उनमें तुलसीदास से ज्यादा जायसी दिखाई पड़ते हैं। घर छोड़कर जब वे निकलते हैं तो वह पीड़ा उन्हें हृदय कि उस गहराई तक विचलित करती है जिससे उनकी उस आँख से भी आँसू निकल जाते हैं जिससे दिखाई नहीं पड़ता–"इन सबके बीच मेरे मस्तिष्क पर हावी हो गयी मेरी 'अपशकुन' वाली छाया। चेचक से जिस दाई आँख की रोशनी चली जाने के कारण लोग मुझे देखकर रास्ता बदल देते थे उससे भी उतनी ही जलधारा फूट पड़ी थी जितनी रोशनी वाली आँख से।" (पृष्ठ 163)

हिन्दी साहित्य का इतिहास अवधी के बिना अधूरा है। हिन्दी की अकेली ऐसी बोली है अवधी जिसने दो बड़े उपहार लगभग आगे पीछे दिया है दुनिया को। 'पद्मावत' और 'रामचरितमानस' के रूप में। ये दोनों महाकाव्य भारत के बड़े भूगोल को भी शामिल करके चलते हैं। एक की कथा श्रीलंका से शुरू होती है और राजस्थान, दिल्ली और उडीसा को शामिल करती है। 'रामचरितमानस' में नेपाल से लेकर श्रीलंका का वृत्त शामिल है। मेरी जानकारी में यह शायद हिन्दी साहित्य के इतिहास की उन थोड़ी सी रचनाओं में है जिनसे समुद्र का विस्तार दिखाई पड़ता है। तीन ओर से समुद्र से घिरे भारत की किसी रचना में समुद्र न आए तो जाहिर है हमारी सांस्कृतिक चेतना में भौगोलिक समझ का अभाव है। पद्मावत और रामचरितमानस ने अवधी भाषा को जो ऊँचाई दी है उसकी अनुगूँज पूरे देश में सुनाई पड़ती है लेकिन अवध में कुछ ज्यादा ही। इसी का परिणाम था कि प्रो॰ तुलसीराम को कक्षा आठ तक आते-आते तुलसीदास की 'रामचरितमानस' के तमाम प्रिय प्रसग कंठस्थ हैं। शादी-विवाह में शास्त्रार्थ की परम्परा भी रही है। तुलसी का नाम उन्हें कितना बचा पाया यह तो नहीं कह सकते लेकिन तुलसी के दोहों ने उन्हें अपशकुन की यातना के विशाल मरुस्थल में कभी-कभी आयसिस की तरह जो सम्मान दिलाया है उसके लिए वे रामचरितमानस के ऋणी हैं। रामचरितमानस के प्रति उनका यह प्रेम 'मुर्दहिया' के अंत-अंत तक दिखाई पड़ता है, जहाँ वे आपनी माँ का बक्सा चुराकर घर से भागने के यत्न में रामचरितमानस, गीता और हाई स्कूल की मार्क्ससीट को नहीं भूलते। अपनी भाषा और साहित्य-संस्कृति में क्लासिक की क्या भूमिका होती है इसे समझने के लिए 'मुर्दहिया' एक नया दरवाजा खोलती है। अपनी जातिगत और शारीरिक हीनता के वावजूद रामचरितमानस के प्रति उनका गहरा लगाव कुछ सवाल खड़ा करता है। एडवर्ड सईद ने समुअल जी हटिंग्टन के मशहूर निबंध सभ्यताओं का संघर्ष का प्रत्याख्यान करते हुए एक महत्वपूर्ण बात की हैं जो इस प्रसंग में उल्लेखनीय है। उन्होंने लिखा है कि, "संस्कृतियों के टकराव को मैनेज करने और उन्हें समझाने पर ज्यादा ही तवज्जो दिए जाने की वजह से उनके बीच अक्सर होने वाले महान, अक्सर खामोश आदान-प्रदान और संवाद का तथ्य मिट जाता है।"

तुलसीदास हिन्दी के सर्वाधिक विवादास्पद कवि हैं। विवाद की पहली शुरुआत भारतीय नवजागरण के एक अग्रदूत स्वामी दयानन्द सरस्वती ने की। 'सत्यार्थ प्रकाश' की भूमिका में उन्होंने एक सच्चे हिन्दू से उम्मीद की कि उसे तुलसीदास से बचना चाहिए। उसी गुजरात के गाँधी ने इसके ठीक उलट तुलसीदास के प्रति अपनी आस्था प्रकट करते हुए न सिर्फ यह कहा कि जव तक हिन्दी में तुलसीदास हैं तब तक यह भाषा मर नहीं सकती बल्कि इससे भी आगे गाँधी ने अपनी 'राम-राज्य' की परिकल्ना का वैचारिक आधार 'रामचरितमानस' से ग्रहण किया।

गाँधी के विरोधियों ने तुलसीदास के वर्णाश्रम संबंधी विवादास्पद विचार से

सहमति दिखाने के लिए उनपर सवाल खड़ा किया और यह सवाल अपनी जगह एक ठोस सवाल था। ज्योतिवा फुले और डॉ॰ वी॰आर॰ अम्बेडकर जैसे जाति विरोधी विचारकों ने गाँधी से इसपर गंभीर बहस की है। जिससे आप सब परिचित हैं।

इसी प्रसंग में यह एक आकस्मिक संयोग है कि अछूत जाति में पैदा होने वाले तुलसीराम इस 'रामचरितमानस' से क्यों इतना गहरा लगाव रखते हैं। जाहिर है उनका यह लगाव उन वैचारिक कारणों से नहीं है जिसके चलते उसका विरोध है बल्कि ये कारण उससे भी गहरे हैं और जिनका संबंध अपनी भाषा कीं उन विराट संभावनाओं से है जिनमें असहमतियों के बावजूद एक खामोश संवाद की प्रक्रिया जारी है याद करें कि लेनिन के लिए टॉलस्टाय और माओ के लिए प्राचीन मिथक किन कारणों से प्रिय थे। किन कारणों से भगत सिंह को लगता था कि तुलसी और कबीर की कविताओं को जन सामान्य तक पहुँचाए बगैर सामाजिक चेतना की वैचारिक ऊँचाई नहीं बढ़ाई जा सकती। यह वही दृष्टि थी जिससे बूर्जुआ समाज का चित्रण करते हुए भी टॉलस्टाय के साहित्य को रूस के झोपड़ों त्तक पहुँचाने के लिए लेनिन कृत संकल्प थे।

एक बचपन अपनी भाषा की जिस पुरानी परम्परा से जुड़ सकता है उसमें उसकी मानसिक चेतना की अवस्था भी मायने रखती है। यह चेतना जहाँ से शुरू होती है तुलसीदास का रामचरितमानस उसे वहीं से पकड़ लेता है। बचपन से ही यह जुड़ाव बुढ़ापे तक कायम रहता है। जवानी में कुछ दिनों के लिए भले ही छूट जाय। रामचरितमानस का यह जादू अगर तुलसीराम को अपनी गिरफ्त में लेता है तो यह आश्चर्य का विषय नहीं है।

'मानस का हंस' के तुलसीदास को बनारस के ज्ञानियों ने डराने धमकाने की बहुत कोशिश की। इसी कोशिश के तहत भूत का भय भी खड़ा किया था। हनुमान चालीसा' इसी भय का परिणाम है। 'मुर्दहिया' के तुलसीराम 'मानस का हंस' के तुलसीदास से इस धरातल पर मेल खाते हैं।

'मुर्दहिया' के पहले अध्याय का शर्षिक ही है 'भुतही पारिवारिक पृष्ठभूमि'। दरअसल 'भूत शास्त्र' का मनोविज्ञान, समाजशास्त्र और अर्थशास्त्र जाने बगैर इस बीमारी पर बातचीत मुश्किल है। कुछ वर्ष पहले मुँहनोचवा के आतंक से देश के कई राज्य पीड़ित थे। हरिओम की एक कहानी छपी थी इसी विषय पर, इसी शर्षिक से उन्होंने मुँहनोचवा के राजनीतिशास्त्र से परिचित कराया था। गाँव में भूतों की कथाओं का भी यह राजनीतिशास्त्र, समाजशास्त्र और अर्थशास्त्र रहा है। बीमारी में डॉक्टर के पास न जाकर ओझा के पास ओझौती कराना या किसी की हत्या के पीछे भूतों की भूमिका का अफवाह फैलाना, सबके पीछे यही सब अर्थशास्त्र काम करता है।

सारी व्यवस्थाएँ भय की खेती करती हैं। भय की इस खेती का ही प्रारंभिक चरण भूत कथा से जुड़ा हुआ है। किसी का धर, किसी का खेत हड़पने के लिए

भूतों का कितना उपयोग अपने देश में हुआ है इसका इतिहास लिखा जाए तो वह मात्रा में उस इतिहास से कम नहीं होगा जिसमें सार्वजनिक और सरकारी जमीन, सड़क आदि हथियाने के लिए भगवान् का उपयोग हुआ है। मुझे लगता है कि दुनिया के प्रायः हिस्सों में शासन तंत्र की शुरुआत भूत और भगवान से हुई है। दोनों के बीच गठबंधन का क्या आलम है इसे तुलसीराम ने अपनी आत्मकथा में एक रूपक के माध्यम से समझने का प्रयास किया है। भूत और भगवान के बीच बाबाओं की सत्ता भी उल्लेखनीय है। शिवनारायण पंथ की चर्चा की है उन्होंने जो स्वयं बलिया के बाबू साहब थे लेकिन अनुयाई सिर्फ दलित जाति के लोग बने। प्रो॰ तुलसीराम इस गुरु-शिष्य परम्परा को रहस्यमय मानते हैं। दरअसल सामंतवाद, साम्राज्यवाद, पूँजीवाद अपने आप में रहस्यमय व्यवस्थाएँ हैं। ठीक उसी तरह से जिस तरह से धर्म। यह रहस्यमयता अवतारवाद में विश्वास रखती है। सत्ता, पूँजी और धर्म तीनों यहाँ मिल जाते हैं। यही कारण है कि जब उन्हें अपने एक अवतार पर कोई खतरा दिखाई पड़ता है तब वे उस अवतार की जगह नये अवतार को बहुत करीने से पेश करने की कला जानते हैं। दलित समाज, क्षत्रिय, जमींदार की बात न माने लेकिन क्षत्रिय बाबा से कहाँ बच कर जाएगा। कार्लमार्क्स ने मुनष्य की चेतना की ऐतिहासिक विकास यात्रा पर बात की है। चेतना का विकास धीरे-धीरे होता है। विस्फोट के साथ विकास नहीं होता। इसीलिए साहित्य जैसी चीजों की जरूरत बनी रहती है। मार्क्स की इस धारणा को एक आख्यान का रूप देते हुए जिस तरह से चेतना के मंथर विकास की बात की है उसमें कहीं भी आक्रोश नहीं दिखाई पड़ता। मार्क्सवाद से बुद्ध की यात्रा में उन्हें यही चीज सबसे ज्यादा प्रभावित करती है कि करुणा और आक्रोश दोनों में से किसी एक को चुनना हो तो वह चुनाव करुणा का ही होगा क्योंकि आक्रोश से पैदा आक्रोश टिकाऊ नहीं होता जबकि करुणा से आक्रोश पैदा होने की संभावना लम्बे समय तक बनी रहती है। स्वयं बुद्ध ने खौलते पानी की जगह ठंडे पानी का रूपक दिया है जिसमें चेहरा दिखाई पड़ता है। खौलते पानी में जैसा चेहरा दिखाई पड़ेगा उसका अनुमान कर सकते हैं। देख भी सकते हैं। वह चेहरा सबकुछ होगा सिर्फ असली नहीं होगा।

प्रो॰ तुलसीराम की वैचारिक यात्रा बुद्ध से शुरू होकर बुद्ध तक पहुँची है। बीच में कार्लमार्क्स हैं। बुद्ध से पहला परिचय स्कूल के एक अध्यापक के जरिए हुआ था और उनमें दिलचस्प बात यह थी कि, "चलचित्र की तरह बुद्ध हमेशा घोड़े पर सवार थे लेकिन वात यह थी कि अपने सभी कर्मों में अतियों से विलग गौतम बुद्ध ने मध्यम मार्ग पर चलने की सलाह दी। यही था उनका महाज्ञान।"

2

तुलसीराम की इस आत्मकथा में तुलसीदास, प्रेमचंद और रेणु की शैली का प्रभाव

देखा जा सकता है। महाकाव्य, उपन्यास और कहानी के सम्मिलित तथ्यों का उपयोग करते हुए उन्होंने जिस नाटकीयता का चुनाव किया है उसमें जो सबसे महत्वपूर्ण वात लगती है वह है बच्चों को आकर्षित करने वाली शैली। किसी भी साहित्यकार के लिए साहित्य का लोकतंत्र बच्चों से शुरू होता है। तुलसीदास, प्रेमचंद और रेणु साहित्य के इस लोकतंत्र में बच्चों की भूमिका से परिचित थे। बाबा नागार्जुन ने भी उनके इस महत्त्व को समझा है। जो साहित्य छोटे बच्चों को आकर्षित न कर सके और उन्हें उँगली पकड़ कर अपने साथ लेकर चलने का प्रयास न करे वह साहित्य लम्बे समय तक चल भी नहीं सकता। जीवन और साहित्य के रिश्ते की शुरुआत जितनी जल्दी हो जाये वह उतना ही अच्छा। तुलसीराम की 'मुर्दहिया' में यह विशेषता सहज ही दिखाई पडती है।

'मुर्दहिया' में एक पात्र हैं जोगी बाबा। जिनके बारे में लेखक का यह कहना है कि उस व्यक्ति ने कभी गद्य में कोइ बात नहीं की। शब्द निकला 'आँधी' और कविता निकल चली—

'जइसन कहत बड़ा आँधी
वइसन मारल गईले गाँधी
बड़ ससतिया सहबा राम'

ये जोगी, फकीर, दरवेश गाँवों में हमारे बचपन तक मौजूद थे। अप्रासंगिक और हास्यास्पद दिखने वाले इन लोगों ने कभी हिन्दी साहित्य की शुरुआत की थी और और बाद में भक्ति आन्दोलन के द्वारा लोकजागरण के प्रणेता बने। इनका योगदान बताता है कि ये लोग नहीं थे। इन्हें हमने बेकार समझा उधैर उन्होंने हमें; अर्थात् सांसारिक लोगों को। किसकी समझ सही है और किसकी गलत इस पर बड़े-बड़े लोगों ने शास्त्रार्थ किया है। प्रो॰ तुलसीराम ने इस जोगी बाबा के चरित्र को बेकार नहीं समझा है बल्कि उनकी समझ और उनकी उक्तियों के वे कायल हैं। 'मुर्दहिया' में उनसे उनका निरंतर संवाद है और उन्हें यह लगता है कि घर-गाँव के लोग भले ही उन्हें अपशकुन समझते हों लेकिन कम से कम यह व्यक्ति उन्हें किसी से भी कमतर नहीं समझता। आत्मकथा के आखिर में गाँव छोड़ते समय उनका जोगी बाबा के पास जाना और उनके पैरों पर गिरना उनसे उनकी आत्मीयता का सूचक है। बाबा की यह काव्य-दृष्टि भी उन पर लागू होती है—

"जइसन कहत बाड़ा बाबा
बइसन जइबा काशी काबा
बड़ ससतिया सअबा राम"

प्रेमचंद के लेखन की सबसे बड़ी विशेषता यही मानी जाती है कि उन्होंने अपने कथा साहित्य के माध्यम से मनुष्यता के अमर नायकों की रचना की। मनुष्यता के नायक वह नहीं थे जो समाज और इतिहास के नायक थे। बल्कि वे थे जिन्हें मनुष्य

जैसा समझने की जरूरत ही नहीं समझी गयी। 'मुर्दहिया' के तुलसीराम के दादा का नाम जूठन है। हल्कू, गोबर और घीसू-माधव की तरह। नाम का समाजशास्त्रीय अध्ययन हिन्दी साहित्य के लिए अलग से शोध का विषय हो सकता है। जूठन शब्द का अर्थ बताने की जरूरत है। यदि इस शब्द के सांस्कृतिक समाजशास्त्र से परिचित होना हो तो इसी नाम से ओमप्रकाश वाल्मीकि की आत्मकथा देखी जा सकती है। जूठन की क्या हैसियत हो सकती है इसका पता 'मुर्दहिया' में मिल जाता है। भूत के नाम पर जिस व्यक्ति की हत्या खेत की रक्षा करते हुए हो जाती है और यह दुष्प्रचार अंधविश्वास के आवरण में घोर रहस्यवाद का शिकार हो जाता है। मरने वाले का नाम और मारने वाले के नाम से दंड संहिता का विधान चलता है लेकिन जब मारनेवाले का नाम और रूप दोनों अज्ञात हो तब दंड सहिता की न तो कोई आवश्यकता है और न ही कोई जरूरत। इस जूठन की इतनी सी कथा है। दादा जूठन तो दादी मुसड़िया। पिता तेरसी तो माँ धीरजा। होरी के बच्चों की तरह तेरसी और धीरजा की भी प्रारंभिक संताने थोड़ा बड़ा हो होकर सब मरती चली गयी। तुलसीराम के जन्म की कथा में पिता का उन्हें भावी मछरमरवा के रूप में देखना तो बाबा हरिहरदास का राम कथा के रूप में। दुर्भाग्यवश वे न तो मछरमरवा बने और न ही राम।

लेखक का अपनी दादी से जो लगाव इस आख्यान में दिखाई पड़ता है वह बेहद दिलचस्प है। दादी के माध्यम से उस पुरानी दुनिया को देखने की खिड़की खुलती है जिस खिड़की के पास जाने की जरूरत इस देश की ज्ञान मीमांसा ने कभी समझी ही नहीं। दादी के अपने विश्वास टोटके, लोकगीतों, लोककथाओं और पुराने छोटहिया सिक्कों की जो गठरी है उस गठरी के महत्व को तुलसीराम ने समझा है। यह एक ऐसा संसार है जिससे भारत का सवर्ण समाज और शहरी समाज कोसों दूर हैं।

3

तुलसीराम का गाँव मूलरूप से ब्राह्मण और हरिजनों का गाँव है। ब्राह्मण गाँव के जमीन वाले भी हैं। प्रेमचद को जब अपने साहित्य में खलनायक चुनना होता था तो प्रायः ब्राह्मण का ही चुनाव करते थे। भारत की जो बीमारी रही है वह सत्ता और धर्म के गठबंधन की रही है। सामन्तवाद और वर्णाश्रम व्यवस्था के बीच एक अजीब किस्म का घालमेल रहा है। ब्राह्मण जमींदार भी हो तो इस घालमेल का इससे बेहतर प्रतीक कौन हो सकता है। मुर्दहिया में ऐसे प्रतीकों की संख्या कम नहीं हैं। बहुत हैं। वर्णाश्रम व्यवस्था, सामंतवाद और स्वाधीन भारत की राजनीति यदि तीनों का गठबंधन ब्राह्मण के रूप में दिखाई पड़े तो समस्या और भी गंभीर है। जवाहर लाल नेहरू ने इन तीनों का गठबंधन कायम रखने का प्रयास किया था। जमींदारों के प्रति उनकी हमदर्दी थी। स्वाधीनता आन्दोलन के क्रम में उन्होंने जमींदारी प्रथा

के विरोध के प्रस्ताव को बेवक्त की बाँसुरी कह कर खारिज कर दिया था। ब्राह्मण उनकी कमजोरी थे इसका प्रमाण आजादी के बाद अधिकांश राज्यों के मुख्यमंत्रियों की जाति के रूप में देखा जा सकता है। किन्तु कोड बिल के मामले में अम्बेदकर के त्यागपत्र प्रसंग में भी उनकी यह कमजोरी देखी जा सकती है। डॉ॰ अम्बेदकर कि जगह बाबू जगजीवन राम को सामने लाकर उन्होंने हरिजन वोट बैंक को अपने पक्ष में लाने का काम किया। बाद में मुसलमान भी आए। कांग्रेस की राजनीति में ब्राह्मण, हरिजन, मुसलमान का शामिल होना देश का एक विडंबना जनक रूपक है। तीनों तीन छोर पर लेकिन कौन सा सामाजिक मनोविज्ञान रहा है जिसके चलते ये तीनों समुदाय लम्बे समय तक सामाजिक रूप से नहीं राजनीतिक रूप से एक समीकरण के शिकार हुए।

आप देखिए कि जायसी, तुलसीदास और तुलसीराम तीनों के समुदाय कांग्रेस के साथ रहे हैं। बाद में उत्तर प्रदेश में मायावती ने इस समीकरण का अपने पक्ष में उपयोग किया। मेरा मानना है कि भारतीय समाज के ये तीनों एक्सट्रीम (extream) असुरक्षा ग्रंथि के शिकार रहे हैं। हरिजन और मुसलमान की असुरक्षा ग्रंथि तो समझ में आती है लेकिन बाह्मण की असुरक्षा ग्रंथि का सम्बन्ध लम्बे समय से उसके विरोध की परम्परा का परिणाम है। आज विचार करें कि बुद्ध से लेकर अब तक अपने देश में ब्राह्मण जाति का बाकी सभी जातियों ने अलग-अलग समय पर विरोध किया है। इसलिए असुरक्षा ग्रंथि के इस सामाजिक त्रिकोण में अपशकुन के शिकार ब्राह्मण जाति से आने वाले चरित्र भी हैं। मुर्दहिया में अपशकुन के प्रतीक जो तीन चरित्र हैं उसमें दो ब्राह्मण जातियों से आते हैं।

गुलेरी जी का 'कछुआ धर्म' याद आता है। कैसे हिन्दू धर्म इतना कमजोर हो गया कि समुद्र में पैर रखने से भ्रष्ट हो जाता था और विद्यार्थियों द्वारा कुँआ छू लेने से धर्म पर बन आती थी। जिस धर्म में कुँआ से लेकर समुद्र तक पवित्रता की क्षीण रेखा पर अवस्थित हो उस धर्म को लेकर चलने वाले देश का यह होना किसी आश्चर्य का विषय नहीं है। पात्र की पवित्रता पर सवाल उठाते हुए ही कबीर ने "पांडे बूझि पियाए तुम पानी" जैसी मार्मिक और वैज्ञानिक सूझबूझ से भरी हुई कविता लिखी थी। कैसी मानवीय व्यवस्था हमने बनाई थी जिसमें एक अबोध बालक घर से निकलकर ज्ञान की पाठशाला में शामिल होने का स्वम्न देखते हुए एक चुल्लू पानी के लिए तरस रहा है। कुएँ और प्यास के बचि मिसिर बाबा जैसे अमानवीय चरित्र हमारी संवेदना को झकझोर देते हैं। 'ठाकुर के कुएँ' ऐर मिरिग्र बाबा और तुलसीराम को कांग्रेस पार्टी या बहन मायावती एक साथ पानी पिलाने की क्षमता रखती हैं।

4

बाल्मीकि रामायण और भवभूति के 'उत्तर रामचरित' में शम्बूक का वध तो महाभारत

में एकलव्य प्रकरण दोनों मिथक यह संदेश देते हैं कि ज्ञान की दुनिया में दाखिल हो के लिए अपने देश में सवर्ण होना पहली शर्त थी। आजादी के बाद शिक्षा में औ नौकरी में आरक्षण का यह सांस्कृतिक आधार है। ज्ञान और शिक्षा में श्रमिकों औ स्त्रियों को बाहर रखा गया। ब्राह्मणों ने जो अफवाह फैलाई थी कि पढ़ने से लो पागल हो जाते हैं उस अफवाह का एक मकसद था और यह मकसद एक षडयं से जुड़ा हुआ था। सभ्यता का इतिहास इस बात का साक्षी है कि सशक्तिकरण क सीधा सम्बन्ध शिक्षा से है। जिसने ज्ञान की शरण ली वही आगे बढ़ा है। अभ सोनी टी॰वी॰ वालों ने 'Indian Idol' का जो बहुत बड़ा आयोजन कराया था उस बाबा साहब अम्बेदकर सर्वप्रथम भारतीय प्रतीक सिद्ध हुए। क्यों? क्या उस मतदा में सिर्फ दलित जाति के लोगों ने हिस्सा लिया था। नहीं! सबसे कम हिस्सा उनक था। फिर भी बाबा साहब सर्वप्रथम कैसे रहे। इसका कारण यह था कि भारत स भ्रष्टाचार के बावजूद अगर तरक्की की राह पर चल निकला है तो उसका कार यहाँ की नौजवान पीढ़ी का ज्ञान और शिक्षा के प्रति अनुराग और ललक है। शिक्ष के प्रति ललक पैदा करने का पहला काम बाबा साहब ने किया था। स्वाधीन अंग्रेजों को भगाने से नहीं आती ज्ञान और शिक्षा से आती है। बाबा साहब यही बताया था। तुलसीराम आजमगढ़ में पहली बार छात्रावास के नाम में बा साहब अम्बेडकर का नाम सुनते हैं। अम्बेडकर का गाँधी से लड़कर दलितों के लि आरक्षण लेना और हिन्दू धर्म छोड़कर बौद्ध धर्म में जाना तुलसीराम को उनके प्र आकर्षित करता है। लेकिन इससे भी बड़ी चीज जो उन्हें साहब से जोड़ती है व उस दीवार में सुराख लगाने की कोशिश है जो करोड़ों शम्बूकों और एकलव्यों लिए बहुत-बहुत ऊँची थी। बाबा साहब ने इस दीवार को तोड़कर एक चौड़ा दरवा खोलने का काम किया था। तुलसीराम उसी दरवाजे से निकलकर ज्ञान की जो र चुनते हैं वह बहुत कठिन है लेकिन दुर्गम नहीं है।

5

हम किसी की आत्मकथा क्यों पढ़ते हैं। गाँधी की आत्मकथा एक जमाने में लोकप्रि हुई। इस लोकप्रियता का कारण यही था कि उस गाँधी को अपनी ताकत न कमजोरी दिखतीं थी। कैसे एक इंसान अपनी कमजोरियों के बावजूद कुछ ब हासिल करने की कोशिश करता है। पाण्डेय बेचन शर्मा 'उग्र' ने 'अपनी खब में उस ब्राह्मण जाति की भी खबर ली है जिसकी जाति में उनका जन्म हुआ थ ये दोनों आत्मकथा राजनीति और साहित्य से जुड़े दो व्यक्तियों की थी। लेकि उन्होंने आत्मकथा विधा को आत्ममुग्धता का वक्तव्य होने से बचाया। आत्मक की संस्कृति के विकास और इस विधा की गरिमा और अनुशासन के लिए इन दो आत्मकथाओं को याद किया जाता है। वैसी आत्मकथाओं की भी हिन्दी में क

नहीं है जो झूठ और आत्मप्रचार के लिए एक व्यापक परिसर उपलब्ध कराती हैं।

दलित आत्मकथाओं के बारे में कुछ लोगों का मानना है कि दलित लेखक आत्मकथाओं पर इतना जोर क्यों दे रहा है? अन्य विधाओं में उनकी कम दिलचस्पी लोगों को परेशान कर रही है। बात दरअसल यह है कि किसी भी भाषा के साहित्यिक इतिहास में आत्मकथाएँ बाद में उगती हैं। जो लोग दलित आत्मकथाओं को उनकी पहली रचना मानकर उन्हें इतिहास विरोधी बताने की कोशिश कर रहे हैं उन्हें यह समझना चाहिए कि ये दलित लेखक किसी दूसरी भाषा के लेखक नहीं है बल्कि वे भी हिन्दी भाषा पर उतना ही अधिकार रखते हैं जितना अन्य लोग। इसलिए इनकी अंतर्वस्तु के आधार पर इनके रूप और इनके रूप के आधार पर इनकी अंतर्वस्तु पर सवाल उठाने की जरूरत नहीं है। ये अपने समुदाय की पहली पीढ़ी हो सकते हैं। अपनी भाषा की पहली पीढ़ी नहीं हैं। वे उसी भाषा के लेखक हैं जिसमें जायसी, तुलसी, रैदास, सूरदास, मीराबाई, भारतेंदु या प्रेमचंद, निराला जैसे लेखक मौजूद हैं। दलित लेखन या दलित आत्मकथाएँ अपनी भाषा की परम्परा के विरोध में नहीं हैं। केवल 'मुर्दहिया' के आधार पर ही हम यह सिद्ध कर सकते हैं। रामचरितमानस की चौपाइयों का बार-बार आना ही इसका प्रमाण नहीं बल्कि इससे भी बड़ा प्रमाण भाषा की वह सादगी और विनम्रता है जिसका सीधा संबंध भक्ति आन्दोलन से है।

यह आत्मकथा उन लोगों के लिए एक मशाल की तरह है जो तुलसीराम जैसा परिस्थितियों में पैदा हुए हैं और उस पीड़ा और यंत्रणा से मुक्ति के लिए छटपटा रहे हैं। यह 'आत्मकथा उन लोगों के लिए भी उपयोगी है जिनके लिए दलित जीवन और उस जविन की विडम्बना का ज्ञान सुलभ नहीं है। उनके लिए यह आत्मकथा उस खिडकी के खुलने जैसा है जो खिड़की पीछे की गन्दी बस्तियों से आने वाली दुर्गंध और कोलाहल के चलते सदा-सदा के लिए बंद कर दीं गयी थी। यह खिडकी ही नहीं पूरी दीवार हटनी चाहिए जिससे एक ऐसा समाज वने, एक ऐसा देश बने जिसमें किसी बच्चे का अनुभव तुलसीराम जैसा न हो।

यह आत्मकथा महाकाव्य और उपन्यास दोनों की संभावनाओं से लैस है। दुःख महाकाव्यात्मक है—गौर समझ उपन्यासात्मक। राजनीति और समय की जो पहचान इस आत्मकथा में बार-बार दिखाई पड़ती है वह इसे गोदान से जोड़ती है। तमाम दुखों और उसके दागों के वावजूद जीवन के उल्लास के जो दिन हैं वह इन्हें 'मैला-आँचल' से जोड़ते हैं। जो रो सकता है वह गा भी सकता है। सारी महत्त्वपूर्ण कलाकृतियाँ ऐसे ही मनुष्य कि देन हैं। देवता बनना इनका स्वप्न नहीं है बल्कि इसका मकसद एक मनुष्य बनना है।

'मुर्दहिया' से 'मणिकर्णिका तक...

1996 में जब सैमुअल पी॰ हैटिंगटन की 'क्लैश ऑफ सिविलाइजेशन' प्रकाशित हुई

थी तब इस किताब ने कई लोगों-को अलग-अलग कारणों से आकृष्ट किया था। मैं इन सभी कारणों के विस्तार में न जाते हुए इस किताब के दो प्रसंगों की चर्चा करना चाहूँगा। सभ्यताओं के निर्माण में हैटिंगटन ने धर्म और विचारधाराओं की चर्चा की थी। उन्होंने इस बात पर जोर दिया था कि यूरोप ने धर्मों को जन्म नहीं दिया बल्कि विचारधाराओं को जन्म दिया है। उन्होंने यह भी बताया था कि यह जानना कितना दिलचस्प है कि जिस बौद्ध धर्म का जन्म भारत में हुआ वह भारत में लम्बे समय तक जीवित नहीं रह सका बल्कि भारत के बाहर कई देशों में आज भी लोकप्रिय है। ठीक उसी तरह उन्होंने बताया था कि कार्लमार्क्स जहाँ पैदा हुए और जहाँ उन्होंने अपना अधिकांश समय बिताया वहाँ मार्क्सवाद का प्रचार-प्रसार नहीं हुआ बल्कि बाहर हुआ। हैटिंगटन ने बौद्ध धर्म और मार्क्सवाद के बीच जिस समता के सूत्र की तलाश कि थी वह आकस्मिक रूप से तुलसीराम के लेखन में दिखाई पड़ता है। 'मुर्दहिया' में बुद्ध और मार्क्स के बीच जिस आवाजाही की प्रक्रिया दिखाई पड़ती है उसका विस्तार 'मणिकर्णिका' में भी दिखाई पड़ता है।

राहुल सांकृत्यायन की किताब मित्र बद्री प्रसाद के 'चावल की गठरी' में क्या मिली उसने दुनिया ही बदल दी। राहुल सांकृत्यायन जैसे लेखक के महत्त्व को समझने के लिए मणिकर्णिका का यह प्रसंग दिलचस्प है। राहुल जी की लेखन शैली की विशेषताओं से जो परिचित हैं वे जानते हैं कि अपनी बात को जनता तक पहुँचाने के लिए जनता की भाषा की जरूरत होती है। वे उन कम्यूनिस्टों में नहीं थे जो जनता को सिर्फ सिखाने के लिए पैदा होते हैं, सीखने के लिए बिल्कुल तैयार नहीं होते।

ऐसा ही लेखक और ऐसे ही लेखक की किताबों ने तुलसीराम जैसे युवाओं की दुनिया हमेशा के लिए बदल दी और वे कम्युनिस्ट हो गए।

राहुल सांकृत्यायन की किताबों के प्रति दीवानगी गोदौलिया के माखन दादा (माखन मुखर्जी) के किताब की दुकान तक ले जाती है। किताब बेचने वाला व्यक्ति किसी विचारधारा के प्रति इतना एकनिष्ठ हो सकता है, अब गुजरे समय की बात हो गयी है। लेकिन, ऐसे लोग थे जिन्हें विचार और व्यापार के बीच चुनाव के दौरान विचार को चुनने में कोई हिचक नहीं थी। राहुल सांकृत्यायन का तुलसीराम पर प्रभाव बुद्ध और मार्क्स के समन्वित और समग्र संबंध से भी जुड़ा हुआ है। दोनों के यहाँ इन दोनों का गहरा मार्क्स' के समन्वित और समग्र संबध से भी जुड़ा हुआ है। दोनो के यहाँ इन दोनों का गहरा असर है। इस असर का कारण स्थापित और रूढ मान्यताओं को प्रश्नांकित करने का साहस ही है—"मुझको मार्क्सवाद तथा बौद्ध दर्शन की ऊँचाईयों तक पहुँचाने का पूरा श्रेय राहुल सांकृत्यायन को ही जाता है।"

तुलसीराम की आत्मकथा के दोनों हिस्सों के नाम मृत्युवाचक है। जिस भय को वे धर्म की आधारभूत कल्पना मानते हैं उस भय का सबसे बड़ा रूप मृत्यु है।

राजकुमार सिद्धार्थ को बुद्ध बनाने में इस 'मृत्यु' के भय की भूमिका थी अपने

गाँव की मुर्दहिया के प्रति जो उनका आकर्षण है वह जविन के प्रति उनके बोध को प्रभावित भी करता है और विस्तारित भी। बनारस आने पर भी उन्हें अपने गाँव मुर्दहिया की याद आती है और वही याद उन्हें बनारस के 'मणिकर्णिका' के पास ले जाती है। बनारस पढ़ने और मरने की पवित्रता का रूढ़ प्रतीक रहा है। जीवन की शुरुआत और जीवन का अंत। तुलसीराम बनारस अध्ययन के लिए आते हैं लेकिन बनारस में मृत्यु की पवित्रता की अवधारणा के वे कायल नहीं हैं। 'मणिकर्णिका' में उनका जो आकर्षण है वह उन्हीं के शब्दों में सुनिए—"यह स्थली बनारस में मेरी सबसे चहेती स्थली बन गयी थी। इसे देखते ही मेरी मुर्दहिया आँखों के सामने नाचती दोपहरी यानी मृग तृष्णा जैसी दिखाई देने लगती थी। लेकिन इस आकर्षण का जो एक दूसरा कारण है वह बुद्धकालीन महान भिक्षुणी पटचारा से जुड़ा हुआ है। उतनी दुखी स्त्री जिसका इस संसार में कोई नहीं था वह बुद्ध के उपदेश द्वारा शोक मुक्त हो सकी। "मणिकर्णिका में इस पटचारा की तलाश तुलसीराम के लिए एक ऐसी तलाश है जो स्त्री के दुखों को देखने सममझने के लिए एक बड़े हृदय की माँग करती है। स्वयं बुद्ध के मन में बौद्ध धर्म में स्त्रियों के प्रवेश को लेकर संशय था। लोकन आम्रपाली और पटचारा जैसी स्त्रियों को बुद्ध कैसे मना कर सकते थे? यह स्त्री दुखों का एक ऐसा मानचित्र है जो बौद्ध धर्म को एक बड़ी ऊँचाई प्रदान करता है। हिन्दू धर्म में ऐसी स्त्रियों के दुखों के लिए शायद जगह नहीं थी। एक स्त्री का श्मशान घाट पर जाना निषिद्ध माना गया है। हरिश्चन्द्र पाण्डेय की एक कविता है—'महराजिन बुआ' जो इलाहाबाद के श्मशान घाट पर शवों को जलाने का काम करती थी—

"औरतें हैं कि शवों की विदाई पर
घर की चौहद्दी में पहाड़ मार-मार कर से रही हैं।
वह है कि घाट पर सारे शवों की आमद स्वीकार कर रही है।
चिताओं के बीच ऐसे टहल रही है
जैसे पलाशवन में विचर रही हो
एक औरत की तरह उसके भी आँचल में दूध था
आँखों में भरपूर पानी
अबला थी और भी अबला हो गयी होती विधवा बनकर
चाहती तो काशी की विधवाओं में बदल जाती
चलीं जाती वृन्दावन
पर वह चल पड़ी श्मशान की ओर।"

स्त्रियों के लिए इस श्मसान पर पटाचारा और महाराजिन की उपस्शिति जो कहना चाहती है उसे हरिश्चन्द्र पाण्डेय ने सुना है, तुलसीराम ने सुना है और इसे सुने जाने की जरूरत है।

'मणिकर्णिका' नाम से इस भ्रम में रहने की जरूरत नहीं है कि यह आत्मकथा मृत्यु पुराण है। ठीक उसी तरह जिस तरह मुर्दहिया मृत्यु नहीं बल्कि जीवन और उसकी बिडम्बनाओं और अंतर्विरोधों की कथा है। इन दोनों आत्मकथाओं में जितनी आपबीती है उससे कम जगबीती नहीं है। 'मणिकर्णिका' की पहली किस्त, बनारस की पहली यात्रा में ही बनारस का मृत्यु उद्योग उन्हें आकर्षित करता है। वे इस मृत्यु को एडोर्नो के संस्कृति उद्योग की तरह देखते हैं और इस उद्योग के सूत्रधार पंडों और डोमराजा के लाभ का भी आकलन करते हैं। इस आत्मकथा में मृत्यु की बात करवा या उससे डरकर जीवन का आनन्द स्थगित कर देना कोई समझदारी थोड़े ही है। उन्हें अभी दूर जाना है और हावड़ा पुल पर बाल खोलकर चलने वाली उस युवती को भी देखना है जिसे देखकर बचपन का बायस्कोप याद आ रहा है। और, फिर उस स्वप्न का पूरा होना जिसे काशी हिन्दू विश्वविद्यालय या बी॰एच॰यू॰ कहते हैं। पूर्वी उत्तर-प्रदेश और बिहार का शायद ही कोई छात्र हो जिसके मन में बी॰एच॰यू॰ में पढ़ने का सपना न पलता हो। सबके सपने पूरे नहीं होते। मेरा भी नहीं हुआ। तुलसीराम का सपना पूरा हुआ। इस सपने की परिणति 'मणिकर्णिका' अगली कड़ी है जिसमें इस बी॰एच॰यू॰ काल (1965-70) से भारत के इतिहास का ही नहीं दुनिया के इतिहास का एक नया रूप किशोर से युवा होते तुलसी राम देख रहे हैं। गोरख पाण्डेय से मित्रता इस काशी प्रवास का एक सुफल है। वही गोरख पाण्डेय जिनकी, हकीकत यह थी कि बचपन से लेकर एम॰ए॰ तक गुरुकुलिया संस्कृत पढ़ते हुए एक अतिवादी पोंगा पंथ के शिकार हो गए थे, किन्तु जब से वे बी॰एच॰यू॰ आकर मार्क्सवाद में स्थान्तरित हुए, तो वह अतिवाद कम्युनिरट अतिवाद में बदल गया, जिससे उन्हें जिन्दगी भर जूझना पड़ा था। गोरख पाण्डेय होने की विडम्बना पर यह सटीक टिप्पणी गोरख पाण्डेय की संक्षिप्त जीवनी भी है। इसी गोरख पाण्डेय के साथ आचार्य हजारी प्रसाद द्विवेदी का कमजोर अध्याय भी देखा गया है। जिसकी चर्चा काशीनाथ सिंह ने भी एक अलग प्रसंग में की है। द्विवेदीजी का अनशन जब एकादशी व्रत में तब्दील हो गया था तब गोरख पाण्डेय के साथ जुलूस में द्विवेदी जी का विरोध करने वालों में तुलसीराम भी मौजूद थे—घर के अंदर द्विवेदी जी एक चटाई पर बैठे हुए थे। गोरख पाण्डेय उन्हें देखते ही अपनी चिर परिचित दहाड़ने वाली आवाज में चिल्ला उठे "तुम पाखंड़ी और आर॰एस॰एस॰ के दलाल हो, इसलिए उनके दबाव में अपने बयान से पलट गये"। उस दिन मैंने देखा कि प्रो॰ हजारी प्रसाद द्विवेदी जी एकदम अवाक् रह गए और उन्हें कोई जवाब नहीं सूझ रहा था।

'मणिकर्णिका' में तुलसीराम ने बी॰एच॰यू॰ की छात्र राजनीति से लेकर बनारस होते हुए वियतनाम और रूस, अमेरिका की राजनीति का जो वृत्त खींचा है उसकी परिधि बहुत बड़ी है और व्यास भी। लेकिन इस वृत्त में उनके बुद्ध, मार्क्स और अम्बेडकर का जो त्रिभुज है उसके तीनों शीर्ष वृत्त की परिधि का कभी साथ नहीं

छोड़ते। बनारस की सांप्रदायिक और जातिवादी राजनीति से लेकर साम्राज्यवाद और पूँजीवाद का खेल भी सभी छोटे-बड़े खिलाड़ी किस तरह चोर-चोर मौसेरे भाई की तरह खेल रहे हैं यह बात भी उन्हें समझ में आने लगी थी।

इस आत्मकथा की आगामी किश्तें कतार में हैं। बीच में किसी का कुछ भी कहना एक अन्तराल में हस्तक्षेप जैसा ही है। लेकिन बात जब बनारस की हो रही हो तो इस हस्तक्षेप की जरूरत श्रीकांत वर्मा की इस कविता की तरह ही जरूरी लगती

"जब कोई नहीं करता प्रश्न,
तब शहर से गुजरता हुआ मुर्दा
यह पूछता है कि, आदमी क्यों मरता है"

जिन्हें 'मुर्दहिया' और 'मणिकर्णिका' नाम से इस आत्मकथा को लेकर कोई आपत्ति हो उनका निराकरण श्रीकांत जी की इस कविता से हो जाना चाहिए।

उधर के लोग : अभिव्यक्ति की नवीन दस्तक

–डॉ. अलका पाण्डेय

आधुनिक मूल्यों, संवैधानिक मान्यताओं, सामाजिक न्याय एवं जनतांत्रिक संरचनाओं के संघर्षों से विकसित अवधारणा है—दलित विमर्श। इसमें धार्मिक, सामाजिक जीवन की विकृतियों के विरुद्ध मानव की प्रतिष्ठा का चिंतन है। दलित साहित्य उस मनुष्य के नये अस्तित्व का साहित्य है जिसे अस्पृश्य मानकर किसी भी प्रकार के मानवीय अधिकार और संस्कार से वंचित रखा गया है। दलित साहित्य, दलित अनुभवों की अमूल्य निधि होने के कारण 'स्पजमतंजनतम व िबजपवद' कहा गया है।

दलितों के लिए अतीत की स्मृतियाँ सुखद नहीं, दुःखदायी हैं। उनमें सामूहिक यातनाओं और पीड़ाजन्य स्मृतियों के गहरे दंश हैं, जो उनकी कहानियों, कविताओं, आत्मकथाओं में 'संघर्ष-कथा' के रूप में आ रहे हैं। इसी जातिदंश और अपमान की पीड़ा समझने के लिए महात्मा ज्योतिबा फुले के इस कथन को स्वीकारना होगा—"राख ही जाने है, जलने का दर्द। दर्द देनेवाले अहंकार में विपक्ष में खड़े मिलेंगे।" आज दलित साहित्य समानता, गरिमा की चेतना फैलाकर विषमता के विरुद्ध अपना मोर्चा खोल चुका है। यूटोपिया के संसार में जीने से जिसे नफरत है, आज दर्द को, तल्खी को वह अपना साथी बना चुका है।

दलित साहित्य आज चुनौतियों से मुठभेड़ का समय है। जॉर्ज लुकाच ने 'स्टडीज इन योरोपियन रियलिज्म' में लिखा है कि हमारी संस्कृति इस समय एक अंधेरी सुरंग के बीच से गुजर रही है—इसे नकारा नहीं जा सकता किंतु साहित्य वेत्ताओं के ऊपर यह बताने का भी दायित्व है कि हम इस अंधेरे से बाहर अवश्य आयेंगे और प्रकाश के साक्षी बनेंगे। आज परंपरागत आचार-विचार खंडित हो रहे हैं तथा दलित, स्त्री और सामाजिक न्याय के प्रश्न अन्य मुद्दों को हटाकर विमर्श के केंद्र में चले आये हैं।

अभी तक अर्थात् प्रगतिवादी लेखन तक उपन्यास-विधा को केंद्रीयता मिली, उपन्यास में यथार्थ चित्रण के साथ कल्पना की भूमिका भी महत्त्वपूर्ण रही क्योंकि वहाँ यथार्थ के साथ आकांक्षित समाज की रूपरेखा रचने का भी आग्रह था। वहाँ समस्या के साथ समाधान उसका अनिवार्य हिस्सा है। किंतु दलित साहित्य के

आत्मवृत्तों में समस्या के समाधान की तथा कल्पना की कोई गुँजाइश नहीं है। दलित लेखन ने आत्मवृत्त-विधा को अपनी पहचान के स्वयं में प्रस्तुत करके एक नई धारा का निर्माण किया। जहाँ महामानव नायक नहीं है अपितु दलित-दमित मानव को नायकत्व प्रदान किया गया। उत्पीड़ित-उपेक्षित मनुष्यों को विमर्श के केंद्र में ले आने का कार्य दलित-आत्मवृत्तों ने किया है। ये समाज की स्वतंत्र्य-भावना के प्रमाण होने के साथ ही प्रतिरोधी चेतना के उभार के संकेतक भी है।

कबीर ने पहले ही कहा था—"तू कहता कागद की लेखी, मैं कहता आंखिन देखी।" इसी आंखिन देखी की कसौटी पर दलित आत्मकथाएँ खरी उतरी हैं। इनमें दलित जीवन का वह यथार्थ था जो मुख्यधारा के साहित्यकारों द्वारा उपेक्षित था। उनकी आंखिन देखी आत्मिक पीड़ा इन आत्मकथाओं में तथा उपन्यासों में सर्वत्र व्याप्त है।

अजय नावरिया कृत उपन्यास 'उधर के लोग' में हिंदू कहे जानेवाले समाज के अंतर्विरोधों, बिडंबनाओं और पारस्परिक द्वेष के अलावा, उसके रीति-रिवाजों का भी सूक्ष्म और यथार्थपरक अंकन किया गया है। नावरिया इस दोहरी मानसिकता और द्वंद्व से दलितों को उबारना चाहते हैं।

'उधर के लोग' कृति में दो विधाएँ, उपन्यास और आत्मकथा का सम्मिलन दिखाई देती हैं। यह एक नवीन प्रयास है जो उपन्यास रूप में आत्मकथा को गढ़ने का प्रवेश द्वार है। लेखक ने अपने जीवन से जुड़े वृत्तांतों को ही प्रमुखता प्रदान करते हुए उनके माध्यम से अपनी यादों का यथाचित्र प्रस्तुत किया है। यह नवीन इस अर्थ में भी है कि परंपरागत दलित आत्मकथाओं की भांति इसमें केवल आत्मरुदन नहीं है और न ही प्रेम-प्रणय का वर्णन, बल्कि दलित समाज के अंतर्विरोधों और विडंबनाओं का भी वर्णन है।

दलित लेखन आज तक रचनाधर्मिता नहीं है बल्कि एक आंदोलन भी है। वह जितना भीतर है उससे ज्यादा बाहर और जितना बाहर है उससे अधिक अंदर है। अर्थात् सिद्धांत और व्यवहार दोनों में दलित लेखक को ज्यादा चौकस और ईमानदार रहना होता है। यहाँ बीच का रास्ता अथवा घालमेल की चालाकी नहीं है, यदि उसे जबरदस्ती चलाया जायेगा तो सारी प्रक्रिया ही अवरुद्ध हो जायेगा। 'उधर के लोग' में स्वयं लेखक का कथन है कि—"हम खुश थे कि इसमें हम उसके सहयोगी हैं। यह वक्त व्यक्ति का नहीं, समूह का है।" दूसरे स्थान पर लेखक यह भी कहते हैं कि—'क्या यह अस्तित्व की लड़ाई, सत्ता संघर्ष के शुराआती पायदान नहीं माने जा सकते? क्या समूह के स्तर पर यह अस्तित्व की लड़ाई, व्यक्ति के स्तर पर सत्ता की लड़ाई नहीं समझी जा सकती?" व्यक्ति और समूह की परिभाषाएँ वहाँ समय और स्थान के हिसाब से बराबर बदलती रहती हैं और इसका कोई निश्चित पैमाना नहीं है।

'उधर के लोग' में सुशील वाल्मीकि के पिता की मृत्यु होने पर माता को अनुकंपा

के आधार पर नौकरी मिल जाती है। किंतु अब उन्हीं के जाति-बिरादरी के लोग बात करने लगते हैं—"औरत होकर बाहर का.... का कमावेगी... यह तो गजब हो गया।" सुशील की माँ भी दसवीं पास थी और वह सड़क पर झाड़ू लगाने को तैयार न थी उसका मानना था कि—"जब काम की वजह से ही हमें गंदा समझा जाता है तो हम ऐसा काम क्यों करें?... शहर को साफ करो और खुद पर गंदगी पुतवाओ, ऐसा काम करने से कौम को क्या फायदा।"

विषयवस्तु वस्तुतः लेखक के जीवन के घटनाक्रम पर आधृत है, जिसका प्रारम्भ लेखक के मानसिक द्वंद्व "जिंदगी को, तुम एक छोटे बच्चे की आँख से सिर्फ अचम्भे की तरह देखो" से होती है। वही समापन ही रचनाकार के बच्ची के जन्म के साथ पुनः उसके दांपत्य जीवन की खुशी के लौट आने से होती है—"इस दुनिया में कितने संसार हैं। मैं ने माया की भट्ठी में, अपनी उँगली पकड़ा दी थी।"

कथा का विस्तार मित्र मंडली से होता हुआ प्रथम प्रेम-विवाह करने, घर से अलग होने, उसकी मृत्यु एवं पुनर्विवाह तत्पश्चात् बच्ची के जन्म के साथ समाप्त होता है। लेखक का आयशा की ओर आकर्षित होना और यह कहना कि—"मुझे उससे बात करके कभी नहीं लगा कि हम एक दूसरे की बात समझ नहीं रहे हैं। मेरे शब्दों और इशारों तक को भी समझने लगी थी।"

'उधर के लोग' कृति पाठकों में प्रश्नाकुलता उत्पन्न करती है कि क्या जाति की उपस्थिति के बावजूद जातिवाद से बचा जा सकता है? क्यों विभिन्न समुदाय एक दूसरे के साथ, सह-अस्तित्व के सिद्धांत के तहत नहीं रह सकते? यहाँ तो जातिभेद के साथ-साथ आंतरिक जातिभेद भी व्याप्त है जो सुशील और जयंत आदि पात्रों के माध्यम से अभिव्यक्त हुआ है।

दोनों ही दलित समुदाय से हैं लेकिन दलितों में भी हिंदुओं की अन्य जातियों की भांति व्याप्त आंतरिक जाति-भेद के कारण सुशील निचले पायदान पर है। उसे निरंतर अपने ही कथित (दलित) 'बृहत' समाज में व्याप्त इस गैर बराबरी का दंश लगातार झेलना पड़ता है। अजय नवारिया ने इसे अपनी कथा का हिस्सा बनाया है और इस तरह दलित समाज के एक अंतर्विरोध को बड़ी बेबाकी से उठाया है। यथा—"तुम्हारे साथ या जयंत के साथ तो मुझे कोई दिक्कत नहीं है। जयंत तो जाटव है और अपने गाँव में जाटवों के साथ हम बैठ नहीं सकते।" "महाराष्ट्र में तो चमारों से ज्यादा अछूत महार, मातंग और माँग है। बाबा साहब अंबेडकर का सबसे ज्यादा विरोध चमारों ने किया था। यह सच है या नहीं?" "पर हमें कई मराठी लेखकों से पता चला है कि वहाँ जगजीवन राम के साथ मिलकर चमारों ने बाबा साहेब के आंदोलन को कमजोर किया था।"

दलित समुदायों में व्याप्त अंदरूनी जातिगत भेदभाव और ऊँच-नीच की सांघातिक स्थितियों को प्रामाणिकता के साथ नावरिया" ने व्यक्त किया है। इसमें कहीं भी

लीपापोती अथवा समरसता सदृश भाववादी दृष्टि नहीं अपनायी है।

इस कृति में लेखक अपने जीवन से जुड़े अनेक व्यक्तियों के चरित्र को उद्‌घाटित करते हैं। अपने मित्र कालरा, राना, आयशा, सुशील तथा असलम का चरित्र उद्‌घाटन बहुत साफगोई से किया है। यथा–"मुझे कालरा याद आया था। आयशा को आदमियों पर भरोसा नहीं और कालरा औरतों पर यकीन नहीं करता था।.... मादाओं के ये विराट बाजार नरसत्ता की विजय की स्मृतियाँ ही हैं। शायद नरों के ये नए बनते बाजार भी, मादाओं के विजय स्मारक हैं, भले ही लघु।" यह वक्तव्य आज के स्त्री-पुरुष अथवा पूरे समाज के दृष्टिकोण को व्यक्त करता है।

इसमें द्विज मानसिकता के यथार्थ चित्रण के साथ तथाकथित निम्न जातियों के प्रति उनमें जो घृणा, उत्पीड़न, अवमानना उपस्थित है उसका सटीक और विद्रोही चित्रण देखने को मिलता है। यथा–"हमारी नामंजूरी के बावजूद, हमारी जाति से भी हमारी पहचान है। मैं जिस जाति में जन्मा हूँ, वह मरते दम तक और यकीनन मरने के बाद भी मेरी गर्दन नहीं छोड़ेगी। जाति के इस पहचान को शायद हमारी पीढ़ियाँ भी वहन करेंगी। आदमी से लेकर देवता तक, सब जाति में हैं। इसमें कोई बदलाव नहीं है। बस कुछ और देवता, विभिन्न जातियों से घट-बढ़ जाते हैं। फिर मैं जाति से क्यों भागना चाहता हूँ? क्या हम इसे खत्म कर पायेंगे? क्या मेरा ऐसा सपना देखना दिन में तारे देखने जैसा है।" भारतीय समाज व्यवस्था में व्यक्ति के जन्म लेते ही उसकी योग्यता, श्रेष्ठता जन्म के आधार पर तय हो जाती है, जो जीवन भर चलती रहती है। लोकतंत्र में जिस तरह जातितंत्र का बोलबाला है, वहाँ लोक की आवाज अनसुनी रह जाती है। आज ऐसे कितने राजनेता हैं जो चुनाव से पूर्व अपने मतदाताओं का आकलन जातीय आधार पर नहीं करते हैं।"

अजय नावरिया ने 'उधर के लोग' में विभिन्न प्रसंगों, संदर्भों, बहसों, घटना विश्लेषणों, पात्र-परिचयों इत्यादि के माध्यम से अपनी प्रतिक्रियाएँ व्यक्त की हैं। ये प्रसंग अधिकतर स्मृतिपरक हैं अथवा आत्ममन्थनात्मक। स्मृति और आत्ममंथन ये दोनों आत्मकथा और उपन्यास के अवयव हैं। अजय नावरिया के लहजे में संलग्नता और तटस्थता का ऐसा सृजनात्मक मेल है कि इस कृति को आत्मकथा की तरह पढ़ा जा सकता है। इसका मुख्य स्वर दलित चेतना की विद्रोही प्रकृति नहीं, बल्कि मानव, मानव स्वभाव और मानवीय संबंधों की नयी व्याख्या करना है।

यह रचना नौकरशाही के उस ढाँचे को भी ढहा देने की चाह रखती है, जहाँ आज भी ऊँचे पदों पर पहुँचे व्यक्ति अपनी जातिगत वृक्ष से कटकर मानवीय रूप से पहुँचते जड़ से जुड़ नहीं पाये हैं। मुख्य पात्र सुशील और जयंत दोनों दलित वर्ग के है किंतु जयंत का यह कहना कि–"मैं नहीं चाहता कि कोई चमार इस प्रोजेक्ट में रहे।..... वे हमें हर जगह, अपनी संख्या की ताकत से कोने में कर देंगे।" मामा बनवारी लाल का विवरण इस बात को और पुष्ट करता है–"वह खटीको के लिए

भी मरना नहीं चाहते थे, इसमें जो भी उनका सहायक बन सके, वह उसके लिए, उसके साथ थे।" पहली बार दलितों के मध्य के वाले जातिगत भेदभाव अर्थात दलित का दलित के साथ किये गये व्यवहार, लोकतंत्र में ऊँचे दर्जे के दलित अफसरों के मध्य उन्हीं दर्जे का दूसरे दलितों के साथ किये गए व्यवहार का प्रथम बार चित्रण किया गया है।

प्रसिद्ध कथाकार रतनकुमार सांभरिया के साहित्य में भी यही चेतनामयी ध्वनि सुनी जा सकती है। जहाँ दलित विमर्श, रोने-बिलखने या सोचने भर का साहित्य नहीं है बल्कि यह एक चेतना के सामूहिक कलेवर को उठा रहा है। सांभरिया जी का मानना है कि—"दलित कहानीकार को ऐसा कथानक प्रस्तुत करना है जो तिरस्कार की परंपरा को खारिज करते हुए दलित में साहस, संबल और स्वाभिमान पैदा करें क्योंकि व्यक्ति की अस्मिता ही उसे संसार में बचाए रखती है।"

रचना का कार्य है प्रश्न उठाना, अगर वह प्रश्न नहीं खड़े करेगी तो साहित्य का वास्तविक वजूद ही खतरे में पड़ जायेगा। आज जरूरत है सामाजिक सरोकारों के आइने में उनकी जातीय अस्मिता, स्वाभिमान, जन-जागृति, सजग दृष्टि, मानवीय चेष्टाओं को देखने की। तिरस्कार की परंपरा को खारिज करके साहस, संबल और स्वाभिमान की त्रिवेणी में स्नान करने की, एक संघर्षशील मानव का बिम्ब खड़ा करने की, जिसे सामाजिक चेतना का एक सार्थक आयाम कहा जा सके।

अजय नावरिया की यह कृति भारतीय संस्कृति की विशिष्टता और वैयक्तिक सत्ता के साथ अंतर्राष्ट्रीय मुद्दों को रेखांकित करती है। यथार्थ का प्रस्तुतीकरण करते समय समाज के विभिन्न मुद्दों—बाजार की भयावहता, वेश्यावृत्ति, यौन-विकार, विचारधाराओं की प्रासंगिकता, प्रेम, विवाह और तलाक पर खुलकर बात की गयी है।

वास्तव में साहित्य की कोई भी विधा आरोहण क्रम में उपलब्धियों को प्राप्त करता है। दलित लेखन में यह संगुम्फ संभवतः पहली बार है अतः यह नवीन द्वार पर दस्तक है। आज दलित जग गए हैं, वे अपनी जगह से समाज के इतिहास को, अपने नजरिए से देख रहे हैं। कई ऐसे पक्ष सामने आ रहे हैं जिससे पूरे सामाजिक इतिहास को लिखने की जरूरत महसूस हो रही है। नयी संभावनाओं को, नयी रोशनी में, नए नजरिए से देखने और उसकी व्याख्या करने की कोशिश हो रही है।

कब होगी वह भोर : दलित चेतना की अभिव्यक्ति

–डॉ॰ आरसु

साहित्य में युगानुसार प्रवृत्तियाँ बदल बदल कर आती हैं। विचार, संवेदना और भाषा प्रयोग पर इसका प्रभाव पड़ेगा। नारी चेतना और दलित चेतना आज के साहित्य में अधिक चर्चित हो रही हैं। पूर्ववर्ती साहित्यिक आंदोलनों के खिलाफ विद्रोह का स्वर प्रकट करते हुए नये आंदोलनों का आविर्भाव होता है। शूद्र और नारी पहले ताड़न के अधिकारी ठहराए गए थे। लेकिन वह दृष्टि आज बदलने लगी है। साहित्यकारों और समाजशास्त्रियों का सोच इसके पीछे है।

इधर हम दलित साहित्य की मुख्य प्रवृत्तियों पर चर्चा करके एक प्रतिनिधि काव्य संकलन को केंद्र में रखकर उसका मूल्यांकन करेंगे। न्यायवंचित, अपमानित और अभिशप्त व्यक्ति और समाज की मन : स्थितियों और जीवन परिस्थितियों का चित्रण दलित साहित्य की खूबी है। आरंभ काल से लेकर इस प्रकार के सोच को साहित्य में जगह मिली है। तब वह एक गौण प्रवृत्ति थी। हाशिएकृत व्यक्ति और समाज की कसक को भुक्त भोगियों की ओर से आज अधिक अभिव्यक्ति मिलने लगी है। आधुनिक युग में मराठी साहित्य की कोख से दलित साहित्य का जन्म हुआ था। डॉ॰ सूर्य नारायण रणसुभे ने हिंदी में इसका विस्तृत परिचय दिया था। कमलेश्वर के कार्यकाल में 'सारिका' ने एक मराठी विशेषांक निकाला था। तब से इस साहित्यिक प्रवृत्ति को व्यापक आयाम मिला है।

कुछ दलित साहित्यकार यह पाबंदी रखते हैं कि दलित परिवार में जन्मे व्यक्ति ही दलित साहित्य की रचना कर सकते हैं। आत्मानुभव ही उसका मुख्य तत्व है। परानुभव गौण है। काव्य के दो पक्ष होते हैं–भावपक्ष और कलापक्ष। कुछ दलित साहित्यकारों की दलील है कि यहाँ कला या शिल्प पक्ष वजनदार नहीं है। प्रतिपाद्य की प्रामाणिकता पर बल देना है। प्रतिपादन, कलासौष्ठव, शिल्पगत चारुता का ख्याल नहीं करना है। प्राचीन काल के कुछ मंदिरों के प्रवेशद्वार पर बोर्ड दिखाई पड़ता है। 'मंदिर में अहिंदुओं को प्रवेश मना है'। दलित साहित्यकार दूसरे विभाग

को ब्राह्मणवादी या द्विज साहित्यकार मानते हैं। 'जाति न पूछो साधु की' कबीर का उद्बोधन था। साहित्य में जाति को मुख्य जगह देना संगत नहीं लगता। आत्मानुभव और परानुभव संवेदनशील साहित्यिकार के लिए बराबर हैं। एकलव्य, शंबूक, शबरी, कर्ण जैसे तिरस्कृत-बहिष्कृत पौराणिक पात्रों को प्रतीक बनाकर रामकुमार वर्मा, जगदीशगुप्त, नरेश मेहता, दिनकर जैसे कवियों ने कालजयी कृतियाँ लिखी थीं। कट्टर दलितवादी उन कृतियों को दरकिनार करते हैं। सहानुभूति पराई चीज है। स्वानुभूति मूल्यवान है। यही उनका रुख है। अंबेडकर के विचार को महिमामंडित करने के लिए गाँधी निंदा को एक प्रवृत्ति के रूप में आज के कुछ कवियों ने अपनाया है। ओमप्रकाश वाल्मीकि एन॰ सिंह, सुशीला टाकभौरे, कुसुम वियोगी, सी॰बी॰ भारती और सूरजपाल चौहान के योगदान दलित कविता के क्षेत्र में अधिक उल्लेखनीय हैं।

'कब होगी वह भोर' सूरजपाल चौहान का बहुआयामी महत्त्व का एक काव्य संकलन है। उनके दो पूर्ववर्ती काव्य संकलन थे—'प्रयास' (1994) तथा 'क्यों विश्वास करूँ' (2004)। वाणी प्रकाशन द्वारा पाठकों को प्राप्त काव्य संकलन हैं—'कब होगी वह भोर' (2007)। यह काव्य हिंदी के अमर कवि प्रो॰ केदारनाथ को समर्पित है। समर्पण संदर्भ में कवि ने एक कामना प्रकट की है। वे दलित चेतना को क्रियाशील रखने के इच्छुक हैं। ऐसी में हम पत्थर, निर्जीव, उदास और हताश नहीं बनेंगे।

आम तौर पर यह धारणा फैली है दलित कविता में सौंदर्य का अंश नहीं होगा। कल्पना से उसका कोई ताल्लुक नहीं है। उसमें समाज को केंद्रीय स्थान मिलेगा। वैयक्तिकता का स्वर वहाँ गौण तत्व बन जाता है। लेकिन चर्चित काव्य में सौंदर्य कल्पना और वैयक्तिकता का पूर्णतः निराकरण नहीं हुआ है। 'भोर' शब्द ही सौंदर्य परिवेश की सृष्टि करता है। 'भोर का तारा' डॉ॰ रामकुमार वर्मा का एक चर्चित एकांकी है। 'आलोकमय' कविता की आरंभिक पंक्तियाँ देखिए—

"अंधेरे को चीरती
उतर आई है
भोर
नीलाभ जल पर।"

धरा आलोकमय हो रही है फिर से संकेत देकर कविता समाप्त होती है। पीढ़ियों का कलरव गान मोहल्ले में कब सुनाई पड़ेगी? यही कवि की उत्सुकता है। कवि मन की कई कामनाएँ यहाँ प्रकट हुई हैं। परिवार के लोग दूसरे के बाप को अपना बाप कहते हैं। वे यह प्रवृत्ति को छोड़ दें। मचलकर माँ से गाय भैंस का दूध माँगना है, कंधे पर हल लादकर बापु सिर्फ अपने खेत में जाए। जैसी अभिलाषाओं को यहाँ अभिव्यक्ति मिली है।

कुछ कविताओं में आह्वान और उद्बोधन का स्वर मुखरित हुआ है। उपदेश का समावेश—वह भी प्रत्यक्ष रूप में आना कविता के लिए कितना वांछित होगा

इस पर मतभेद हो सकते हैं। आह्वान द्वारा महिलाओं से अनुरोध करते हैं कि हमारे घर-परिवार बिखरने से बचाना है। नवीन जी की कविता विप्लव गायन की समकक्ष स्थान पाप्त कविता है 'कौरवों को आगे बढ़ाओ'। इधर कई अप्रिय सत्यों की याद करते हुए नई दुनिया की ओर आगे बढ़ने का संदेश कवि देते हैं–

'त्याग दें अब साई बाबा बनने का दम'
'आज भी अंगूठा काटा जा रहा है'
'तुम हमेशा जाति-भेद को ढोते रहे हो'

जैसे उल्लेख इस के निशाने हैं। मैं और हम सर्वनामों को छोड़कर तुम का प्रयोग करने का मक्सद क्या होगा? औरों की बात के रूप में प्रस्तुत करने से कविता का प्रभाव हल्का पड़ता सा लगता है। दलित कवि तुम का प्रयोग करता है तो वह द्विज या ब्राह्मणवादियों को लक्ष्य करेगा न?

'साजिश' कविता में व्यंग्य का अपूर्व उदाहरण मिलता है। एक इंटरव्यू का सिलसिला यहाँ पेश है। विशेषज्ञ ने शर्मा से सिगरट का स्पेलिंग पूछा। गुप्ता से पोलेंड का स्पेलिंग पूछा। ठाकुर भवानी से इंग्लैंड का स्पेलिंग पूछा। उन्हें उत्तर देने में तनिक भी तकलीफ नहीं हुई। उनका चयन तुरंत हुआ। रिजर्व सीट के प्रत्याशी चेकोस्लोवाकिया का स्पेलिंग बताने के लिए मजबूर हुआ। वह उसके वश की बात नहीं थी। वह अयोग्य ठहराया गया।

"पहले लिखते हैं नहीं, चले आते हैं नौकरी माँगने"

यही विशेषज्ञ की टिप्पणी थी। आज की विडंबना यहाँ सहज ढंग से चित्रित हुई है।

'भ्रूण की पुकार' इस संकलन की एक मार्मिक कविता है। बच्ची होने के कारण माँ ने भ्रूण हत्या के बारे में सोचा। गनर्द की बच्ची की कामना को कवि ने संवेदनशील होकर अभिव्यक्ति दी है। नन्ही जान की धड़कन सुनने का अनुरोध करुणार्द्र है। Voice of the Voiceless बनना ही कवि का मुख्य धर्म है। कविता की अंतिम पंक्तियाँ हैं–

"जननी
मत बन
निर्दयी इतनी
नारी हो
तो फिर -
नारी का सम्मान करो।"

दलित से मिलनेवाले साहित्यिक अवदान पर आज कई समीक्षक आपत्तियाँ उठाते हैं। उस ओर संकेत देनेवाली कविता है 'हरदम तेरी बारी क्यों?' इसके कुछ अंश इस प्रकार हैं–

"सारा लेखन एक समान
हरदम तेरी बारी क्यों?
दलितों की बस्ती में अब तक
वर्णभेद है जारी क्यों!"

नये युग के कवि नई जिज्ञासा के साथ आगे बढ़ते हैं। विज्ञान और तकनीकी जगत की जिज्ञासा से परे होकर भी कुथ नयी बातें हैं। उनको तलाशना कवि धर्म है। ...हत्याकाण्ड पर लिखी कविता में रिश्तों के रेशों को तलाशनेवाले को हम देखते हैं। ये और इनके बच्चे बंदर को मामा, भैंस को मौसी, साँड को बादू, बैल को भय्या, हाथी को फूका, बकरे को भतीजा क्यों कहते हैं? 'माँ घोड़ी बाप गधा बच्चे रंग बिरंगे' वाली कहावत के अर्थ पर कवि इधर सचेत बन जाते हैं।

जाति और पेशे का संबंध चिरकाल से चर्चित है। धोबी दूसरों का कपड़ा धोता है। चमार मरे जानवर के चमड़े से जूता बनाता है। समाज का दृष्टिकोण कभी न बदलता है। कवि ने लिखा है"

"यदि, पढ़ा लिखा भंगी
अपने पेशे को छोड़ता है
तो वह - प्रधर्म करता है।" (तेरे धर्म की ऐसी की तैसी)

'कफन' कहानी के पात्र घीसू और माधव को लक्ष्य करके कवि कुछ प्रश्न पूछते हैं—क्या हुआ तुम्हें? तुम क्यों हो आज तक गुमसुम, बोलते क्यों नहीं? कविता के अंत में कवि घीसू से तकुआ उठाकर आँख छेद डालने के लिए तथा माधव से रापी थाम लेकर चतुरंगी व्यवस्था का पेट फाड़ डालने के लिए कहते हैं। कहानी की गर्भवती युवती को कवि क्यों भूल गये। इसका पता न चलता। उससे भी कुछ कहते तो कविता अधिक मार्मिक बन जाती।

'तुम खुश हुए' कविता में एक दलित कवि का अनुभव है। गाँव का यथार्थ, माँ, गाँधी और बाबा साहेब का हरिजन भेद—इन विषयों पर लिखी गयी कविताओं को प्रशंसा नहीं मिली। लेकिन विषय बदलने पर नया अंगीकार मिला।

"तुम्हारे राग में राग आलापते हुए
तब तुम खुश हुए थे
बेहद खुश
और दे डाली थी उपाधि·मुझे
आधुनिक सन्त की।"

'साहित्य समाज का दर्पण है' इस कथन पर कवि नये सिरे से सोचते हैं। एक नया संदेह उनके मन में उभर आता है। वे पूछते हैं

"यह कैसा दर्पण—जिसमें
मेरा चेहरा हमेशा

घिघियाता और घिनौना नजर आता है।"

उपर्युक्त कथन का आंतरिक अर्थ क्या है? समाज के सही रूप का चित्रण करने का उद्देश्य ही कथन के केंद्र में है। इधर कवि दर्पण में दोष देखते हैं।

'मैं ने नहीं' कविता में कवि अति अभिजात कहलानेवालों को देश के तमाम गंदे गलत कांडों के दोषी मानते हैं।–मासूमों की बलि, मंदिर में बलात्कार हवाला, शेयर घोटाला, विदेशियों को गुप्त सूचनाएँ बेचना जैसे कई मामलों में वे अपराधी हैं। दलितों से कवि कहते हैं–

"तुम अनपढ़ होकर भी ज्ञानी
छू सकते हो आकाश जमीं से
कुचक्र चलाकर,
कटवा सकते हो अंगूठा
गुरु दक्षिणा के नाम पर।"

यह बात सही है कि साक्षर लोग कभी-कभी राक्षस बनते हैं। अनपढ़ आदमी बर्बर कामों से दूर रहते हैं। अनपढ़ आदमी को अज्ञानी मानना गलत है। किंतु दलितों में भी कुछ जाली आदमी होंगे। दलितों को दलितों से ही धोखा खाना पड़ता है। कभी दलित छात्र का अंगूठा कटवाने का सा कांड बनता है। आचार्य द्वारा शिष्य के ज्ञान का शोषण का क्रूर उदाहरण आज के समाज में भी मिलता है। दलित छात्र को दलित अध्यापक चुप रहने की चेतावनी देते हैं।

'अजब चमत्कार' का प्रतिपाद्य एक साथ रोचक और प्रेरक है। जूता बेचने पर शर्माजी का ज्ञान बना रहता है। सुलभ शौचालय खोले पाठक जी का नाम महत्त्व बना रहता है। लेकिन भंगी-चमार पढ़-लिखकर मजिस्ट्रेट, डॉक्टर और इंजिनीयर बन जाते हैं तो भी वे भंगी चमार के रूप में समाज में जाने जाते हैं। कविता की अंतिम पंक्तियाँ हैं–

"वाह रे, हिंदू धर्म
तेरा–अजब चमत्कार"

'हम वीर, देश के हैं रक्षक' कविता में पूर्वजों के प्रति आदर प्रकट किया गया है। आल्हा, ऊदल, बिरसा मेडा, एकलव्य, रामपति, ऊधम, जयमल, फत्ता, लक्टवी बनजारा आदि पुरखों की स्मृतियाँ कविता में भरी पड़ी हैं। कविता की ये पंक्तियाँ कर्तव्यनिष्ठा पर बल देती हैं–

"परिश्रमी आजीवक हम
मानवता का पाठ करें
आकर थोड़े से लालच में
कभी गैरों पर न वार करें।"

भीमराव अंबेड़कर की गरिमा को उजागर करने के लिए कुछ दलित साहित्यकार

गाँधीजी के व्यक्तित्व और सेवा कार्यों पर कीचड़ उचालते हैं। गाँधीजी की मानव सेवा को सही ढंग से समझने के लिए अगर वे तैयार हो जाएँगे तो गलतफहमी दूर हो जायेगी। पीर पराई के महत्त्व पर गाँधीजी ने बल दिया था।

"भीमराव का दलित नहीं यह
गाँधीजी का हरिजन है।"

पंक्ति बार बार एक कविता में आयी है। दलितों के उत्कर्ष की कामना इस कविता में मुखरित हुई है। सही ज्ञान, सही दिशा और सही काम पर ध्यान रखने का उपदेश इस कविता से मिलता है। अपना सम्मेलन जारी भी इस चेतना की कविता है। कुछ दोहों की भी रचना कवि ने की है।

सूरजपाल चौहान का यह काव्य संकलन दलित चेतना की कृतियों में विशिष्ट स्थान रखता है। उनका लक्ष्य निंदा नफरत की कविता लिखना नहीं है। नीचे पड़े जनवर्ग को जागरण के रास्ते पर लाना उनका ध्येय है। मिथ और आदिबिंब से उनका लगाव है। यह सपाटबयानी की कविता नहीं है। काव्यानुभूति कई दलित कवियों में देख सकते हैं। लेकिन काव्यात्मकता का अंश कम होगा। सुरजपाल चौहान की कविता में दोनों तत्व लयलीन होते हैं। आमुख में कवि ने पुरानी रीति-नीतियों के बारे में कई बातें कही हैं। आगे वे कहते हैं कि अब समय बदला है। देश के दलित समुदाय में शिक्षितों का एक बड़ा वर्ग तैयार हो गया है। इसके फलस्वरूप आये उत्कर्ष-मंगल और विचार विकास के कुछ पहलुओं का समावेश भी कविता में आना चाहिए था। समता, ममता तथा विवेक के रास्ते पर आगे बढ़कर वे क्या पा सके हैं, यह भी कविता का विषय बनें तो बेहतर होता। खोने की बातें काफी मिलती हैं। पाने की बातें भी मुख्य हैं। के॰आर॰नारायण राष्ट्रपति बने। बालकृष्णन सर्वोच्च न्यायालय के मुख्य न्यायाधीश बने। शिक्षा, संस्कृति, साहित्य, कला जैसे क्षेत्रों में प्राप्त उपलब्धियाँ भी उल्लेखनीय हैं। द्विज-दलित संघर्ष को तीव्र बनाने के बजाय उसको समन्वय के रास्ते पर ले चलने का संदेश की आज सख्त जरूरत है।

छप्पर : परिधि से केन्द्र की ओर अभियान

–डॉ॰ सुधा बालकृष्णन

"कौन कहता है व्यवस्था को बदला नहीं जा सकता। आखिर आदमी की ही बनाई हुई है सारी व्यवस्थाएँ और सारी व्यवस्थाएँ आदमी के लिए ही हैं। तब यदि किसी व्यवस्था में दोष हो और वह उत्थान की बजाय पतन का कारण बनती हो तो उसे अवश्य बदला जा सकता है और बदला जाना चाहिए।"

भारत में प्राचीन काल से ही दो संस्कृतियाँ रही हैं। एक सवर्ण और दूसरा अवर्ण। सवर्ण सदैव दम्भ, स्वाभिमान, विलासिता, व्यक्तिवादी विचारधाराओं के कारण सामूहिकता से कट कर जीवन के यथार्थ से अलग-थलग, स्व केंद्रित होकर जीने को अपना जन्मसिद्ध अधिकार मानते थे, दूसरी ओर अवर्ण स्वतंत्र देश के स्वतंत्र समाज में परतंत्रता को ओढ़कर नरक तुल्य जीवन जीने को विवश थे। ऐसे लोगों के लिए सुनहरे जीवन का सपना देखना भी पाप होता था।

जयप्रकाश कर्दम का उपन्यास 'छप्पर' की केंद्रीय संवेदना को अगर व्यक्त करना हो तो कहा जा सकता है कि अवहेलना, अपमान, नकार, शोषण आदि कई सूक्ष्म संवेदनाएँ इसमें व्यक्त हुई हैं। विशेषकर अवहेलना जिसमें बेचैनी और तकलीफ पूरी तरह घुली-मिली है। उपन्यास में इस अवहेलना से अपमानित कई पात्र हैं, जिनमें चन्दन सबसे आगे है। चन्दन एक व्यक्ति नहीं वर्ग चरित्र है एक समुदाय का प्रतिनिधि है जो अपनी संवेदनशीलता के फलस्वरूप बार-बार आहत हुआ है।

दलित चेतना का विस्फोट संपूर्ण उपन्यास में है। इस विस्फोट की शुराआत रमिया और सुक्खा द्वारा होती है। चन्दन रमिया और सुक्खा का पुत्र है। रमिया और सुक्खा सदियों से चली आ रही परंपरा की जीर्ण रूढ़ियों को तोड़कर चन्दन को पढ़ने के लिए शहर भेजते हैं। गाँव के ब्राह्मण, बनिया, ठाकुरों के लिए यह अपमान की बात बन जाती है। परिणामस्वरूप रमिया और सुक्खा को सवर्णों का अपमान सहना पड़ता है क्योंकि हमारे समाज में उच्च शिक्षा सिर्फ सवर्ण ही ग्रहण कर सकते थे। अवर्ण इस तरह के आग्रहों को मात्र पाल ही सकते थे। समाज के

पंडित और ठाकुर वर्ग यह कभी बर्दाश्त नहीं कर सकते कि अवर्ण उनकी परिधि में आएँ। 'छप्पर' में काणे पंडित का आक्रोश इसका जीवंत उदाहरण है। वह सुक्खा से पूछता है—सुक्खा तेरा बेटा पढ़ने के लिए शहर गया है?

"हाँ पंडित जी गया तो है आपके आशिर्वाद से।" सुक्खा ने लगभग दोहराते हुए कहा। सुक्खा के मुँह से ही सुनते ही भभक उठा काणा पंडित आशिर्वाद कहता है इसे। अनर्थ कर दिया तूने महा अनर्थ।

क्या कह रहे हो पंडित जी। चौंका सुक्खा अनर्थ के नाम पर।... संयोग की बात थी कि ठाकुर हरनाम सिंह भी उधर से आ निकले। ठाकुर साहब को देखते ही एकदम क्रोध की मुद्रा में आ गया काणा पंडित, तू कितना भी बड़ा हो सुक्खा लेकिन धर्म शास्त्रों से बड़ा नहीं हो सकता तू। अपमान करता है धर्मशास्त्रों का, वेद-वेदांगों का और पूछता है क्या हुआ, नास्तिक...

हमारे समाज में दलितों की कंडीशनिंग होती थी कि सदैव सवर्णों के सामने चुप्पी साधते रहे, गंदगी में रहे, गंदे वस्त्र पहने। वे सफेद धुले कपड़े नहीं पहन सकते, अच्छा भोजन उनके लिए वर्जनीय था। अपने बच्चों को वे भगवान का नाम या कोई श्रेष्ठ नाम तक नहीं रख सकते थे। सवर्णों के इलाकों में झोंक भी नहीं पाते थे उनके साथ जानवरनुमा व्यवहार किया जाता है। बेचारे दलित इसे अपनी नियति मान कर अपने दायरे में बने रहते थे। ऐसे मूक लोगों के बीच सुक्खा जैसे एक दो निष्कलंक लोग होते थे जो अपने अरमानों की पूर्ति के लिए निड़र होकर आगे बढ़ते थे। छप्पर का सुक्खा का एक मात्र सपना है उसका बेटा पढ़-लिखकर अपने अरमानों की पूर्ति कर ले। वह कहता है—"पढ़े जब तक उसे पढ़ना है कहता है डाक्टरी करेगा। उसकी इच्छा और आगे पढ़ने की है तो हम क्यों रोके उसको, क्यों उसकी इच्छाओं का गला घोंटे हम। हमारी क्या है, जैसे अब तक कटी है आगे भी कट जायेगी और आगे पढ़कर ही कौन सा कलक्टर बन जाएगा, बड़े आदमी जाते हैं बड़े ओहदे तक। छोटे आदमी की क्या बिसात है, गुजार लायक रोजगार मिल जाए छोटा-मोटा बस बहुत है। रमिया ने सहजता और भोलेपन से कहा। "यहाँ सुक्खा प्रगतिशील चिंतन रखता है तो रमिया अपने आप को पुरानी मान्यताओं में दायरबद्ध करना चाहती है। पुराने उसूलों को मानने के लिए वह कंडीशंड है। पाश्चात्य मान्यताओं में दायरबद्ध करना चाहती है। पुराने उसूलों को मानने के लिए वह कंडीशंड है। पाश्चात्य चिंतक कामू ने कहा—अगर हमारी गर्दन किसी के पाँवों तले दबी हो और हम विरोध की एक आवाज भी न निकाल पाएँ। इसका सीधा अर्थ है कि शोषण में हमारी भी भागीदारी है। दलित लोग भी शोषण अपमान को अपनी नीयत मान लेते हैं। अन्याय सहकर मौन साधना अन्याय को न्योता देने के समान है।

सुक्खा और रमिया बेटे को शिक्षित करने के लिए पुरानी रूढ़ियाँ तोड़ते जरूर

हैं। लेकिन ठाकुरों के शोषण के समक्ष प्रतिरोध नहीं करते क्योंकि उनके सामने बेटे का भविष्य है। सुक्खा जानता है कि पढ़ाई से ही सब कुछ हासिल किया जा सकता है। जब चन्दन भी यों पूछती है कि आगे पढ़कर कौन कलेक्टर बनेगा तो सुक्खा समझाते हुए कहता है—"चुप रह पगली कोई पेट से बड़ा बनकर आता है। पढ़-लिखकर बड़े बनते हैं सब क्या पता चन्दन भी कल थे। कलक्टर या दारोगा बन जाए। अपनी चिंता छोड़ हमें थोड़े दुःख उठाने पड़ रहे हैं तो क्या दुःख के बाद ही भूख आता है हमारे दिन भी बहारेंगे कभी न कभी।" सकारात्मक दृष्टि रखनेवाला भुक्खा अपनी विवशता और मजबूरी की खातिर ठाकुरों के सामने हाथ फैलाना नहीं चाहता। व्यवस्था की उन कठोर बर्बरताओं से वह घृणा करता है। वह अपनी पत्नी से कहता है कुछ सोच समझकर बात किया कर रमिया। जिन लोगों ने कहीं का नहीं छोड़ा हमको, जिनकी बर्बरता और अन्यायों के कारण आज यह हालत है हमारी मनुष्यता की। इन हत्यारों से दया की उम्मीद करती है तू, पूरे कसाई हैं ये तो खून से रंगे हुए हैं। इनके हाथ से हलाल तो कर सकते हैं बहाल नहीं।

'छप्पर' का चन्दन पढ़-लिखकर वास्तव में कलक्टर बनना नहीं चाहता, बल्कि खुद शिक्षित होकर शिक्षा और ऊर्जा हासिल कर अपने वर्ग को, अपनी जाति के निष्कलंक लोगों को परिधि से केंद्र में लाने का सपना संजोता है। सवर्ण रूपी कसाइयों के सामने ये मौन रहकर जान देनेवाले गरीब निम्न वर्ग के लोगों को खुद के अस्तित्व को चेताकर मुख्यधारा में लाने का प्रयास करता है। इसके लिए वह शिक्षा की अनिवार्यता को महसूस करता है क्योंकि शिक्षा के द्वारा ही अपमानित, शोषित, पीड़ित हाशियेकृत इंसान अपने अस्तित्व को परख सकते हैं। अपनी जिजीविषा की पूर्ति कर सकते हैं। लेखक ने यहाँ सामाजिक क्रांति के लक्ष्य को ध्यान में रखते हुए भारतीय समाज में दलित आंदोलन का बीज बोकर, प्रतिरोध की शक्ति को जगाकर परिवर्तन के नये अध्यायों को जोड़ने का प्रयास किया है। क्योंकि प्रतिरोध से ही काया पलट हो सकती है। यह एक जीवंत सत्य है। उपन्यास का नायक चन्दन शक्ति का वक्ता तो है ही, इसके साथ ही प्रतिरोध की ज्वाला को भड़काता भी है। उसके अंदर स्नेह, प्रेम, सहिष्णुता आदि के भाव मिले हुए हैं।

चन्दन अपने समुदाय में परिवर्तन लाना चाहता है। उपेक्षित अपमानित लोगों को उनका जन्मसिद्ध अधिकार दिलाना चाहता है। वह जानता है कि स्वतंत्र अस्तित्व के लिए उनको खुद लड़ना है। उनके लिए वर्तमान व्यवस्था में कोई राजनीतिक या सामाजिक दल मौजूद नहीं है। अधिकार की लड़ाई उनको खुद लड़नी है। वह भी अहिंसा और शांति के मार्ग पर चलकर। यह इस उपन्यास का महान संदेश है। एक संदर्भ में वह रजनी से कहता है—"हिंसा का जवाब हिंसा नहीं है रजनी! हिंसा का जवाब अहिंसा से दिया जाना चाहिए। हमारा संघर्ष न्याय और समानता के लिए है। अतीत में हमारे साथ कैसा सलूक किया गया है। हम उस पर जाना नहीं

चाहते, क्योंकि उससे कोई अच्छा परिणाम निकलने की आशा नहीं है। हम विरोध नहीं सामंजस्य चाहते हैं।" चन्दन के उदात्त विचारों में गाँधी दर्शन की पारदर्शिता है। बड़ी ही तन्मयता के साथ वह जन-मन में ज्ञान, आत्मविश्वास, अस्तित्वबोध जागृत करने की कोशिश करता है। चन्दन के इस मिशन में उसका साथ देती है रजनी। सवर्ण कुल में जन्मी रजनी हमेशा शोषितों की अवस्थाओं पर व्याकुल होती है। उनके अपमान को खुद का अपमान मानती है।

सदियों से चली आ रही शोषण प्रक्रिया को वह समझदारी से समाप्त करना चाहती है। अब तक जो अन्याय शोषणतंत्र ठाकुरों ने अपनाया उसके प्रति वह निस्सहाय है। लेकिन भविष्य को लेकर वह आशावादी है। उसे पूरा विश्वास है कि वह किसी तरह का अपमान या अन्याय दलितों पर होने नहीं देगी। रजनी के त्याग और निस्वार्थ भावना को देखकर चन्दन उसके सामने नतमस्तक होता है। तब रजनी कहती है "जो आग तुम्हारे अंदर है वह मेरे अंदर भी है, चन्दन अन्याय और शोषण के खिलाफ मैं भी हूँ। मैं भी सबको समान और खुशहाल देखना चाहती हूँ, और इसलिए तुम्हारे आंदोलन के साथ मैं भी जुड़ी हूँ। मेरी कोशिश होगी कि मैं अपने दायित्व का निर्वाह पूरी निष्ठा और ईमानदारी से कर सकूँ.... सामाजिक नवनिर्माण के इस पवित्र अभियान में मैं भी तुम्हारे साथ कन्धे से कन्धा मिलाकर चलूँ, लेकिन मेरे अंदर न उतना सामर्थ्य है और न उतनी उर्जा। किंतु फिर भी यथासम्भव जितना भी मैं कर सकती हूँ उससे पीछे कभी नहीं हटूँगी मैं।" चन्दन और रजनी दोनों मिलकर बहुत सारी जीर्ण युवकों को उखाड़ फेंकने में सक्षम होते हैं। रजनी के अनुसार गलत विचारों को सुनकर चुप रहना उन गलत विचारों का समर्थन करना है। इसलिए जब कभी वह अनर्थ बातों को सुनती है तुरंत प्रतिवाद करती है। एक बार काणे पंडित की अर्थहीन बातों को सुनकर वह कहती है—"कौन कहता है व्यवस्था को बदला नहीं जा सकता। आखिर आदमी की ही तो बनाई हुई हैं सारी व्यवस्थाएँ और सारी व्यवस्थाएँ आदमी के लिए ही हैं। तब यदि किसी व्यवस्था में दोष हो और वह उत्थान की बजाय पतन का कारण बनती हो तो उसे अवश्य बदला जा सकता है, और बदला जाना चाहिए।" चन्दन की दूरदर्शिता और रजनी की साहसिकता आज की युवा पीढ़ी के समक्ष एक मिसाल है। चन्दन हिंसा का जवाब अहिंसा से देना चाहता है। क्योंकि उनका संघर्ष न्याय और समानता के लिए वह अतीत में जीना नहीं चाहता। वह वर्तमान और भविष्य के विरोधों में सामंजस्य लाना चाहता है। "हम चाहते हैं कि सभी लोग अपने विरोध और मतभेदों को भुलाकर तथा सारे द्वेष और मालिन्य को मिटाकर परस्पर प्यार और सद्भाव के साथ-साथ चलें, एक दूसरे के दुःख-दर्द में भागीदार बने, एक दूसरे के हित के साधक बने तथा एक दूसरे को सम्मान दें।" वह अपने लिए राममोहन को समझाता है कि सामान्य विद्यार्थी की तरह तुम भी सब कुछ कर सकते हो, लेकिन सिर्फ दिमाग, इरादा और इच्छाशक्ति

से काम नहीं चलेगा। इसके लिए जाति की लेबिल को पार करना होगा, जो दलितों के राज्यों में पत्थर सी बनी हुई है। वह अपने दोस्तों को बुनियादी सत्य समझते हुए कहता है—"केवल सामाजिक रूप से ही हमारी परिस्थिति भिन्न बल्कि आर्थिक, राजनीतिक और शैक्षणिक प्रत्येक क्षेत्र में हम पिछड़े हैं लेकिन सबसे पहले जरूरत है सामाजिक सम्मान की। यदि तुम्हारे पास सामाजिक हैसियत है तो तुम्हारे लिए हर कहीं गुंजाइश हो सकती है। यदि तुम्हारी कोई सामाजिक हैसियत नहीं है तो चाहे तुम कोई काम कर लो, कितना भी धन कमा लो, इन सबका कोई महत्त्व नहीं। पैसा भी जीवन का एक फैक्टर है। मैं इससे इनकार नहीं करता, लेकिन उससे पहले जरूरी है समाज में तुम्हारी हैसियत का होना।"

चन्दन का एक दूसरा दोस्त है नन्दलाल जो वकील बनकर पैसा कमाना जीवन का लक्ष्य मानता है। पैसे के प्रति जुनून नंदलाल में भी है। आम इंसान की तरह सुख-चैन के पीछे वह भी भागता है। चन्दन इस संदर्भ को स्पष्ट करते हुए कहता है। खाने के लिए अच्छा भोजन, पहनने के लिए अच्छा कपड़ा और रहने के लिए अच्छा मकान कौन नहीं चाहता? मेरे कहने का तात्पर्य यह नहीं है कि हमें इन सबके लिए प्रयास नहीं करना चाहिए। मैं भी चाहता हूँ यह सब। लेकिन मैं यह करना चाहता हूँ कि इसके साथ अपने समाज के उत्थान और विकास की ओर भी ध्यान दिया जाना चाहिए। सदियों से गुलामी और जंजीरों में जकड़ा रहा है हमारा समाज। खाली पेट, नंगे तन और टूटे-फूटे छान-झोपड़ों में बसर करने की, यही रहा है सैकड़ों वर्षों से हमारे समाज का यथार्थ। हम लोग पढ़-लिख गए हैं लेकिन हमारा समाज, हमारे नाते रिश्तेदार.... यदि उनके उत्थान की ओर हम ध्यान नहीं दे तो कौन देगा।" रचनाकार यहाँ दलित वर्ग को एकजुट होकर आगे बढ़ने का आह्वान देते हैं। यदि दलित खुद अपने समुदाय को अर्थ के आधार पर बाटना शुरू कर दें तो उस समुदाय की कभी मुक्ति नहीं होगी। इसलिए ही चन्दन खुद की उन्नति से ज्यादा समाज की प्रगति पर खयाल रखता है। चन्दन के द्वारा रचनाकार ने एक समन्वयात्मक दृष्टिकोण को पाठक के समक्ष प्रस्तुत किया है जो समाज के विकास के लिए अनिवार्य है। परिवर्तन की आशापरक दृष्टि रखनेवाला, सब कहीं समानता चाहनेवाला, समाधान की इच्छा रखनेवाला दलित नायक चन्दन छप्पर उपन्यास के सभी पात्रों में सबसे अग्रिम पंक्ति में है। अग्रिम पंक्ति पर खड़े इस पात्र के व्यक्तित्व के कुछ नकारात्मक पक्ष भी हैं। ईश्वर, परमात्मा, परमशक्ति के प्रति चन्दन का दृष्टिकोण नेगेटिव है, रेडिकल है। यह उसका निजी दृष्टिकोण है। पूरे समुदाय पर इसे थोपने की आवश्यकता नहीं है। मन्दिर, मस्जिद, चर्च हम इसलिए नहीं जाते कि वहाँ से यात्रा में हमें कुछ प्राप्त होगा। हम मानसिक शांति की खोज में मन्दिर, मस्जिद, चर्च जाते हैं जलती हुई दीपशिखाओं से निकलनेवाली आभा इंसान को नई ऊर्जा प्रदान करता है। यज्ञादि कर्मों में भी मनोवैज्ञानिकता है। वैज्ञानिकता का अर्थ

इन्द्र भगवान को खुश कर वृष्टि का वरदान माँगना नहीं है बल्कि यज्ञों हवनकुंडों से निकलनेवाली अग्नि की लपटें भाप बनकर मेघ का रूप धारण करती हैं तब वर्षा होती है। इस तरह के अनुष्ठानों का अपना आधारभूत सत्य है जो तर्कसंगत है जिसे अमेरिका से नासा के वैज्ञानिक ने भी सही करार दिया है। समाज में अंधविश्वास, जीर्ण रूढ़ियों का उखाड़ फेंकना समाज कल्याण के लिए अनिवार्य है लेकिन कुछ अनुष्ठान जिनके वैज्ञानिक आधार हैं उसे अंधविश्वास कहकर नकारना नामसझी और बचकानीपन है। बावजूद इन सबके छप्पर दलित संवेदना की एक प्रतिनिधि रचना है। जनधर्मी कथ्य, सहज अभिव्यंजना-सामर्थ्य के लिहाज से यह उपन्यास अपने समकालीन उपन्यासों की तुलना में अधिक प्रासंगिक और पठनीय बन पड़ा है। भाषागत नये प्रयोग पाठकों को पसोपेश में नहीं डालते।

सत्यापित : सत्तातंत्र के पाखंड का पर्दाफाश

–डॉ॰ बजरंग बिहारी तिवारी

हर अच्छी कहानी लीक से हटकर होती है। 'सत्यापित' ऐसी ही कहानी है। कैलाश वानखेड़े के पहले कहानी संग्रह की पहली कहानी। संग्रह का शीर्षक 'सत्यापन' है। इस नाम से संग्रह में कोई कहानी नहीं। मानना चाहिए कि 'सत्यापित' के आग्रह से संग्रह का शीर्षक तय किया गया है। सत्यापन किसका, किसके द्वारा, किसलिए? संग्रह में शामिल नौ कहानियाँ इसका उत्तर देती हैं। लेकिन, आधिकारिक उत्तर 'सत्यापित' में विन्यस्त है। सत्तातंत्र के पाखण्ड का सलीके से पर्दाफाश करने वाली ये कहानियाँ हिन्दी कहानी को नवता प्रदान करती हैं और दलित कहानी को दिशा देने का काम करती है। रोजमर्रा के अनुभवों का जैसा दलित भाष्य कैलाश के यहाँ मिलता है वह दलित चिंतन के विकास का साक्षी है साथ ही जाति की जकडबंदी के समकालीन जटिल ताने-बाने की विश्वसनीय पड़ताल का दस्तावेज भी है।

विमर्श जीवन-स्थितियों को अक्सर पहले से बनाए सांचों में रखकर देखता है। इससे दोतरफा सहूलियत होती है। एक ओर अस्मिता के सुपरिभाषित पथ से भटकने की आशंका न्यूनतम हो जाती है दूसरी ओर 'उत्पीडक अस्मिता' पर दबाव में कमी भी नहीं आती है। अस्मितावादी विमर्श भीतर से बाहर की यात्रा करता है। अंतर्यात्रा का अनुभव प्रायः अदेखा, अनछुआ रह जाता है। सत्यापित कहानी इस लीक पर चलने से बचती है। आत्मकथात्मक शैली में लिखी इस कहानी का मुख्यपात्र अंतर्मुखी है। अंतर्मुखी होना उसकी स्वाभाविक प्रवृत्ति नहीं। थोपी हुई स्थिति है। यह स्थिति असहज बनाती है। 'मैं' के भीतर उबाल पैदा करती है। इस उबाल से उपजा हुआ ताप पूरी कहानी में फैला हुआ है। ताप की निकासी का इंतजाम कहानी के भीतर नहीं। घुटा हुआ ताप घुटन पैदा करता है। कैलाश वानखेड़े घुटन के कहानीकार हैं। उनकी लगभग सभी कहानियाँ घुटन से भरी हुई हैं। एक-सी घुटन लेकिन अलग-अलग शेड्स में। चीख घुटन को चीरती है। उससे बाहर लाती है। विमर्शवादी कहानीकार इस प्रविधि में पारंगत हैं। घुटन को केन्द्रित करके लिखी

गयी उनकी कहानियाँ चीख पर आकर अपना ढर्रा बदल लेती हैं। कहानी के भावक घुटन से मुक्त हो चीख की आक्रोशमयी-सुकूनदायी खिडकी से बाहर निकलते हैं। बावजूद घुटन से उत्पन्न मगर उससे विच्छिन्न कर दी गयी चीख देर तक पीछा भी नहीं करती। कैलाश इस प्रविधि से बचते हैं। वे राहत की कोई फौरी व्यवस्था नहीं करते। चीख की उपयोगिता से वे अपरिचित नहीं। घुटता हुआ पात्र अगर न चीखे तो अस्वाभाविक लगेगा। घुटन का पोलापन भी झलकेगा। कैलाश चीख की जगह बनाते हैं। लेकिन, यह चीख घुटन में दबे पात्रों के गले से नहीं, घुटन पैदा करने वालों के कंठ से निकलती है। 'सत्यापित' का क्लर्क (पांडे) चीखता है। 'तुम लोग' का तिवारी चीखता है। 'घंटी' का मिश्रा चीखता है। 'स्कालरशिप' का सवर्ण अध्यापक चिल्लाता है। 'कितने बुश कित्ते मनु' का बीडीओ चीखता है और उसका सहयोगी शर्मा भी। 'खापा की मैडम चीखती है। दूसरी तरफ 'सत्यापित' का 'मैं' मुस्कराता है। घुटन से उपजी यह मुस्कराहट पांडे को घेरती है। अपना बोझ उन पर लाद देती है। 'मुस्कराहट' कैलाश वानखेड़े की अपनी कथा-तकनीक है। घुटन के स्थानान्तरण की तकनीक। दलित-विमर्श में इस मुस्कराहट की ताकत अभी तक पहचानी नहीं गयी है। दलन की स्थूल स्थितियों से अपमान की बारीक शैलियों की यात्रा को पहचाने बगैर इस कथा-प्रविधि तक नहीं पहुँचा जा सकता। सत्यापित' के 'मैं' को किसी राजपत्रित अधिकारी से अपना फोटो अटेस्ट कराना है। वह जिस साहब के दफ्तर पहुँचता है वे अम्बेडकरनगर नाम सुनते ही भडक जाते हैं और उनके पास 'समय का अभाव' हो जाता है। फिर 'मैं' की दौड़ दूसरे अधिकारी के कार्यालय में। यहाँ का अधिकारी सामने नहीं लाया गया है। कहानी की सुई क्लर्क पर आकर रुकती है। साहब से सत्यापन उसी के जरिए करवाया जाना है। क्लर्क घुटा हुआ व्यक्ति है। उसकी प्राथमिकता जगजाहिर है—पैसे दो और काम कराओ। एक विकल्प हाथ जोड़ने का, अनुनय-विनय का है। 'मैं' को दोनो ही विकल्प अस्वीकार्य हैं। पैसे देने की स्थिति नहीं, हाथ जोड़ना गवारा नहीं। फिर, सत्यापन हो तो कैसे! कार्यालय परिसर में चहलकदमी करता 'मैं' तनाव की परतों में उलझता जाता है। एक चरम बिंदु पर लाकर तनाव घुटन में तब्दील कर दिया जाता है। दमघोंटू माहौल से निजात मिलती प्रतीत होती है पेशाबघर जाने से। एक लड़की के उस दफतर में आने से। भाऊ साहेब इंगले नामक व्यक्ति से बात करने से। पहली दो स्थितियाँ निहायत क्षणिक हैं। भाऊ साहेब इंगले का आना कहानी को निर्णायक मोड़ देता है। पेशे से ड्राइवर इंगले 'साहब' के पास जातिगत अपमान करने वाली नर्स की शिकायत करने आया है। नर्स बौद्धवाड़े को महारवाड़ा लिखती है और इंगले को जाति के सन्दर्भ से बेइज्जत करती है। 'मैं' और इंगले दोनों का दुःख समान है। दोनों का मिलना दोनों को घुटन के गर्त में गिराने से बचाता है। यह मिलन एक आत्मविश्वास पैदा करता है। इस

आत्मविश्वास के आगे दफ्तर का मजबूत जातितंत्र दरकता है। अपना काम पूरा किए बगैर दोनों लौटेगे नहीं। दोनों का एक सत्यापन पहले हो चुका है—"...भाऊ साहेब इंगले को चेहरे से और मुझे आवेदन पत्र के शब्दों के आधार पर सत्यापित किया जा चुका है। नर्स और क्लर्क जानते हैं कि कौन हैं हम। मेरी मुस्कराहट मेरे चेहरे से पूरे शरीर में छोड़ गयी। मैंने भाऊ साहब इंगले का हाथ पकड़ा। भाऊ साहेब का हाथ गरम था और गुस्सा फटने के इंतजार में।" दूसरे से सत्यापन से पहले यह खुद का सत्यापन है। अपनी मुस्कराहट का सत्यापन। इंगले के गुस्से का सत्यापन। क्लर्क और नर्स के जातिबोध का सत्यापन। अपने को स्वयं ही सत्यापित करने के बाद दूसरे से सत्यापन अगला कदम है। कहानीकार इसका संकेत भर करता है। संकेत हालांकि स्पष्ट है। 'अन्य' को झख मारकर सत्यापन करना होगा। उसी रूप में जिसमें 'मैं' और इंगले ने खुद को पहचाना है। 'मैं' का सत्यापन तकनीकी है। तकनीकी सत्यापन अपेक्षाकृत आसान होता है। अधिकारी की मुहर लगनी है और चेहरे पर हस्ताक्षर होना है। लेकिन आसान दिखता है वह वैसा है भी क्या? इंगले महार से मुक्त हो बौद्ध बन चुका है। उसकी नई पहचान को स्वीकृति मिलनी बाकी है। गैर बोद्धों की बदनीयती उसे बर्दाश्त नहीं। उसका क्रोध अपरिमार्जित है, अमिश्रित है और शायद इसीलिए ज्यादा विस्फोटक है। 'मैं' ने अपनी सहज वृत्ति से अपने क्रोध का प्रबंधन सीखा है। मुस्कराहट में क्रोध की नायाब अभिव्यक्ति इसी का नतीजा है। सामने वाले को तिलमिला देने की क्षमता रखने वाली यह मुस्कराहट अपनी प्रकृति में बहुआयामी है, किंचित 'कोलेटरल डैमेज' वाली।

कैलाश वानखेड़े 'प्रति सत्यापन' के कहानीकार हैं। जो अब तक सत्यापन करते आए हैं उनका सत्यापन करने वाले। क्लर्क पांडे सिर्फ जातिवादी ही नहीं है। वह पहले दर्जे का बेईमान-घूसखोर भी है। मानो कहानीकार को यह पहचान नाकाफी लगी हो तो वह लंपटता का तत्व भी शामिल कर लेता है। दफ्तर में कम से आयी लडकी पर पांडे की बुरी निगाह है। "उसने लडकी की आँख, नाक, ओंठ को देखते -देखते अपनी नजर उसके वक्ष पर गड़ा दी और उसी गड़ी हुई नजर से बोले जा रहा। नजर गाड़ रहा। छेद कर रहा। लार टपका रहा है। जैसे गड्ढा करने के लिए पानी छोड़ा जाता है, तेजी से खुदाई के लिए, उसी अंदाज में लार टपका रहा है। लडकी पीछे हटी।" जरूरी नहीं कि पक्का जातिवादी व्यक्ति घूसखोर भी हो और औरतखोर भी। लेकिन, विमर्श का काव्य-न्याय यही रास्ता चुनता है। एक जाति पहचान का होना अवगुण-समुच्चयधारी होना भी है। गौरतलब है कि कैलाश की तमाम कहानियों में सवर्ण पात्र अपने नाम से नहीं, जातिसूचक शब्दों से पहचान पाते हैं। भाऊ साहेब इंगले को सर्वत्र पूरे नाम के साथ लिखा गया है किन्तु पांडे और शर्मा नामक पात्रों के नाम देने की जरूरत नहीं समझी गयी है। इसी तरह का

पैटर्न उनकी दूसरी कहानियों में दिखता है। मैं शैली में ही लिखी गयी 'तुम लोग' में कथानायक की पत्नी रत्नप्रभा है, बेटा असीम है, सब्जीवाली शेवंतीबाई है। जबकि चतुर्वेदी और तिवारी नामक पात्रों की पहचान उनकी जाति है। जाति दंभ से भरे ये पात्र कथानायक को, उनके पूरे जाति-समुदाय को कमतर ठहराने पर तुले हुए हैं। उन्हें सिर्फ अपमान करना आता है। 'घंटी' के सरकारी अधिकारी मिश्राजी बेहद क्रूर, हद दर्जे के अमानवीय हैं। उनके दफ्तर के भृत्य माँगीलाल चौहान अव्वल कर्तव्यनिष्ठ है। 'स्कालरशिप' के 'मिश्रा सर' एक नं॰ के बेईमान, ट्यूशनबाज फिजिक्स टीचर हैं। इसी कहानी में एक अन्य सवर्ण अध्यापक को 'मूंछ वाले सर' कहा गया है। दलित पात्र सत्येन्द्र अपने नाम के साथ है। यह कहानी भी मैं शैली की है। 'कितने बुश कित्ते मनु' का शर्मा बाबू लूट-खसोट का अभ्यस्त कर्मचारी है। वैसा ही (नामरहित सवर्ण) बीडीओ और जोशी भी है। इसी दफ्तर में सर्वथा समर्थ और काम के प्रति समर्पित पात्र कमल है। वह चतुर्थ श्रेणी में रखा गया है मगर काम बीडीओ का करता है। उसकी उपलब्धि को सवर्ण अधिकारी हड़प जाते हैं। शर्मा का दुःख समूचे सवर्ण (ब्राह्मण समाज) का दुःख है—"धरम रसातल में चला गया। जिनकी औकात हमारे सामने खड़े रहने की नहीं थी, वे कुर्सियाँ तोड़ रहे है।" जाति -विशेष में पैदा होने भर से कोई गुण-अवगुण की अर्हता प्राप्त कर लेता है यह जातिवादी मानसिकता है। साहित्य में 500 बरस पहले तुलसीदास इस विचार के समर्थक थे। मानस के आदर्श पात्र कागमुशुंड किसी जन्म में शूद्र थे। शूद्र होने भर से वे "धन मद मत परम बाचाला। उग्र बुद्धि उर दंभ बिसाला।" जैसे विशेषणों के हकदार थे। विमर्शवादी साहित्य पढ़ते हुए यह कई बार लगता है कि तुलसीदास का जो हिसाब पहले चुकता किया जाना था वह अब किया जा रहा है। उसी तरह का स्टीरियोटाइप यहाँ भी स्वीकृत-व्यवहृत है।

'सत्यापित' का लेखक अभी विमर्श के प्रथम दौर में पाँव जमाए हुए है। प्रथम दौर मात्र ब्राह्मणों पर हमले का दौर था। ब्राह्मण उन्मूलन को ब्राह्मणवाद उन्मूलन का पर्याय मान लिया गया था। तमिलनाडु का सेल्फ रेस्पेक्ट आन्दोलन इसी विश्वास से आपूरित था। काफी बाद में इस विश्वास पर पुनर्विचार की शुरुआत हुई। पिछले 5-7 सालों की जातिवादी हिंसा की घटनाएँ देखी जाएँ और हिंसा में शामिल लोगों की जाति पहचानों का खुलासा किया जाए तो हकीकत का दूसरा पहलू भी सामने आ सकता है। गोहाना, मिर्चपुर (हरियाणा), लाठोर (ओडिशा), धर्मपुरी (तमिलनाडु) के ब्योरे आसानी से उपलब्ध हैं। जातिवादी सामाजिक व्यवहार की सूक्ष्मताओं पर नजर रखने वाला कहानीकार अगर विमर्श के 'सेफ जोन' में विचरण को अपने लेखन की सीमारेखा बना लेगा तो जोखिम उठा कर सत्ता समीकरणों के नए रूपों, सामाजिक अवमानना, जातिपरक हिंसा के समकालीन यथार्थ तक जाने की उम्मीद क्षीण होती

जाएगी। धार्मिक पोथियों के आधार पर सुनिश्चित कर दी गयी दलितों की पहचान अगर नकार दिए जाने के योग्य है तो फिर गैर दलित (ब्राह्मण) की 'पहचान' को उसी आधार पर कैसे पुख्ता किया जा सकता है? इसका अवसर न दिया जाए कि उलट कर यह प्रश्न विमर्शकार से ही पूछा जाने लगे—"जो हमें नहीं जानता, नहीं पहचानता, वही हमें सत्यापित करता है। उसी न जानने वाले के दस्तखत से हमें जाना जाता है। कभी-कभी लगता है कि ये कौन हैं, कहाँ से आये हैं, जिनके पेन से ही तय होती है हमारी पहचान"

जस तस भई सवेर : उत्पीड़न के खिलाफ विद्रोही आवाज

–डॉ॰ पवूर शशीन्द्रन

दलित साहित्य में दमित, दलित, पीड़ित समाज के अनुभव की प्रामाणिकता है, क्षोभ है, सीधा तर्क है, एक नया तेवर है। इसमें प्रत्येक समाज की घृणित जाति-व्यवस्था, उत्पीड़न, शोषण, सवर्णों की विकृत मानसिकता, अछूत स्त्रियों और बच्चों का नारकीय जीवन, अपमान, उपेक्षा, आक्रोश और क्षोभ का विस्तृत वर्णन होता है। वास्तव में दलित साहित्य वेदना और यातना का साहित्य है। जातिनिष्ठ सामाजिक व्यवस्था में अस्पृश्यों और पददलितों को जो भोगना पड़ा है, उन भोगने में से व्यथा, वेदना, यातना और तज्जन्य अनुभव इनके यथार्थ दर्शन तक ही दलित साहित्य के अनुभव, विषय और आशय सीमित है। इसलिए दलित लेखकों की अभिव्यक्ति में एक प्रकार की आत्मपरकता मौजूद है। दलित साहित्य के लेखक अपने अनुभव के साथ स्व को प्रकट करने का प्रयास करते हैं। दलित साहित्य में सहानुभूति की नहीं, अनुभूति की तीव्रता है। वैसे दलित साहित्य नकार का साहित्य है। रूढ़िगत सामाजिक व्यवस्था को दलित साहित्यकार नहीं मानता। दलित साहित्यकार अपने युग के अनुभवों तथा प्रकृति की अनिवार्यताओं पर निरंतर चिंतन करता रहा है। जातिभेद तथा वर्णभेद पर बनी व्यवस्था उस व्यवस्था की सृष्टि करनेवाली ब्राह्मणवादी विचारधारा तथा उसके पाखण्ड पर करारी चोट करता है। साथ साथ जाति व्यवस्था के खिलाफ संघर्षरत शक्तियों को ऊर्जा प्रदान करता है। दलित साहित्य के मूल में विद्रोह की भावना जोरदार ढंग से अभिव्यक्त हुई है। असल में दलित उस वर्ग को सूचित करता है जिसे सामाजिक एवं जातीय कारणों से अस्पृश्यता और शोषण का अमानवीय दुःख झेलना पड़ा है और अस्पृश्यता के नाम पर सामाजिक, आर्थिक, शैक्षणिक एवं शासकीय संस्थाओं से दूर रखा है।

हिंदी उपन्यास के क्षेत्र में दलित लेखन की शुरुआत बहुत पहले ही हुई थी। गैर

दलित लेखकों के द्वारा रचित कई उपन्यास हमारे सामने हैं, लेकिन दलित लेखकों के द्वारा उपन्यास की रचना का प्रारम्भ हाल ही में हुआ है। मोहनदास नैमिशराय के 'अपने अपने पिंजरे' और ओमप्रकाश वाल्मीकि के 'जूठन' को इस क्षेत्र की गंभीर उपलब्धि मान सकते हैं। दोनों रचनाएँ आत्मकथात्मक या आत्मवृत्तात्मक हैं। जयप्रकाश कर्दम का 'छप्पर' निश्चित रूप से दलित चेतनात्मक उपन्यास ठहरता है जिसमें दलित जीवन से जुड़े लगभग सभी मुद्दे उभरकर आये हैं, जैसे स्वतंत्रता के बाद दलित समाज में शिक्षा के प्रति आकर्षण कहाँ तक बढ़ा है, शिक्षा ने उनके जीवन को कहाँ तक परिवर्तित एवं परिवर्द्धित किया है, सामाजिक अपमान से उत्पन्न आर्थिक शोषण उनको कैसे पीछे ले जाते हैं, विसंगतियों को सहते सहते दलित युवक कैसे हिंसक बनता है, आदि-आदि।

सत्यप्रकाश का 'जस तस भई सवेर', जयप्रकाश कर्दम का 'करुणा', कौसल्या बैसंत्री का 'दोहरा अभिशाप', सुशीला टाकभौरे का 'नीला आकाश', प्रेम कपाड़िया का 'मिट्टी की सौगंध', सूरजपाल चौहान का 'तिरस्कृत', नैमिशराय के 'मुक्तिपर्व', 'आज बाजार बंद है' आदि भी दलित उपन्यासों की कोटि में आनेवाली अन्य प्रमुख रचनाएँ हैं जिनमें दलित जीवन के संघर्ष और प्रतिरोध की भावना द्रष्टव्य है। यह लेख सत्यप्रकाश से विरचित 'जस तस भई सवेर' शीर्षक उपन्यास को केंद्र में रखकर दलितों की विद्रोही मानसिकता की चर्चा करने का विनम्र प्रयास है।

सन् 1998 में प्रकाशित 'जस तस भई सवेर' उपन्यास के शीर्षक से ही पता चलता है कि दलित समाज में सवेर अर्थात सबेरा या प्रकाश का दर्शन जैसे तैसे ही हुआ है। इसमें दलित समाज में पाये जानेवाले अज्ञान, अशिक्षा, अंधविश्वास, आपसी फूट, सवर्ण समाज के द्वारा किया जानेवाला शोषण, महिलाओं के पतन की अवस्था आदि का जोरदार चित्रण लेखक ने किया है। अतः इसको हम दलितों का दस्तावेज कह सकते हैं।

हँसा जाहवीर देवता की पूजा के लिए अपने परिवार के साथ बागड़ शहर जाता है। पूजा के लिए हँसा देवीलाल से पाँच हजार रूपये कर्ज लेकर खर्च करता है। कर्ज लेने से उसकी आर्थिक स्थिति बिगड़ जाती है। हँसा का भाई सरवन इस धार्मिक अंधविश्वास का डटकर विरोध करता है। लेकिन हँसा इसको बाई की ईर्ष्या समझकर झगड़ा करता है और दोनों के बीच मारपीट भी होती है। हँसा की पत्नी सुनहरी के भड़काने से भाई-भाई के बीच शत्रुता बड़ जाती है। सरवन पढ़ा-लिखा और समझदार आदमी है। उसका बेटा शिवदास पढ़-लिखकर बैंक में रोकड़िया बनता है। सरवन के सुख-शांतिपूर्ण जीवन से हँसा और सुनहरी दुबारा उससे दुश्मनी करते हैं और हरसन्ना के उपदेश से दुबारा देवीपाल से कर्ज लेकर पूजापाठ का आयोजन करता है। देवीपाल अपने खेत में मजदूरी करने वाली घुसिया पर बलात्कार करता है। बाद

में उसकी हत्या करके लाश को कुए में डाल देता है। देवीपाल रामरती के साथ भी अनैतिक संबंध रखता है। रामरती का सात वर्षीय बेटा इस घटना का साक्षी बनता है तो देवीपाल उसकी भी हत्या करता है। वह घूँस देकर पुलिसवालों से मामला को रफा-दफा कर लेता है। हँसा-देवीपाल की कथा के साथ शिवदास की कथा भी चलती है जिसके माध्यम से उपन्यासकार ने मंडल आयोग के कालखंड की चर्चा की है। एक बार शिवदास दिल्ली विश्वविद्यालय पहुँचा जब मंडल आयोग के विरोध की चर्चा चल रही थी। शिवदास दलितों के आरक्षण का समर्थन करता है। शिवदास और सुमेधा कालेज में सहपाठी थे। सुमेधा उससे प्रेम करती थी। उसने शिवदास के साथ शादी का प्रस्ताव रखा तो वह शिवदास को मंजूर नहीं था। वह सुमेधा के प्रेम और उसकी कामपिपासा को ठुकराकर दलित आंदोलन के लिए अपना जीवन समर्पित करना चाहता था। इस बीच आजादी की वर्षगाँठ पर गाँव में आयोजित सभा में पहली बार एक दलित मंगल पहलवान को अध्यक्ष बनाकर आदर देता है। सवर्णों के साथ हुए मुठभेड़ में घायल होने पर भी शिवदास सवर्ण अत्याचारियों को दण्ड नहीं देता, वह बैंक में क्लर्की करने जाता है। मंगल पहलवान चौधरी एवं भगत से बदला लेता है, चौधरी को सुनहरी से माफी माँगने के लिए प्रेरित करता है और भगत का पैर तोड़ भी देता है। मंगल का समधी थी सबको जागृति का संदेश देता है। उसकी प्रेरणा से मंगल का परिवार आपसी कलह को खतम करके स्वयं सुधरने के लिए तैयार हो जाता है। उपन्यास के अंत में समधी को परिवार और समाज का मार्गदर्शक बताया गया है। देवीलाल और भगत दलितों की बस्ती में आग लगाने की कोशिश करते हैं और दलितों को मारते हैं। मंडल अपने दोस्तों के साथ उनका सामना करके पराजित करता है। मंगल देवीलाल और भगत को गिरफ्तार करवाता है। इस दौरान घुसिया का पति पनसुख गोली मारकर भगत की हत्या करता है। पुलिस मनसुख को गिरफ्तार करती है। मंगल शिवदास और मनसुख के लिए केस चलाता है। इस तरह दलितों की आँखें खुल जाती हैं और उनके जीवन में उजाला फैल जाता है, एक नये प्रभात का उदय होता है।

ढेर सारी समस्याओं को 'जस तस भई सवेर' में सत्यप्रकाश ने प्रस्तुत किया है। दलित समाज कई प्रकार के अंधविश्वासों में जकड़ा हुआ है। वे यही सोचते हैं कि अपनी बस्तियों में होनेवाली बीमारी, गरीबी, पानी की कमी, पशुओं के रोग आदि का मूल कारण देवी-देवताओं की अप्रियता है। अशिक्षा के कारण ही इस तरह के अंधविश्वास घर कर आते हैं। अपने बेटे को बीमारी से मुक्त कराने के लिए बड़े देवता जाहवीर की पूजा के लिए अपनी भैंस, दूध और मेहनत को गिरवी रखकर हँसा ऋण लेता है। उसक भाई सरवन इसका विरोध करके कहता है—हँसा तुमने पोंगा-पंडितों के चक्कर में पड़कर बेकार में पाँच हजार रूपये खर्च कर दिये।... अरे हँसा, मूर्ख

मत बनो, दिमाग से काम लो, पूजा-पाठ में कुछ नहीं रखा। इससे पुजारियों, भक्तों और शोषकों को छोड़कर और किसी व्यक्ति को कोई लाभ आज तक नहीं हुआ है और न कभी होगा। अरे भाई, अपनी मेहनत की कमाई को यूँ बेकार मत उठाओ। संपूर्ण उपन्यास में सरवन का यह विरोध हँसा के चरित्र पर नहीं पड़ता। गरीबों से मेहनत-मजदूरी करवाना, कमाये गये पैसों से पूजा-पाठ करवाना अमीरों का खास तरीका है, इससे छुटकारा पाने की चाह यहाँ द्रष्टव्य है। हँसा जैसे लोग अपने अपने विश्वासों के अंधे हैं। लेकिन सरवन सदियों से चली आ रही परंपराओं, मान्यताओं और विश्वासों को चुनौती देता है। लेकिन हँसा अपने विश्वासों पर अडिग रहता है। पहली जात से कोई फायदा नहीं हुआ तो हँसा पुनः हरसन्ना भगत का उपदेश लेता है। अंधविश्वास में डूबा हुआ हँसा भगत से कहता है कि उसने देवता जाहवीर की जात लगाई है। जात में कहीं कोई बाबी न छोड़ी। उसने देवस्थान बागड़ में पुजारियों को भी बरकर दान-दक्षिणा दी। उसका विश्वास है कि भगत से पूजा में कोई गलती नहीं हुई है। पूजा करने पर भी उसके जीवन में नई नई विपत्तियाँ आ रही हैं। यही उसका विश्वास है। हँसा के अज्ञान का लाभ उठाकर हरसन्ना उसे दुबारा फँसाने की भरपूर कोशिश करता है और कहता है कि उसने पहले जो जात लगाई है, देवता ताहवीर ने इसे कबूल नहीं किया है। हँसा की पत्नी भी अंधविश्वास में पति से एक पग आगे है। वह विश्वास दिलाती है कि घर की बिगड़ी हालत को सुधारने के लिए देवता की जात लगाना जरूरी है। दुबारा जात लगाने को विवश करता हुआ हरसन्ना कहता है–"वैसे मैं बड़ी मुश्किल से देवता को वचन दिया है कि इस बार जात में दो खस्सी बकरों की बलि दिलाऊँगा। तब कहीं जाकर देवता नरम पड़े।... अगर असली और बड़ी जात नहीं दे सकते तो साफ बता दो, मैं देवता से वैसे ही अर्ज करूँ।" इस तरह के जाल में फँसकर अज्ञान और अंधकार में डूबी दलित जाति जात-बारात के चक्कर में पड़कर पिछड़ गयी है। इस पिछड़ेपन से उबारने का प्रयास सत्यप्रकाश ने 'जस तस भई सवेर' के माध्यम से किया है।

नारी का शोषण युगों से चली आ रही कुप्रवृत्ति है। दलित नारी सब से अधिक शोषण के पात्र बनी हुई है। आलोच्य उपन्यास में धुसिया का बलात्कार रामरनी सन्नो के सामने ही होता है। धुसिया चौधरी से कहती है चौधरी मुझे माफ कर दो, मैं भूखी रह लूँगी, पर इज्जत नहीं बेचूँगी। सन्नो भी यही बात चौधरी से कहती है कि तुम्हें तो यह बात शोभा नहीं देती, तुम्हें तो गरीबों की सहायता करनी चाहिए। इस तरह के बहुआयामी शोषण का चित्रण करके लेखक ने जागरण के लिए आवाज बुलंद की है। साथ साथ उन्होंने नारी के सक्षम रूप को भी उजागर करके यह स्थापित किया है कि नारी सबल है, सशक्त है, किसी तरह की मुसीबत का सागना करने के लिए वह सक्षम है।

दलित अस्मिता की पहचान दलितों को स्वयं सुधरने में सहायक बनी है। वह उन्हें

अपने हक के लिए लड़ने की प्रेरणा प्रदान करती है। मण्डल आयोग और आरक्षण नीति को लेकर जस तस भाई सवेर में बहस चलती है। दिल्ली विश्वविद्यालय की ओर जाते समय बस में लोगों के बीच मंडल आयोग के विरोध में चर्चा चलती है। प्रो॰ दत्त दलित आरक्षण के विरोध में बयान देता है, संसद महोदया प्राध्यापक और छात्रों के बीच इस विषय को लेकर राष्ट्रीय बहस करवाती है। दलितों के आरक्षण के पक्ष में शिवदास खड़ा होता है। सरकार के द्वारा प्रस्तावित आरक्षण पर कई प्रकार के विरोध हुए। एक पत्रकार यों कहता है—"हम आरक्षण का विरोध करते हैं, इससे सेवाओं में अयोग्य व्यक्ति आ जाता है।" योग्य एवं दक्ष व्यक्ति सड़क पर जूते चटकते रहते हैं और वे उसके लिए विवश भी हैं। आरक्षण के विरुद्ध की जानेवाली ये बातें आरक्षण को समाप्त करने की साजिश मात्र हैं। असल में आरक्षण की नीति से दलितों को स्वायत्त बनाने की कोशिश कर रहे हैं। लेकिन इसमें अड़चन डालनेवाली व्यवस्था को बदलने की जरूरत है। वर्ण-व्यवस्था दलितों के स्वत्व को मिटाने का प्रयास करती है। वर्ण-व्यवस्था की विकराल स्थिति में आमूल चूल परिवर्तन किये बिना दलितों का उद्धार संभव नहीं है। दलित उपन्यास इस पोल को खोलकर, उसकी भीषण स्थिति को हमारे सम्मुख रखते हैं।

दलितों को सामाजिक न्याय दिलाने की प्रक्रिया में मीड़िया की अहम भूमिका है, लेकिन मीडिया की ओर से इस दिशा में कम सहायता ही प्राप्त होती है। मण्डल आयोग की संस्तुतियों को कार्यान्वित करने के सिलसिले में जब सवर्ण युवकों ने आत्महत्या करने की चेतावनी दी तो मीड़िया ने इस विषय को गरमागरम बनाने का प्रयास ही किया। सवर्ण मानसिकता को शिवदास यों स्पष्ट करता है—"खबरों को उत्तेजक, भड़काऊ बनाकर उनमें मिर्च-मसाला लगाकर उत्तेजक एवं संवेदनात्मक बना देते हैं जो सामाजिक हितों के लिए खतरनाक है। आग में घी डालने की प्रवृत्ति मीडिया की ओर से नहीं होनी चाहिए। पत्रकार से शिवदास प्रश्न करता है कि मीडिया समाज में कितने दलित काम करते हैं, तो इसका उत्तर पत्रकार यही देता है—'मुझे हालांकि इसका अफसोस है, परंतु यह कहने में कोई हिचकिचाहट नहीं है कि हमारे यहाँ तो एक भी संपादक अथवा पत्रकार इन वर्गों का नहीं है। वैसे दूसरे समाचार पत्र में एक-दो कोई होगा।"

दलित जीवन का अभिशाप है छुआछूत की समस्या। इस अभिशाप से समाज के हर क्षेत्र में दलित शोषण का शिकार बनता है। प्रशासनिक क्षेत्र में इस तरह के शोषण की मात्रा अधिक है। 'जस तस भई सवेर में शिवदास के साथ हुई घटना के माध्यम से दलितों पर किये जानेवाले अत्याचार की ओर लेखक ने इशारा किया है। शिवदास जब गाँव पहुँचता है तो सामाजिक कार्यक्रमों में सक्रिय रूप से भाग लेता है। चौधरी देवीपाल और हरसन्ना भगत गाँव की दलित महिलाओं, सन्नो और

रामरती का बलात्कार करते हैं। पंचायत में पहुँचने पर यह मामला उलटा हो जाता है। उन दलित महिलाओं पर आरोप लगाया जाता है कि ये सवर्णों का अपमान कर रही हैं। पंचायत दोनों को कोड़े से मारना तथा नंगा घुमाये जाने की सजा देता है। तो शिवदास वहाँ पहुँचकर उनको बचाता है। वह दलित एक्ट के तहत चौधरी और हरसन्ना के विरुद्ध मुकदमा दर्ज करता है। पुलिस उन्हें गिरफ्तार करती है। लेकिन घूँस देकर दोनों अपराधी जमानत करवा लेते हैं। इसका बदला भी वे लेते हैं। एक दिन चौधरी पैसा जमा करने बैंक में जाता है तो बड़ी चालाकी से शिवदास पर पचास हजार रूपये की चोरी का झूठा आरोप लगाता है। चौधरी के द्वारा मुकदमा दर्ज कराने पर पुलिस शिवदास की पिटाई करके जेल भेजती है। जब कभी सवर्णों के विरुद्ध कोई आवाज उठाता है तो वे धोखे से दलितों एवं निम्न वर्गों को तड़पाने और उनका सर्वनाश करने का प्रयास करते हैं।

सामंतवादी या पूँजीवादी संस्कृति सदा दलित वर्ग का शोषण करती आयी है। अपने अधिकारों को सुरक्षित रखने के लिए ये वर्ग आम जनता के अधिकारों को छीन लेने की कोशिश करते हैं। कानून एवं नियम को अपने अनुकूल बनाने के प्रयास में पुलिस अधिकारियों को भी अपने वश में कर लेने का प्रयास करते हैं। इस तरह के शोषण के कुछ प्रसंगों का उल्लेख इस उपन्यास में हुआ है। चौधरी के द्वारा बलात्कार के पात्र बनी रामरती को उसके बच्चों और पति का भय दिखाकर उसका यौन शोषण करता है। बलात्कार का दृश्य देखकर रामरती का बेटा चिल्लाता है तो उसको कुए में डालकर मार देता है। रामरती को इसका पता चलता है तो चौधरी उसे हिदायत देते हुए बताता है कि इस घटना का जिक्र वह किसी से करेगी तो उसकी बदचलनी की बात लोगों को मालूम हो जाएगी। घर पहुँचकर रामरती मनगठंत कहानी बनाकर पति को सुना देती है कि बच्चा नहर में गिरकर मर गया है। लेकिन पति का वियोग बार-बार उसे सताता रहता है तो यथार्थ घटना अपने पति को बता देती है। पति की शिकायत पर पुलिस उसे गाली देकर बताती है—"तुम लोगों को इज्जतदार लोगों की इज्जत से खेलते हुए शर्म नहीं आती। हरजन एक्ट का दुरुपयोग करते हो। अरे नालायक के बीज, तेरी इज्जत क्या है, जो बिगड़ जाएगी। दूसरों को तो ख्याल कर और फिर चौधरी देवीपाल ने तेरी औरत के साथ बलात्कार किया। इसकी तो जाँच करनी पड़ेगी और रामरती, पहली तेरी जाँच कराये, लेकिन एक बात बता तेरे बेटे की लाश कहाँ है।" दलितों पर क्रुर से क्रुर अत्याचार होने पर भी पुलिस अधिकारी अभियुक्तों को हिरासत में नहीं लेते हैं, उसके बदले उनकी रक्षा करना चाहती है। चौधरी देवीपाल की रक्षा हेतु पुलिस थाना प्रभारी ने रामरती के पति रामजस से कहता है—"सुनो रामजस, मुन्ना तो चला गया। अब उसका शव परीक्षण कराने में चीरफाड़ कराकर इस मिट्टी, मलीद क्यों करते हो? ऐसा करो

उसकी अंतिम संस्कार करा दो, चौधरी की चौधराहट मैं खुद निकाल दूँगा। यी तो हालत है।" इस दुस्थिति से, क्रुरता एवं अमानवीय प्रवृत्ति से दलितों को बाहर लाना उनके भीतर इस अत्याचार के विरुद्ध लड़ने की प्रेरणा जगाना, उपन्यास का उद्देश्य रहा है। दूसरे पात्र सरवन के प्रति जो अत्याचार हुआ है उसका भी जिक्र इस उपन्यास में मिलता है। देवीपाल और हरसन्ना के कुकर्मों के खिलाफ हँसा का भाई सरवन आवाज उठाता है तो दोनों ने मिलकर सरवन पर चोरी का इलजाम लगाता है और लोगों के सामने उसे पीटता है। पुलिस उसे गिरफ्तार करती है, निर्दोष सरवन की मारपीट करती है और अपराध कबूल करने के लिए प्रेरित करती है। सच्चाई स्पष्ट करने की लाख कोशिशों के बाद भी उसे छोड़ता नहीं। दलित उत्पीड़न की ऐसी दर्दनाक स्थिति का मार्मिक दृश्य लेखक ने प्रस्तुत किया है। एक दूसरे पात्र शिवदास पर भी बैंक में चोरी का आरोप लगाकर कैदी बनाता है। इस तरह सवर्ण सामन्तवादी ताकत और पुलिस अधिकारी मिलकर दलित-शोषण का कार्य करते हैं।

पहले दलित लोग इस तरह के शोषण और अत्याचार सहने के लिए तैयार रहते थे। लेकिन जब अत्याचार हद से बाहर हो जाता है तो सह नहीं पाते। अनेक उपन्यासों में जमींदारों, पुलिस अधिकारियाँ, सेठ-साहूकारों, अन्य सरकारी कर्मचारियों के क्रूर व्यवहार के विरुद्ध विद्रोह करते दिखाई देते हैं। दलित उत्पीड़न के विरुद्ध उनके मन में विमोचन की ललक जोरदार होती है। ऐसे प्रतिरोध और विद्रोह के स्वर 'जस तस भई सवेर' में कहीं कहीं दिखाई देते हैं। बलात्कार की शिकार बनवी घुसिया अपनी इज्जत बेचने के लिए तैयार नहीं है। वह देवीपाल को गाली देती है—"चौधरी तू पापी है, इनसान के रूप में भेड़िया है। मुझे जाने दे, छोड़ दे मुझे, नहीं तो मैं शोर मचा दूँगी।" घुसिया का विद्रोह यहाँ तक पहुँचा है—"मैं सारे गाँव को चिल्लाकर बताऊँगी। रामरती तू देवीपाल कमीने की रखैल है भौर सन्नो, तू भी आग-पीछा सोच लो.... मेरी बात याद रखना, कल तेरा हाल भी यही होगा सन्नो।... देवी पाल तेरी भी इज्जत का भण्डाफोड़ सारे गाँव के सामने करूँगी। बड़ा हिमायती बनता है, गरीबों का। तेरी अर्थी भी सजाकर निकालूँगी। तेरी माँ बहन, बेटी को तेरे नीचे डाल दूँगी, तब देखूँगी तेरी मर्दानगी।" अत्याचारों के खिलाफ लड़ने की ताकत अब दलितों में है क्योंकि वे जानने लगे हैं कि संघर्ष और विद्रोह से ही उनकी प्रगति संभव है।

राजनीतिक क्षेत्र में जो अन्याय और शोषण हो रहा है, उसके खिलाफ भी दलितों के विद्रोह का स्वर मुखरित होता जा रहा है। राजनीति के मजे हुए खिलाड़ी ही सत्ता में पहुँचते हैं। सवर्णों के परमाधिकार के कारण दलित लोग अधिकार से वंचित रह जाते हैं। आज दलितों में विश्वास पैदा हो गया है कि विद्रोह से ही सत्ता में पहुँच सकते हैं। अतः अन्याय एवं अत्याचार के विरुद्ध अपनी आवाज को बुलंद करने की सख्त जरूरत है। जस तस भई सवेरे में शिव दास का तर्क है कि आज देश

जनतांत्रिक व्यवस्था के अधीन है। वर्ण, जाति या लिंग-भेद के आधार पर बड़े-छोटे या स्पृश्य-अस्पृश्य का कोई भेद नहीं है, किंतु व्यावहारिक रूप में समाज में यह विद्रोह आज भी है, सामाजिक समरसता और सौहार्द की कल्पना केवल दिखावा मात्र बन गयी है। उसका स्पष्ट विचार है कि हजार दलीलों और संवैधानिक प्रावधानों के बावजूद दलितों के प्रति सवर्ण समाज के रवैये में कोई खास परिवर्तन नहीं हुआ है। कभी सभ्यता, संस्कृति और कभी शिक्षा के नाम पर उनको हर जगह धत्ता बताई जाती है। किसी भी एक घटना या उदाहरण को लेकर समूचे दलित समुदाय को अक्षम, अकुशल और अयोग्य सिद्ध करना आम बात है। जहाँ साधारण जनता इसका प्रत्यक्ष विरोध करती है, वहीं बुद्धिजीवि वर्ग इस विरोध का समर्थन करता है, उसे न्याय संगत ठहराता है। कुछों का मानना है कि इस विरोध का कारण विरोध करनेवालों का अज्ञान या अनभिज्ञता है, किंतु ऐसा अनभिज्ञता में नहीं हो रहा है।

औपन्यासिक कला की दृष्टि से यह उपन्यास आम कोटि का नहीं है। दलित चरित्रों के चित्रांकन के समय कथानक को तोड़-मरोड़ करके उसकी शृंखलाबद्धता को हानि पहुँचाने का दृश्य कहीं कहीं द्रष्टव्य है। दलित नायक को अपने वैयक्तिक जीवन के सुख-दुःखों की अपेक्षा अपनी ही जाति एवं समाज के सुख-दुःखों को ज्यादा महत्त्व देना चाहिए। लेकिन 'जस तस भई सवेर' में इस नैतिक कर्तव्य को निभाने का प्रयत्न कम ही नजर आता है। नायक सुमेधा के प्रेम और उसकी कामलिप्सा को ठुकराकर दलित उत्पीड़न के विरुद्ध जागृति और दलित आंदोलन के लिए अपना सब कुछ समर्पित कर सकता था। कथा नियोजन में इस तरह के परिवर्तन से उपन्यास अधिक सुघड़ और मार्मिक बनता। लेकिन ऐसा नहीं हुआ। गौण पात्रों जैसे सीमा और उसके पति देवेंद्र दत्त के प्रसंगों को खूब विस्तार के साथ प्रस्तुत किया है, जिससे कथा की रोचकता में बाधा उपस्थित हुई है। सुमेधा के रूप-सौंदर्य का अतिरंजित वर्णन परंपरागत वर्णन-शैली की याद दिलाता है। जैसे उसकी सघन अलकयुक्त काली कुंचित दीर्घ चोटी उसके पृष्ठ भाग पर भुंजगिनी की भाँति ऐसी लहराती थी मानो गीली बेंत के समान लचकदार कोमल कटि को अवलंब देते हुए उन्नतोदर शोभा विधायकों की चौकस-सुरक्षा कर रही हो।'

इस रचना का उद्देश्य तो स्पष्ट है। हँसा और सरवन के बीच अंधविश्वास की बात को लेकर दुश्मनी पैदा होती है। आपस की लड़ाई हमारी कमजोरी ही है। दुश्मन हमारी इस मनोवृत्ति का लाभ उठाता है। धार्मिक अंधविश्वास के जाल में फँसे लोग पूजा-पाठ अर्चना किया करते हैं जिससे दलितों की उन्नति नहीं अवनति ही होगी, उनकी आर्थिक स्थिति दिन-ब-दिन बिगड़ती जाएगी। इससे छुटकारा पाने के लिए दलितों को चाहिए कि पूर्णतः साक्षर बनें और धोखे से बचें।

दलित समाज परंपरागत ढंग से जीवन जी रहा है। गरीबी, अर्थाभाव, भूख,

अशिक्षा, अंधविश्वास, भौतिक सुविधा का अभाव उनके जीवन के अंग ही है। परंपरागत जीवन को ठुकराकर परिवर्तित जीवन जीने की अभिलाषा रखनेवाले अनेक पात्र इस उपन्यास में मौजूद हैं। बाबा साहब अंबेड़कर ने शिक्षित बनने, संगठित बनने और संघर्ष करने का जो नारा लगाया था जिससे समाज में दलित चेतना जागृत हो गयी है। इस चेतना को दर्शाने का प्रयास सत्यप्रकाश ने किया है। यह सवर्ण मानसिकता को बदलने में सहायक रचना है। सवर्णों के भय से दलितों के उत्पीड़न और उनके अंतःकरण में उद्भूत पीड़ा को दर्शाने तथा शिवदास जैसे शिक्षित और जागरूक दलित नायक के माध्यम से दलितों के अधिकारों की चर्चा करने तथा दलितों के सुधार में बाधा डालनेवाले समाज-विरोधियों के विरुद्ध आवाज उठाने की प्रेरणा देने का सफल प्रयास ही इस उपन्यास के द्वारा हुआ है।

जूठन : वर्ण व्यवस्था के जिरहबख्तर पर पड़ा प्रहार

–डॉ॰ सी॰ बालसुब्रहमण्यन

Loyalty to pertified opinion never yet broke a chain or freed a human soul — Mark Twain.

जीवन की सौन्दर्यमयी अभिव्यक्ति ही साहित्य है। जीवन कदापि ऐकिक नहीं है और इसलिए उसे अभिव्यक्त करनेवाला साहित्य भी ऐकिक नहीं है। समाज भी ऐकिक नहीं है। समाज से संबद्ध ऐतिहासिक कालखंड भी ऐकिक तथ्य नहीं है। किसी भी युग का कोई एक इतिहास नहीं है। जो कुछ हमें उपलब्ध है, वह है मात्र असंबद्ध और अंतर्विरोधों से भरे हुए वर्णित इतिहास। समरूप, संसक्त तथा ऐक्यपूर्ण संस्कृति की अवधारणा एक मिथ है, जो इतिहास पर आरोपित कर दी गई है और जिस को वर्चस्वशाली वर्ग अपने हितों को देखते हुए प्रचलित करता रहा है। भारतीय संदर्भ में इतिहास के करुण अंतर्विरोधों में से एक है वर्ण व्यवस्था। भारतीय इतिहास में 'अंतर्विरोधों के बीच अपने को गतिशील रखने की क्षमता अब तक चली आती है। तभी तो संभव की क्षमता अब तक चली आती है। तभी तो संभव हुआ कि इस देश का एक संविधान स्वत्रंत आर्यावर्त्त में मनुमहाराज ने रचा था, और दूसरा देश के फिर से स्वाधीन होने पर डॉ॰ आंबेडकर ने रचा। मनु के विधान में अंबेडकर के लिए स्थान नहीं था, या नहीं जैसा था, अंबेडकर के विधान में मनु के लिए पूरा स्थान है। इस संबंध में मिशेल फूको और लुई आलथूसे का विचार है कि इतिहास अपनी यात्रा विचारधारा के बूते पर तय करता है, तथा प्रभुत्वशाली वर्ग विचारधारा की आक्रामकता से सामाजिक असमानता को अपने हितों के लिए जीवित रखते हैं। आलथूसे विचारधारा की प्राचीन संकल्पना को निरस्त करते हुए कहते हैं कि विचारधारा केवल वह नहीं है, जो ग्रंथों एवं पुस्तकों में लिखी हुई मौजूद है। उनके विचार में वह विचारधारा का 'मिथ्याबोध' है। उनके मत में विचारधारा का व्यावहारिक रूप शासकीय एवं सामाजिक संथानों के राजनीतिक, शैक्षणिक तथा धार्मिक तंत्र से पनपता और क्रियाशील होता है। फूको के विचार में वर्ग वर्चस्व के सत्तावान लोग ही इतिहास में यह निर्धारित करते हैं कि

क्या कहना चाहिए और क्या नहीं। इसके फलस्वरूप सामाजिक जीवन में विविधता और पदानुक्रम या पदसोपान (Hierarchy) वाली स्थितियाँ उत्पन्न हो जाती हैं और वे एक दूसरे से क्रिया-प्रतिक्रिया करती रहती हैं। इतिहास में कालप्रवाह के दौरान इन क्रिया-प्रतिक्रियाओं के फलस्वरूप नए-नए सामाजिक संबंध बनते-मिटते रहते हैं और धर्म, जाति, भाषा, समूह, वर्ग आदि के आधार पर जीवन में बहुतत्व प्रकट होते हैं। इन वैविध्यपूर्ण जातियों, समूहों या वर्गों में सब की स्थिति समान नहीं है। इतिहास पर दृष्टि डालने से पता चलता है कि कतिपय वर्ग-समूह, जाति-वर्ण आदि केन्द्रवर्ती या मुख्यधारा के होते हैं और अन्य वर्गों, जातियों या समूहों को समाज के किनारे या हाशिए की ओर धकेल दिया जाता है। पार्श्वीकरण की इस जटिल प्रक्रिया के कार्य-कारण बहुस्तरीय और अध्ययन-विश्लेषण पेचीदगी से युक्त होते हुए भी वर्तमान ज्ञान-विज्ञान और वाङ्मय के केंद्र में इस से संबद्ध मुद्दे हैं।

लियोतार्द ने वर्तमान युग की केंद्रीय प्रवृत्ति विकेन्द्रीकरण को माना और स्थापित संरचनाओं के टूटने की बात कही। उन्होंने उत्तर आधुनिकता की मुख्य पहचान विकेन्द्रीकरण के रूप में की है। जिसके चलते आधुनिकता के सभी महावृत्तों का अवसान हो जाएगा। विकेन्द्रीकरण के चलते समग्रतावादी संरचनाएँ टूट रही है। नारीवाद, दलितवाद, अश्वेतावाद, अल्पसंख्यकवाद जो आधुनिकता के दौर में प्रस्तुति योग्य नहीं था, उपेक्षित या पार्श्वीकृत था अब साहित्य के केंद्र में आ रहा है। विकेन्द्रीकरण था अब साहित्य के केंद्र में आ रहा है। विकेन्द्रीकरण ने ही अनेकांत को जन्म दिया। इन मुद्दों में दलितों की अपनी अस्मिता के मुद्दे विशेष महत्त्वपूर्ण हैं। भारतीय संदर्भ में बीसवीं सदी के अंतिम चरण में देश में दलितों की पहचान और स्वीकृति के लिए सब ओर से मानो आक्रामाक प्रयासों की बाढ़ सी आ गयी है। उन्हें कहीं न कहीं स्वीकृति भी मिली है। इस परिदृश्य में हिन्दी के शीर्षस्थ दलित लेखक ओमप्रकाश वाल्मीकि की आत्मकथा 'जूठन' पर नजर डालने का प्रयास ही यहाँ किया जा रहा है।

सन् 1950 के जून मास की 30 तारीख को बरला, मुजफरनगर, उत्तरप्रदेश के एक चूहडा परिवार में पैदा हुए छोटनलाल और मुकंदी के पुत्र ओमप्रकाश वाल्मीकि वर्तमान हिन्दी साहित्य में किसी परिचय के मोहताज नहीं है। सदियों का संताप, बस! बहुत हो चुका (कविता संग्रह) सलाम, घुस पैठिए (कहानी संग्रह) Amma and other stories (अंग्रेजी) दलित साहित्य का सौन्द्रर्यशास्त्र, मुख्यधारा और दलित साहित्य (आलोचना) सफाई देवता (समाजशास्त्रीय अध्ययन) जूठन (आत्मकथा), अनेक कथा-संकलनों एवं कविता संग्रहों में रचनाएँ संकलित, पत्र-पत्रिकाओं में लेख-कहानियाँ और कविताएँ प्रकाशित, पंजाबी, मलयालम, तमिल, कन्नड़, अंग्रेजी, जर्मनी, स्वीडिश भाषाओं में जूठन (आत्मकथा) अनुदित। Why I am not attindu (Kamcha Ellaya) का हिन्दी अनुवाद। दलित हस्तक्षेप (रमणिका गुप्ता), प्रज्ञा सात्यि

(अतिथि संपादन), तीसरा पक्ष (सलाहकार संपादन)। साठ से अधिक नाटकों में अभिनय एवं निर्देशन, अनेक पाठ्यक्रमों में रचनाएँ शामिल, प्रथम हिन्दी दलित लेखक साहित्य सम्मेलन, नागपुर 1993 के अध्यक्ष, 28वें अस्मिता दर्श साहित्य सम्मेलन, चंद्रपुर (महाराष्ट्र) 2008 के अध्यक्ष। डॉ॰ अंबेडकर राष्ट्रीय पुरस्कार (1991), परिवेश सम्मान (1995), कथा सम्मान (2001), न्यू इंडिया बुक पुरकार (2004) आठवाँ विश्व हिन्दी सम्मेलन (2007), न्यूयॉर्क, अमेरिका सम्मान, साहित्य भूषण सम्मान (2008) आदि से सम्मानित।

'जूठन' ओमप्रकाश वाल्मीकि के अदम्य साहस से भरी आत्मकथा है। इसका 'जूठन' शीर्षक हिन्दी के यशस्वी साहित्यकार राजेंद्र यादव ने ही सुझाया था। 'जूठन' का शाब्दिक अर्थ थाली पर छोड़नेवाले खाने का टुकड़ा या अंश है जो कूड़े-कचरे में फेंकने के लिए या पालतू जानवरों को देने के लिए होता है। यह 'जूठा' या प्रदूषित शब्द से व्युत्पन्न है। जब कोई व्यक्ति ऐसे खाने का अंश या टुकड़ा खाता है तब वह जूठन खानेवाला बन जाता है। भारत में सदियों से दलित या अस्पृश्य लोगों को अपने जीवन साधन के रूप में उच्चवर्ग की जूठन खानी पड़ी। इसलिए आत्मकथा का शीर्षक सदियों से भारत के सामाजिक पिरैमिड के सबसे निचले स्तर पर रहे दलित जीवन की असहनीय और अनुभव-दग्ध पीड़ाओं का द्योतन करनेवाला है।

सामान्यतः साहित्य सृजन बेहद आत्मसंघर्षपूर्ण कार्य होता है। जो व्यक्ति किसी न किसी बेचैनी या आत्मसंघर्ष का शिकार होता है, वही साहित्य सृजन में सफल हो जाता है। जो बेचैनी या आत्मसंघर्ष से आक्रांत नहीं होता वह सृजनकार्य में कम सफल निकलता है। आत्मकथा के सृजन में विशेषकर दलित आत्मकथा के सृजन में आलोच्य आत्मसंघर्ष अपनी चरम सीमा में होता है। इस संदर्भ में डॉ॰एन॰ सिंह का विचार उल्लेखनीय है। उनके मत में 'आत्मकथा लिखना सचमुच बहुत साहस का काम है। आत्मकथा लिखने के लिए जिस प्रकार की तटस्थता ईमानदारी, स्पष्टता, प्रामाणिकता, निर्ममता और बेबाकी की आवश्यकता होती है, हिन्दी में अपने हिन्दू संस्कारों के कारण उनका सदैव अभाव ही रहा है।'

वर्तमान हिन्दी दलित साहित्य में लिखित ओमप्रकाश वाल्मीकि की 'जूठन' मोहनदास नैमिशराय की 'अपने-अपने पिंजरे', कौशल्या बैसंती की 'दोहरा अभिशाप', डॉ॰ श्यौराज सिंह 'बेचैन' की 'चमारका' आदि इस अभाव की पूर्ति करनेवाली आत्मकथाएँ हैं। अपनी आत्मकथा 'जूठन' के लेखन के दौरान जितना आत्मसंघर्ष झेलना पड़ा उसका उल्लेख ओमप्रकाश वाल्मीकि ने 'जूठन' की भूमिका (लेखक की ओर से) में यों व्यक्त किया है—'अपनी व्यथा कथा को शब्द बद्ध करने का विचार, काफी समय से मन में था। लेकिन प्रयास करने के बाद भी सफलता नहीं मिली थी। कितनी ही बार लिखना शुरू किया और हर बार लिखे गए पन्ने फाड़ दिए। कहाँ से शुरू करूँ और कैसे? यही दुविधा थी।' वे आगे लिखते हैं—इन अनुभवों को लिखने

में कई प्रकार के खतरे थे। एक लंबी जद्दोजहद के बाद, मैंने सिलसिलेवार लिखना शुरू किया। तमाम कष्टों यातनाओं, उपेक्षाओं, प्रताड़नाओं को एक बार फिर जीना पड़ा। उस दौरान गहरी मानसिक यंत्रणाएँ मैंने भोगीं। स्वयं को परत-दर-परत उधेड़ते सब! कुछ लोगों को यह अविश्वसनीय और अतिरंजनापूर्ण लगता है।'

आत्मकथा दलित साहित्यकारों की प्रिय विद्या है। ओमप्रकाश वाल्मीकि के ही शब्दों में—डॉ॰ अंबेडकर की आत्मकथा 'मी कसा झालो' (मैं कैसे बना) से प्रेरणा लेकर दलित साहित्यकारों ने आत्मकथा विद्या विकसित की है, जो समाज को दर्पण दिखाती है कि वह समाज जिसमें हम रहते हैं, कितना अमानुषिक है।' इसलिए ही 'जूठन' जैसी दलित आत्मकथाएँ महज अतीत में घटित घटनाओं का सिलसिलेवार वर्णन नहीं है बल्कि सामाजिक स्तरीकरण, भेदभाव और पार्श्वीकरण को समझाने के लिए दलित साहित्य के पाठकों के सामने रखनेवाली ऐतिहासिक दस्तावेज भी हैं। दलित जीवन के अनुभवों का चित्रण प्रामाणिकता और तीखापन के साथ जितना आत्मकथा में संभव है उतना और किसी विद्या में नहीं। इसी कारण से दलित आत्मकथाकार मुख्यधारा के लेखकों की कटु आलोचना के शिकार बन जाते हैं और मुख्य धारा के लेखकों की दृष्टि में आत्मकथाओं की साहित्यिकृत विद्या नहीं है। वे दलित आत्मकथाओं की साहित्यिकता के संबंध में प्रश्न उठाते रहते हैं। उनके मत में दलित आत्मकथाएँ अव्यवस्थित कलाविहीन शब्दों का उत्सर्जन हैं जिनमें घिसीपीटी बातों की आवृत्ति है। लेकिन 'जूठन' जैसी आत्मकथा का लेखन एक ऐतिहासिक माँग है जिससे दलितों का इतिहास स्थायी रहेगा और युग युगों से उच्चवर्ग के लोगों ने दलितों के प्रति जो अन्याय और अत्याचार किया है उनके सही रूप सामने आएँगे।दूसरी ओर ये आत्मकथाएँ आगामी पीढ़ियों के लिए प्रेरणादायक होंगी। इसलिए ओमप्रकाश वाल्मीकि और अन्य दलित आत्मकथाकार अपने तीखे अनुभवों की प्रामाणिकता के बल पर मुख्यधारा के आलोचकों की आलोचना दृष्टि को निरस्त करते हैं।

सबसे पहले 'जूठन' का प्रकाशन सन् 1997 में हुआ। अरुण प्रभा मुखर्जी के अंग्रेजी अनुवाद सहित देश-विदेश की कई भाषाओं में इसका अनुवाद हुआ है। यह उत्तरप्रदेश के एक गाँव में बीसवीं सदी के मध्य में जन्म लिए एक अस्पृश्य की असहनीय पीड़ाएँ भरी स्मृतियों का पूंज है। इसका वर्णन सिलसिलेवार तीखे व्यक्ति चित्र के रूप में किया गया है। 'जूठन' एक ऐसे दुर्लभ भारतीय की जीवन यात्रा की शुरुआत अत्यंत बदनसीब सामाजिक-आर्थिक स्थितियों से शुरू की थी और अपनी जीवन यात्रा के दौरान सभी शूलों को फूल बनाकर आज एक ख्याति प्राप्त लेखक और सामाजिक समीक्षक बन गए हैं। आत्मकथा का आरंभ गरीबी में अत्यंत धंस गए चूहड़ों की बस्ती की शोचनीय जीवन परिस्थितियों के विवरण से होता है। स्वास्थ्य रक्षक सफाई-स्वच्छता और अन्य नागरिक सुविधाओं का अभाव उनके निवास स्थान

का अभिशाप था। सूअर जैसे जानवर और मानव एक ही जगह पर रहनेवाले थे। लेखक ने अपना बचपन वहाँ बिताया था और उनके व्यक्तित्व को स्थापित करने में उन परिस्थितियों का गहरा प्रभाव था और वे किस न किसी प्रकार उन परिस्थितियों से मुक्त होने के लिए हमेशा बेचैन थे।

चूहड़ा जाति के लोग पेशे से सफाईवाले थे। सड़कों, खलिहानों, कोठारों, मवेशियों के गोबर-मूत आदि साफ करना, मरे हुए जानवरों का निपटारा करना, खेतो-खलिहानों में काम करना आदि ही उनका काम था। ये सारे काम उच्चवर्ग के लोगों के लिए करते थे। 'जूठन' के आरंभ में चित्रित डब्बावाली जोहडी और चूहड़ों की बस्ती का चित्र दलित जीवन की त्रासदी और उसके यथार्थ को व्यक्त करनेवाला है। यहाँ तंग गलियों में घूमते सूअर, नंगधड़ंग बच्चे, कुत्ते, रोजमर्रा के झगड़े दलित जीवन के यथार्थ हैं जो उनके जीवन का अविभाज्य घटक बन गए हैं। उन स्थितियों को आत्मकथा के आरंभ में एक दृश्य बिंब के रूप में रखकर लेखक इन्हीं स्थितियों में अपने जीवन के प्रतिबिंब ढूंढते हैं। ओमप्रकाश वाल्मीकि के ही शब्दों में कहें तो भारतीय समाज व्यवस्था ने वर्णव्यवस्था का ऐसा जिरहबख्त पहन रखा है, जिस पर लगातार हमले होते रहे हैं फिर भी वह टूट नहीं पाई। बीसवीं सदी में सबसे बड़ा हमला डॉ॰ अंबेडकर ने किया और बौद्धधर्म को पुनर्जीवित किया। वर्ण व्यवस्था के स्वरूप में बदलाव दिखाई पड़ा। इस व्यवस्था को तोड़ने के लिए जाति-व्यवस्था का टूटना जरूरी है, तभी समाज में समरसता उत्पन्न हो सकती है, और साहित्य में उपजी विभ्रम की स्थिति से भी मुक्त हो सकते हैं।' यहाँ 'जूठन' जाति-व्यवस्था के दासत्व से मुक्ति का आंदोलन है, एक मुक्ति संघर्ष है।

आधुनिक भारतीय साहित्य के संदर्भ में बहिष्कार जिसका सत्कार, बेगार जिसका दैनिक त्योहार और दुत्कार, फटकार एवं तिरस्कार जिसका पुरस्कार रहा है, वह दलित है।

इस बात की पुष्टि के लिए जूठन की पंक्तियों पर नजर डालना संगत लगता है—'ऊपर रात बेराज बेगार करनी पड़ती। बेगार के बदले में कोई पैसा या अनाज नहीं मिलता था। बेगार के लिए ना कहने की हिम्मत किसी में नहीं थी। गाली-गलौज, प्रताड़ना अलग। नाम लेकर पुकारने की किसी को आदत नहीं थी। उम्र में बड़ा हो तो 'ओ चूहड़े' बराबर या उम्र में छोटा है तो 'अबे चूहड़े के' सही तरीका या संबोधन था।

अस्पृश्यता का ऐसा माहौल कि कुत्ते-बिल्ली, गाय, भैंस को छूना बुरा नहीं था, लेकिन यदि चूहड़े का स्पर्श हो जाए तो पाप लग जाता था। सामाजिक स्तर पर इंसानी दर्जा नहीं था। वे सिर्फ जरूरत की वस्तु थे काम पूरा होते ही उपयोग खत्म। इस्तेमाल करो दूर फेंको।

जूठन हजारों वर्षों से अंधेरे कुहासे में बंद ज्ञान से वंचित, शोषित, पीड़ित इन दलितों की इच्छाओं आकांक्षाओं का चित्रण करनेवाली आत्मकथा है। दलितों के उठकर खड़े होने का संघर्ष, दिन प्रतिदिन होनेवाले अपमान, उनके अनुभव और

समूची घटनाओं को देखने का लेखक का अपना दृष्टिकोण है। इन सबका प्रतिफलन 'जूठन' में हुआ है। लेखक भी इसी समाज के होने के कारण घटनाओं को देखने का उनका अपना दृष्टिकोण और उस के विविध अंगों के अर्थ लगाने की अदम्य विचार शक्ति उनके पास है।

ओमप्रकाश वाल्मीकि की 'जूठन' एक दलित के अपने वैयक्तिक अनुभवों के आधार पर लिखी गई रचना है। इन सच्चे अनुभवों के बल पर लेखक अपनी पार्श्वीकृत अवस्था में उभरकर ख्याति प्राप्त अवस्था में पहुँचते हैं। आज ओमप्रकाश वाल्मीकि का स्वर एक सशक्त दलित लेखक के स्वर के रूप में पहचाना गया है। उन्होंने अपने सच्चे व्यक्तिगत अनुभवों के आधार पर दलितों द्वारा भोगी गई बेहद पीड़ा 'जूठन' में शब्दबद्ध किया है। दलितों को अपनी रोजी-रोटी और शिक्षा के लिए संघर्ष करने का अधिकार तक नहीं था। वे बताते हैं कि दलित कैसे उच्चवर्ग की युग युगों से संगठित गुलामी के शिकार बन गए हैं। इसलिए आलोच्य आत्मकथा में एक ओर सवर्ण वर्चस्व के विरुद्ध अपनी अस्मिता की तलाश है तो दूसरी ओर मानवीय मूल्यों की पक्षधरता को भी सर्वोपरि माना है। वाल्मीकि जी के ही शब्दों में 'साहित्य के माध्यम से हमें समाज और वस्तु जगत को वैज्ञानिक और माजशास्त्रीय ढ़ंग से समझने की कोशिश अथवा अनुषय की स्वतंत्रता, गरिमा और व्यक्तित्व का विकास करने के लिए समान अधिकारों जैसे मानवीय मूल्यों की पक्षधरता स्थापित करना चाहिये थी। लेकिन हुआ इस के ठीक विपरीत।' इस विपरीत पर पड़ा अनिवार्य वज्रपात है 'जूठन' आत्मकथा।

भारत की कुल आबादी की एक बटा छः आबादी दलितों की है। वे देशभर बिखरे पड़े हैं, कई भाषा-बोलियाँ बोलनेवाले हैं, कई धर्मों में विश्वास करने वालों हैं और आजकल एक प्रमुख राजनीतिक, शक्ति के रूप में उभरकर आ रहे हैं। 'जूठन' में ओमप्रकाश वाल्मीकि का स्वर सदियों से मूक पड़े इन अनगिनत लोगों का प्रतिनिधित्व करनेवाला बुलंद स्वर है। इसके माध्यम से उन्होंने सदियों से कायम रही सड़ी-गली परंपरा को तोड़ डालने का प्रयास किया है और साथ ही साथ हमें एक ऐसा अवबोध प्रदान किया है कि पार्श्वीकृत लोग, उनकी संस्कृति, उनके रीति-रिवाज, लोक ज्ञान-विज्ञान आदि तथाकथित पंडिताऊ मुख्यधारा के स्रोतों से और हमारी चेतना मंडल से ही कैसे अप्रत्यक्ष हो गए। इसलिए ही डॉ॰ भगवान दास के विचार में 'आत्मकथा लिखना दलितों के लिए फायदेमंद होगा, क्योंकि इस तरह न केवल इतिहास जिन्दा रहेगा बल्कि वे अनुभव भी जिन्दा रहेंगे, जो गलत काम करनेवालों की सही तस्वीर तथा भविष्य में प्रेरणा देने का जरिया भी बन सकेंगे।' 'जूठन' हमें उस दुनिया के सच के बारे में बता रही है, जिसमें हम रहते हैं। हमारी शासन व्यवस्था के कागजों एवं दस्तावेजों में अस्पृश्यता का उन्मूलन सन् 1949 में ही हो गया था। लेकिन आज उसके दशकों बाद भी दलित भेदभाव, आर्थिक वंचना, हिंसा,

उपहास आदि के शिकार हैं। इसकी प्रतिक्रिया के रूप में ही ओमप्रकाश वाल्मीकि डॉ॰ अंबेडकर से प्रेरणा लेकर शारीरिक और मानसिक यातना झेलकर अपना नारकीय संघर्ष जारी रखते हैं और दलितों के पक्ष में और उच्च वर्ग के खिलाफ अपनी आवाज बुलंद करनेवाले हो गए हैं। इस दृष्टि से 'जूठन' युग-युगों से खामोश रहे, उपेक्षितों पीड़ितों के जीवन का एक अनूठा परिच्छेद है और दलित इतिहास के अभिलेखागार में रखने योग्य है। इस आत्मकथा को एक सत्याग्रह के रूप में देख सकते हैं और भारत की जाति व्यवस्था के पैरों पर कुल्हाड़ी मारती है।

ओमप्रकाश वाल्मीकि अपनी आत्कथा 'जूठन' को इस तथ्य की ओर हमारा ध्यान दिलाते हुए समाप्त करते हैं कि जाति-व्यवस्था आज भी एक परम आवश्यक भूत के रूप में हमारे सामाजिक जीवन पर आविष्ट है। उच्च वर्ग के लिए वह एक विशेष सुविधा है तो दलितों और निम्न जाति के लोगों के लिए वह उनके दमन के साथ जुड़ी हुई एक कलंक की टीका है। उसे तोड़ना एक कठिन कार्य है। इन निरीह लोगों पर थोपी गई बेड़ियों को तोड़ डालने के लिए वे निरंतर अदम्य साहस और शक्ति बटोरने में जुड़े हुए हैं और उसका ज्वलंत उदाहरण है 'जूठन'। यह स्वत्रंत भारत के भयंकर दमन, गुलामी या वर्ण भेद से उत्तरजीवित की विजय कहानी है। यहाँ लेखक शिक्षा हासिल करने में और अपनी अस्मिता की प्रतिष्ठा करने में विजयी हो जाता है। लेखक के जीवन में जो उत्पीड़न और अपमान का दंश है, उसे ही उन्होंने अपने समाज के माध्यम से लौटाया है। चूंकि चूहड़ों के साथ सवर्ण त्यागियों का जो व्यवहार रहा है, और उसका जो परिणाम चूहड़ों ने अपने आर्थिक धार्मिक, सामाजिक और नैतिक जीवन में भोगा है उसका चित्रण सवर्ण त्यागियों को कठघरे में खड़ा करके उन्हें अपराधी घोषित करता है इसलिए जूठन में हिन्दी साहित्य जगत में एकबारगी तूफान खड़ा कर दिया है। यहाँ बाबासाहेब भीमराव अंबेडकर का विचार–'वे धन्य हैं, जो अनुभव करते हैं कि जिन लोगों में हमारा जन्म हुआ हैं, उनका उद्धार करना हमारा कर्तव्य है। धन्य हैं वे जो गुलामी का खत्मा करने के लिए सब कुछ न्यौछावर करते हैं और धन्य हैं वे, जो सुख और दुख, मान और सम्मान, कष्ट और कठिनाइयों, आँधी और तूफान की परवाह किए बिना तब तक संघर्ष करते रहेंगे, जब तक कि अस्पृश्यों को उनके मानवीय जन्म सिद्ध अधिकार न मिल जाएँ–' का साकार रूप है ओमप्रकाश वाल्मीकि।

यातना की आँखें : दलित संवेदना

–डॉ॰ प्रमिदा के॰

दयानंद बटोही दलित चेतना के मशहूर प्रतिभाधनी कवि हैं। वे सहज और व्यापक संवेदना के कवि हैं। लोक जीवन के सरल और जटिल से लेकर वैयक्तित्व जीवन के संघर्षों को उन्होंने अपनी काव्य संवेदना में शामिल किया है। गाँव और नगर जीवन के पहलुओं और सामाजिक अनुभूतियों को उन्होंने कविता का विषय बनाया है। कविता के स्तर पर एक नये सौंदर्यशास्त्र के निर्माण की कोशिश उनकी रचनाओं में देख सकते हैं।

बटोही जी ने काव्य क्षेत्र के अलावा गद्य साहित्य में भी अपना महत्त्वपूर्ण योगदान दिया है। उनकी रचनाओं का परिचय-'यातनाओं के जंगल' (कहानी-संग्रह), मथा-दर्द (कविता-संग्रह) साहित्य के आईने में (निबंध संग्रह), साहित्यकारों के साथ (संस्मरण) साहित्य और सामाजिक क्रांति (निबंध संग्रह) कफनखोर (मगही कहानी संग्रह) सुरंग (दलित कहानी संग्रह) यातना की आँखें (काव्य संग्रह)।

उनकी दलित चेतना को लेकर लिखा गया काव्य संग्रह है 'यातना की आंखें'। इसमें उनतीस कविताएँ संग्रहित हैं। उनकी कविताएँ श्रमिकों के जीवन से जुड़ी हुई हैं। आज के माहौल में नयी ऊर्जा देनेवाली हैं। दलित चेतना को लेकर काफी चर्चाएँ हो रही है। सामाजिक और आर्थिक दृष्टि से जो दबा हुआ है वही दलित है। दलितों की भलाई के लिए लिखा गया साहित्य दलित साहित्य है। डॉ॰ पुरूषोत्तम सत्यप्रेमी के अनुसार 'दलित शब्द एवं संवेदन है, विचार है जिसका अर्थ दबाया गया है, दबा हुआ नहीं, आर्थिक, राजनीतिक एवं सांस्कृतिक दृष्टि से शास्त्र एवं शास्त्र के बल पर दबाया गया मनुष्य किसी भी जाति, वर्ण, धर्म, मन, पंथ एवं भौगोलिक क्षेत्र का हो दलित है।'

डॉ॰ रामदरश मिश्र ने 'यातना की आँखें' नामक काव्य संग्रह पर अपना विचार प्रकट किया है–'इस संग्रह की सभी कविताएँ सामान्य जीवन का दर्द तो है। किंतु कुछ कविताएँ बेहद पसंद आयीं।' 'रीतते रिश्ते', धरती और धुन 'आँख दर्द' ये

कविताएँ आपके भविष्य के प्रति विश्वास जगाती हैं।

दलितों के दर्द पर विचार करते हुए उसके अंतर्मन की आग पर कवि प्रकाश डालते हैं, 'अंतर की आग' में वे कहते हैं–

'सह लेने को दर्द
आधी उम्र बीत गयी
कुछ और बाकी
आज बहुत दर्द
सहने दो दर्द।'

दलित कविता दर्द एवं संघर्ष की कविता है। उनकी कविता में त्रास है। दलितों की जिन्दगी में होनेवाली कठिनाइयाँ एवं बाधाओं पर कवि प्रकाश डालते हैं। 'आत्म-बोध' नामक दलितों के जीवन से अपनी सहानुभूति प्रकट करते हैं–

'जिन्दगी को अपनी भाषा में
जीना है
विष-अमृत जो भी मिले
जी भरकर पीना है।'

दलित साहित्य आत्मपीड़ा का साहित्य है। अपने दर्द को पहचानकर उन्होंने कविता लिखी है।

दलित लोग असल में समाज से मुख्य क्षेत्र से दूर हैं, सीमा पर हैं। वे दबे हुए लोग हैं। उनके जीवन के कड़ुवापन का चित्र उनकी 'कुछ दिन और' नामक कविता में उन्होंने खींचा है।

'यातनाओं के साथ चूम
धुएँ के कीचड़
मेरे अन्दर
देते रोशनी का रास्ता।'

बटोही की कविताओं में मिट्टी की गंध देख सकते हैं। तन देखकर मेहनत करनेवाले श्रमिक, शोषित जनों की पीड़ा एवं दर्द कवि की संवेदना बन जाती हैं। 'धरती और धुन' में कवि का विचार है–

'हल बैल
कंधे पर
सुबह खेत-खेत
रात भर सपने में
उताते हैं प्रेम।'

उनका सपना साकार होना मुश्किल है और वह टूटा गया है। अधिकार एवं न्याय से वे वंचित रह जाते हैं। उनकी ओर सहानुभूति प्रकट करनेवाला कोई नहीं

है। वे सुख-सुविधा एवं जीवन की अनिवार्य आवश्यकताओं के अभाव में जीते हैं। 'टूटा सपना' में अपने मन में ही रहनेवाले सपने पर कवि विचार करते हैं—

'आमतौर बिनझरे
महुआ कहाँ टूह-टूह
बेर नहीं चखे
रह गये
सपने सारे मन में
रखे।'

समकालीन दलित चेतना का सशक्त स्वर बटोहीजी की कविताओं में मुखरित है। दलितों की समस्याओं के प्रति कवि सजग है। आग के समान जलती समस्याओं की अभिव्यक्ति उनका लक्ष्य रहा है। बच्चे से लेकर बूढ़े तक इसका शिकार है। 'युद्ध-दर्द' कविता की पंक्तियाँ ऐसी हैं—

'हिया कर देख रहा हूँ
जल रहे घास-फूस जैसे
मासुम बच्चे, बूढ़े, जवान
एक-एक को लगता है
जहर से भीगा बान
ठहर गया बहता खून तन में।'

दलित जीवन में झेलवाली विषम संकटों की ओर कवि इशारा करते हैं दलित जिन्दगी की असलियतों को बहुत जीवतंता के साथ अभिव्यक्त करने में वे सफल रहे। उनकी कविता 'रीतेते रिश्ते' इसका दृष्टांत है। कविता बहुत छोटी होने पर भी बहुत विस्तृत विचार इसमें समेटा है।

'हर किसी ने
दे दिया मुझको जहर
पी लिया
मैं ने ठहर-ठहर।'

दलित रचनाओं को आत्मपीड़ा की रचना मानता है। 'अंतर्बोध' में बटोही जी दलितों की माँग को लेकर सजग हैं। उनके स्वत्व का बोध इसमें है।

'अंत में
आग रही है बरस,
आखिरी बार तक
ठहराव, घेराव
ठेलम-ढोल, आग
और अंत में

दहक रही
युग की माँग।'

दलित मानव की जिजीविषा बटोहीजी की पंक्तियों में मिलती है। उनकी राय गें गृत्यु के बाद भी दलित यातनाओं से मुक्त नहीं है। उनकी यातनाएँ उन्हें हमेशा तंग करती हैं। 'कुछ दिन और' नामक कविता में कवि की अभिव्यक्ति यों है–

'जीने की तमन्ना
और कुछ दिन
साथ-साथ चले यातना
मृत्यु के बाद कहाँ
भोगना यातना।'

बटोहीजी ने न्याय से वंचितों का आक्रोश एवं विरोध प्रकट किया है। शोषित लोगों के दमन और दारुण का चित्रण कवि ने किया है। उन्होंने 'अहसास' में जिंदगी की असलियत पर प्रकाश डाला है। कठिनाइयाँ एवं शोषण को वे जहर के समान मानते हैं।

'जिंदा कहलाकर
मैंने क्या जिया?
कितना जहर मिला
कितना पिया।'

उनकी अभिव्यक्ति में सहजता दिखाई देती है। उनकी कविताएँ श्रम से जुड़े लोगों की हालत की अभिव्यक्ति करती हैं। दलित कविताएँ नई ऊर्जा प्रदान करती हैं। उनकी कविता का मूल दलित पीड़ा ही है। भूमंडलीकरण के युग में आये परिवर्तनों की ओर संकेत करनेवाली कविता है। दलितों के दर्द एवं आक्रोश उनकी रचनाओं में प्रकट करते हैं। 'यातना की आँखों' में संवेदना एवं सोच का समन्वय देख सकते हैं।

आज बाजार बंद है : देहव्यापार की रंगरलियाँ

–डॉ॰ प्रमोद कोवप्रत

हाशियेकृत वर्गों की संवेदना जितनी आधुनिक है उतनी पुरानी भी। हिन्दी में इस वर्ग में तमाम दलित, दमित, मुख्यधारा से निष्कासित तथा न्यायवंचित इंसान आ जाते हैं। हिन्दी में प्रेमचंद ने वेश्यावृत्ति को समग्र रूप से एक गंभीर समस्या के रूप में 'सेवासदन' में प्रस्तुत किया है। प्रेमचंद के पहले और बाद में भी कई ऐसे उपन्यास हुए हैं। एक धंधे के रूप में नगरों-महानगरों में तथा छुपके-छुपके देहातों में तक यह अवैध जीवन तरीका चलता आ रहा है। आजकल की साइबर दुनिया में इंटरनेट के द्वारा 'सभ्य' रूप से 'काल गर्ल' की अपसंस्कृति फैल रही है। मोबाइल फोन भी इस धंधे में एक सशक्त साधन है। स्वयं सेक्सवर्कर के रूप में घोषित करने में धंधे में लगी स्त्रियों में 'आनन्द व सुरक्षा' भावना कायम है। आजकल इंटरनेटों पर रंगीन, हंसमुख व नंगे शरीर दिखाकर सेक्स का आमंत्रण दिया जाता है। पुराने समय छुपके-छुपके ऐसे अनैतिक काम लोग करते रहते थे। अब सूचना प्रौद्योगिको के युग में सेक्स व वेश्यावृत्ति का भी उत्तर आधुनिक तरीका अपनाया जाता है।

समकालीन उपन्यासकारों में मोहनदास नैमिशराय ने 'आज बाजार बंद है' में वेश्यावृत्ति की गंभीर समस्या को पुनःप्रस्तुत किया है। वह भी दलित परिप्रेक्ष्य में। वैसे तो सन् 1889 से लेकर वेश्या, देवदासी, कालगर्ल आदि पर रचनाएँ मिलती अवश्य हैं। देवदासी प्रथा की गंभीर समस्या को किशोरीलाल गोस्वामी ने 'स्वर्गीय कुसुम' में उठाया है। देवकीनंदन खत्री का 'काजर की कोठरी', पं॰ गिरिजानंदन तिवारी का 'विद्याधरी', देवीदत्त द्विवेदी का 'वेश्या चरित्र दर्पण', लज्जाराम मेहता का 'आदर्श हिन्दू' चंद्रशेखर पाठक का 'वारांगना रहस्य' आदि कई शुरू के हिन्दी उपन्यासों में वेश्याओं तथा वेश्यावृत्ति के काफी प्रसंग आये हैं। 'सेवासदन' में प्रेमचंद ने यथार्थ के साथ आदर्श को पिरोया है। इसके बाद चंडी प्रसाद हृदयेश का 'मनोरमा', प्रसाद का 'कंकाल', विश्वंभरनाथ शर्मा कौशिक का 'माँ' ऋषभ चरण जैन के 'वेश्यापुत्र', चंपाकली, निराला का 'अप्सरा', भगवती प्रसाद वाजपेयी का 'पतिता

की साधना' आदि कई उपन्यासों में वेश्याओं की विविधमुखी समस्याएँ प्रत्यक्ष या परोक्ष रूप में आयी हैं।

मोहनदास नैमिशराय ने 'आज बाजार बंद है' उपन्यास में लिखा है–'अंधेरे में जूझती राष्ट्र की उन सभी बेटियों को समर्पित जिनके भीतर मुक्ति की चाह जीवित रही है।' सच्चाई यह है कि स्त्री में मुक्तिबोध आज भी कायम है। पर परिवेश तथा व्यवस्था वेश्याओं के लिए अड़चन है। आर्थिक विषमता सबके मूल में है। फिर आजकल उपभोक्ता संस्कृति है। यहाँ 'यूज एण्ड थ्रो' कलचर है। तब स्त्री भी एक वस्तु बन जाती है, सिर्फ मनोरंजन की। ई-मेल व फ्री-मेल की दुनिया में फीमेल की स्थिति और खराब हो जाती है। यहाँ शरीर तथा उसके अंग बिकने का साधन बन जाते। वैश्वीकरण तथा बाजारवाद की मीडिया की अतिप्रसार की दुनिया में स्त्री या तो स्वयं बिकती है, या बिकी जाती है। नैतिकता तथा मूल्य-बोध में इतने परिवर्तन आ गये हैं। मंडियों में कीमत की ही गणना होती है, मूल्य की नहीं।

नैमिशराय ने उपन्यास की भूमिका में साफ-साफ व्यक्त किया है–"वेश्याओं के जीवन, संघष तथा उनकी समस्याओं पर लिखने का लंबे समय से मन था। इसलिए कि राष्ट्र की बेटियों पर वैसा उपन्यास लिखा नहीं गया। हालांकि उन पर बहुत कुछ लिखा जा चुका है। कुछ लेखक/कथाकारों ने तो बहुत करीब से उनके दुख-दर्दों को देखा और समझ हुआ है। बावजूद इसके उनके जीवन की विभिन्न परिस्थितियों पर नये सिरे से लिखने की आवश्यकता थी। वेश्यावृत्ति से जुड़े फिल्मों और किताबो में वेश्याओं तथा रक्कासाओं के पात्रों को ग्लेमरइज्ड करके प्रस्तुत करने की परंपरा रही है। उनकी अपनी यह व्यावसायिक मजबूरी हो सकती है। इसका एक कारण यह भी रहा है कि वेश्याओं पर लिखने के लिए पात्रों के द्वारा पीड़ा को झेलने की कल्पना हम सिर्फ फिल्में देख कर कर सकते हैं। अधिकांश के पास ऐसे अनुभव नहीं हैं। रचनाधर्मिता में शॉर्टकट अपनाने का भी एक कारण है। जबकि देश की कुछ वेश्याओं की दिनचर्या से रात्रि क्रियाओं के बीच उन्हें टुकड़ा-टुकड़ा होते हुए महसूस किया है। इसी साक्ष्य का प्रमाण है 'आज बाजार बंद हैं'। देह-व्यापार में फंसी दलित महिलाओं की दारुण दास्तान प्रस्तुत करता है यह उपन्यास। यह दारुणता में संपूर्ण परिवेश भी उभर आये हैं। एक ओर हाशियेकृत ऐसे लोगों की अस्मिता उपन्यासकार तलाशते हैं। तो दूसरी ओर गुमराह ऐसी राष्ट्र की बेटियों को पथप्रदर्शित करने की चाह भी है। उसी चाह में राह अवश्य देखेगी, चाहे देरी से ही सही।

देहव्यापार की रंगरलियों को चित्रित करने के लिए उपन्यासकार ने ऐसे पात्रों की सृष्टि की है। शबनम बाई जैसी स्त्री आज भी हमारे समाज में जिन्दा है। उसके कोठे में रंडियाँ हैं। वेश्यालय चलाने की नौबत उसकी है। वेश्याओं को वह बच्चियों की तरह प्यार करती। पुलिस के शोषण को भी गंभीर मुद्दे के रूप में उपन्यासकार ने प्रस्तुत किया है। वेश्यालय में तरह--तरह के लोग आते हैं। उन्हें चंद समय का

मजा है, मगर वेश्याओं का दर्द कौन -जानता है। शबनम बाइ के शब्दों में बहुत बड़ी सच्चाई है कि जब वह कहती है—"आज के बाद अपनी रातें अपनी बीबी के साथ ही बिताया करो। बेहतर होगा हमारे लिए भी और तुम्हारे लिए भी।" शबनम कभी अपने अतीत की याद करती। फिर अपनी पीड़ा भूलकर दूसरों की पीड़ा से रिश्ता जोड़ती है। बाजार में दंगा भड़क उठने पर सुमीत नामक पत्रकार रक्षा के लिए उसके पास आता। सुमीत द्वारा जब उसकी मुक्ति का आह्वान मिलता तो उपन्यास और सार्थक बनता। पार्वती को भी धंधा छोड़ने के लिए शबनम प्रोत्साहित करती है। कोई भी वेश्या जीवन के दारुण क्षणों को याद करना नहीं चाहती। इसका प्रमाण लाठी-चार्ज के समय जब शबनम की मृत्यु होनेवाली थी, तब कहे शब्द हैं। अंतिम क्षणों में शबनम कहती है—'मुझे आग देना, दफनाना मत, जिससे सब कुछ जलकर खाक हो जाए, कुछ भी न बच जाए।"

देवदासी प्रथा की आड़ में होनेवाले शोषण एवं यौन-उत्पीड़न का जीता जागता दरबार पार्वती में मिलता है। जवान वेश्या पार्वती पर शबनम बाई की यही टिप्पणी है—"यह पार्वती है। बिना शिव की पार्वती, शिव ने पहले इसे मंदिर में बैठाकर देवदासी बनाया। फिर मंदिर से चकले में भेज दिया। पहले मंदिर के पुजारी ने इसके शरीर को भोगा। फिर गाँव के पटेल ने बाजी मारी। दोनों का मन भर गया तो गाँव के सामंत साहूकार की बारी आयी। यानी हमारे समाज में जिसका जितना मान-सम्मान, उतना ही देवदासी को भोगने के लिए उनके अधिकार सुरक्षित होते हैं। अब रात में काले चोर के रूप में देवता आते हैं और इस देवी को भोगते हैं।" पार्वती के माध्यम से मुक्ति की कामना करनेवाली असंख्य स्त्रियों का चित्र उपन्यासकार ने खींचा है। सुमीत के मिलने से उसके सोच में परिवर्तन आता है। पार्वती में स्वत्व बोध की तलाश कर सकते हैं। दूसरी ओर सुमीत भी अपने समाचार पत्र द्वारा वेश्याओं को उभारने का प्रयास करता है। सामाजिक मन को जगाने का प्रयास वास्तव में वह करता रहता है। सत्ताधीश वर्ग की आँखें खोलने के लिए मीडिया की भूमिका आजकल अत्यंत महत्त्वपूर्ण है। लेखक ने इस सच्चाई को पहचाना है। इसीलिए सुमीत जैसे सशक्त पात्र को हमारे सामने रखा है।

दलितों व हाशियकृतों के शोषण के दो प्रमुख कारण हैं। एक अज्ञान है, तो दूसरा आर्थिक विषमता। लेकिन जनजागृति को नये तरीके से नैमिशराय ने प्रस्तुत किया है। इसलिए एक वेश्या इंटर्व्यू देते समय बताती है—"कौन नहीं बेच रहा है अपने आपको? हम तो केवल अपना जिस्म ही बेचते हैं। लोग तो अपने जमीन को, अपने देश को बेच रहे हैं।" स्पष्ट है कि इसमें वर्तमान ज्वलंत यथार्थ छिपा हुआ है। बाजारीकृत तथा निजीकृत वैश्वीकृत दुनिया की चिंता यहाँ व्यक्त हुई है।

दरअसल 'आज बाजार बंद है' एक ओर स्त्री-जीवन के ज्वलंत यथार्थ को सामने रखता है तो दूसरी ओर दलित-उत्पीड़न की अनंत कथा बताता है। सेक्स रैकेट व

माफिया से वर्तमान समाज काफी परेशान है। समाज न इस समस्या का हल निकालता है न स्त्री व्यय इस घिनौने धंधे से मुक्त हो पाती है। यौन शोषण के अनंत कथा के माध्यम से उपन्यासकार हमारे धार्मिक एवं नैतिक समाज पर गहरा प्रश्न चिह्न डालते हैं। मूल्यों के मीठे शब्द क्या सिर्फ मुखौटे हैं? यहाँ हजारों करोड़ों की तादाद में शबनम, पार्वती, हसीना, मुकताज, फूल आदि पैदा हो रहे हैं। होड़ की दुनिया में सिर्फ दौड़ना है मंजिल तक। मार्ग का परवाह करता है कौन? यहाँ आदर्शवाद से काम नहीं चलेगा। हमारे समाज की रुग्ण मानसिकता को बदलना पड़ेगा। ध्यान देने की बात यह है कि गरीबों का ही यौन शोषण ज्यादा होता है। जीवन-परिवेश उसे मजबूर करके यौन-मजदूर बना देते हैं। सत्ताधीश वर्ग भी कभी मान्यता प्राप्त काम के रूप में इसे देखता है। इसलिए खुलेआम लाल बाजार चल रहा है। जब वेश्यावृत्ति पेशा बन जाती है, तब इसमें पीढ़ियाँ पैदा होती है। फिर इसका अंत होने की उम्मीद नहीं रख सकता। सच में 'आज बाजार बंद है' वेश्याओं की मुक्ति-संघर्ष की दारुण गाथा है। वेश्या-मुक्ति का विकल्प ढूँढने का जिम्मा उपन्यासकार पाठकों पर छोड़ देता है। वासना तथा विलासिता की भूमंडलीकृत्त दूनिया में भूमंडीकरण स्त्रियों का भी चल रहा है। वैश्वीकरण में वेश्याकरण के लिए भी अनंत संभावनाएँ हैं। वर्तमान समाज इसे प्रमाणित करता है। प्रस्तुत उपन्यास से स्पष्ट होता है कि वेश्याओं को आजीवन वनवास झेलना पड़ता है। उनका मुक्ति-संघर्ष सिर्फ जलरेखा बन जाता है। पुलिस व सत्ताधारियों के चंगुल से भी मुक्ति का रास्ता खुलता नहीं। स्त्री का शिकार ही शिकार है। पुरुष सत्तात्मक समाज के साथ बदलते समय को उपभोग तृष्णा भी स्त्री के लिए हानिकारक सिद्ध होती है। उपन्यास यह स्पष्ट करता है कि स्त्रियों के मानव अधिकार का हनन किस हद तक किया जा रहा है? जिस संस्कृति में स्त्रियों को देवी के समान पवित्र माना जाता है वहीं स्त्रियों का खूँखार शोषण चल रहा है। दरअसल यह कितना शर्मनाक है। सच्चे अर्थों में समय के प्रति संवेदनशील रचनाकार मोहनदास नैमिशराय ने पात्रों की यातनाओं तथा वेदनाओं के माध्यम से समाज में फैल रही उपसंस्कृति का खुलासा प्रस्तुत किया है।

अपने-अपने पिंजरे : अतीत की यातनाएँ व वेदनाएँ

—डॉ॰ लेखा एम॰

"पीढ़ी-दर-पीढ़ी हम गुलाम थे। इधर माँ बच्चा जनती और उधर पैदा होनेवाले बच्चे के माथे पर उसकी जात लिख दी जाती। उसे उसकी जात की पहचान से रू-ब-रू करा दिया जाता।"

मनुष्य के लिए जाति वह पिंजरा है जिसमें उसे जीवन-पर्यंत कैदी होकर रहना पड़ता है। उसमें वह अचानक आ फँसता नहीं है; बल्कि जनम ही उसमें लेता है। व्यक्ति के जीवन को वह दायराबद्ध कर लेता है जिससे चाहकर भी वह मुक्त नहीं हो पाता। व्यक्ति का सामाजिक अधिकार यहीं तक है कि वह धर्म तो बदल सकता है, पर जाति नहीं। और एक जातिविहीन जीवन जीने की कल्पना तो कतई नहीं कर सकता क्योंकि सामाजिक जीवन के हर पड़ाव पर जाति उसके सामने एक प्रश्नचिह्न बनकर उपस्थित हो जाती है।

भारतीय सामाजिक व्यवस्था का एक कलंक है, जाति व्यवस्था। भारतीय साहित्य में प्राचीन समय में संत कवियों ने इस व्यवस्था के विरुद्ध आक्रोश व्यक्त किया था। कबीर ने कहा, 'जात न पूछो साधु की, पूछ लीजिए ज्ञान।' पर भारतीय समाज में निम्न जाति के लोग हमेशा हाशियेकृत रहे। उन्हें अछूत कहकर शिक्षा से भी वंचित रखा गया ताकि सवर्ण उनपर अपना दबदबा बनाये रख सकें। सामाजिक उत्कर्ष के हर कदम पर तिरस्कृत रहना उनकी नियति थी। कुछ व्यक्ति धार के विरुद्ध तैरने में सफल रहे तथा इतिहास के पन्नों में अपना नाम दर्ज कर सके। इनमें सबसे प्रमुख नाम है, बाबा साहेब अंबेड़कर का। इस परंपरा में आगे कई नाम जुड़ते गये और बहुतों ने आत्मकथाएँ भी लिखीं। आत्मकथा के क्षेत्र में दलितों द्वारा लिखी गयी आत्मकथाएँ इसलिए महत्त्वाकांक्षी माने गए हैं क्योंकि वे सभी उन स्याह संघर्षों की गाथा है, जिसे एक पूरे जनसमूह ने जिया है। संघर्ष है अस्तित्व का, अस्मिता का।

दलित आत्मकथा लेखन की परंपरा मराठी से शुरू होकर हिंदी में प्रचार पायी थी। मराठी आलोचक इन रचनाओं को आत्मकथा या आत्मचरित्र कहने के विरुद्ध

आत्मवृत्त कहना अधिक उचित मानते हैं, क्योंकि उनके कथनानुसार आत्मकथाएँ अवकाश ग्रहण के उपरांत बुढ़ापे में लिखी जाती हैं। मोहनदास नैमिशराय की यह कृति इस अर्थ में आत्मकथा न होकर आत्मवृत्त है। प्रस्तुत ग्रंथ में उन्होंने अपने जीवन की उन तल्ख और निर्मम सच्चाइयों को उकेरा है जिनमें मानवीय पीड़ा अपनी पूरी सघनता से व्यक्त हुई है।

उत्तर भारत के विभिन्न इलाकों में दलितों पर हो रहे अत्याचार आज भी सर्वसाधारण है। इस परिप्रेक्ष्य में चमारों के जीवन पर आधारित मोहनदास नैमिशराय का यह आत्मकथ्य महत्त्वपूर्ण है। इस आत्मवृत्त के हर एक पन्ने पर भोगा हुआ यथार्थ पूरी उग्रता के साथ दर्ज है। स्वानुभूत इन संघर्षों को उन्होंने पुस्तक के आरंभ में 'सफेद स्याह संघर्ष' का विशेषण दिया है।

भारतीय सामाजिक जीवन में जातिव्यवस्था का आरंभ वैदिक काल से ही शुरू होता है। वैदिक काल में काम के आधार पर समाज में वर्ण व्यवस्था का प्रारम्भ हुआ था। जिसके आधार पर समाज में चार वर्ण थे—ब्राह्मण, क्षत्रिय, वैश्य, शूद्र। बाद में यह विकृत रूप धारण कर ब्राह्मणों को श्रेष्ठ तथा शूद्रों को सबसे निम्न माना जाने लगा। चमारों को भी 'पादज' होने की वजह से ब्राह्मणों के अत्याचारों का शिकार होना पड़ा।

'अपने अपने पिंजरे' में मोहनदास ने चमार जीतिवालों की सामाजिक-आर्थिक स्थिति का परिचय आत्मवृत्त के माध्यम से दिया है। चमार एक निम्न जाति है जिनका सामाजिक पेशा है, जूते बनाना। चमारों के जीवन की विडंबना यह है कि वे जूते तो बनाते हैं पर स्वयं उसे पहन नहीं पाते। क्योंकि वे आर्थिक रूप से अत्यंत विपन्न होते हैं तथा उनकी सामाजिक हैसियत इसकी इजाज़त नहीं देती।

मोहनदास शहर के जिस बस्ती में रहते थे, उस बस्ती का नाम था, चमार दरवाजा। इस नाम से ही जातिपरक सामाजिक पृथकीकरण द्रष्टव्य है। क्योंकि निम्न जातिवालों को अछूत माननेवाला समाज उनसे सेवाएँ तो प्राप्त करेगा पर अपने वैयक्तिक एवं सामाजिक कार्यव्यापार में निम्न जातिवालों का हस्तक्षेप पसंद नहीं करता। इसी कारण से इस बस्ती को शहर के एक कोने में बसाया गया था। इस बस्ती की खासियत यह थी कि उसके तीनों तरफ मुसलमानों की बस्तियाँ थीं। उनकी अपनी बस्ती में भी तीन-चार मुस्लिम घर थे। पर मोहनदास लिखते हैं कि बस्ती में लगभग अस्सी घर चमारों के होने के बावजूद बस्ती में रुतबा इन तीन-चार घरों में रहनेवाले मुसलमानों की थी क्योंकि वे मलमल का कुरता और तहमद बांधकर अपने घर के बैठक में बैठे हुए हुक्का गुड़गुड़ाते थे और चमार बंगलों में पंखा खींचते, सरकारी हाकिमों, जमींदारों, नवाबों के घरों, आफिसों में जाकर बेगार करते थे। इसके लिए मजदूरी भी नाममात्र मिलती थी। इससे भी भयानक तथ्य यह था कि समाज

के उच्चवर्गीय व्यक्ति इनको गुलाम मानते थे।

न केवल ब्राह्मण, बल्कि दूसरे धर्मवाले भी इन दलितों को हीन मानते थे। उनकी नजरों में भी इनकी कोई हैसियत नहीं थी। मोहनदास के मुसलमान पड़ोसी भी अधिकांश मजदूरी पेशा करते थे। उनमें कोई सैयद, शेख, पठान न था। अधिकांश जुलाहे, कसाई, कलाल, अंसारी ही थे। पर वे चमारों से सहानुभूति रखने के बजाए पठानों जैसा तेवर दिखाते थे। बात करने का ढंग भी उसी मानसिकता की उपज थी। फलस्वरूप वे चमार पुरुषों को चमट्ठा व औरतों को चमट्टी पुकारते थे। पढ़े-लिखे चमारों की भी उनके नजरों में कोई हैसियत नहीं थी। उनकी औरतों को अक्सर इन मुसलमानों द्वारा अपमानित होना पड़ता था और वे यहाँ तक सोचते थे कि ये चमार उनके एहसानों पर जिंदा हैं।

इस प्रकार निर्धनता एवं अपमान से ग्रस्त जीवन जीने के लिए अभिशप्त चमारों के संबंध में मोहनदास लिखते हैं—"हम लंबे समय से अपमान सहते आये थे, पर गुनहगार न थे हम। हम हारे हुए लोग थे जिन्हें आर्यों ने जीतकर हाशिए पर डाल दिया था। हमारे पास अंग्रेजों के द्वारा दिए गए तमगे, मेडल, पुरस्कार न थे। हमारे पास था सिर्फ कड़वा अतीत और जख्मी अनुभव। मन और शरीर पर चोट पड़ती तो वे ही जख्म हरे हो जाते। सदियों से गर्दिशों में रहते-रहते हम अपने इतिहास से कट गये थे। अपनी संस्कृति भूल गये थे।"

अपने दर्दनाक अतीत के संबंध में वर्णन करते समय मोहनदास अत्यंत भावुक हो उठते हैं। यहाँ वे शोषण के इतिहास को भी बयान करते हैं। पीढ़ी-दर-पीढ़ी दुःख सहने के कारण वे गुलाम बन गये। इस गुलामी ने उन्हें सामाजिक, आर्थिक, राजनीतिक एवं सांस्कृतिक दृष्टि से हाशियेकृत कर दिया। निम्न जातिवालों को जानवरों से भी अधिक घृणा की दृष्टि से देखा जाने लगा। यहाँ तक कि उनकी औरतों पर भी उनका कोई अधिकार न था। औरतें सवर्णों की रखैल बन जाती थीं। परिणामस्वरूप दलितों का दांपत्य बिखरता गया। उनके परिवार टूटते गये।

अपनी पारिवारिक स्थिति के संबंध में मोहनदास ने लिखा है, उनके पिताजी शिक्षित तथा सरकारी सेवा में नौकरी करने के कारण समाज में इज्जत प्राप्त थे। वे एक पक्की हवेली में रहते थे। पर जन्म के समय माँ की मृत्यु हो जाने से मोहनदास का पालन-पोषण उनकी ताई माँ ने अपने घर में रखकर किया था। उनकी बहनें भी स्कूल जाती थीं और बड़े भाई भी पढ़ते थे। इस कारण उन्हें समाज में आदर प्राप्त था। उनके पिता के बड़े भाई नगरपालिका का चुनाव लड़ते हैं और वार्ड मेंबर बन जाते हैं। पर उनके परिवार की आर्थिक स्थिति अत्यंत पिछड़ी थी। वे रात-दिन मेहनत करते थे पर एक बरसात काफी थी उनको भूखे सोने पर मजबूर करने के लिए।

भारत में प्राचीन काल से ही निम्न जातिवालों को अछूत कहकर उनके लिए

मंदिर प्रवेश निषिद्ध माना गया था। इसी के अनुरूप चमारों की बस्ती के किनारे भी पंचमुखी मंदिर में दलितों के प्रवेश को रोकने के लिए सवर्णों द्वारा एक लक्ष्मण रेखा खींची गयी थी। इससे आराधना के स्वातंत्र्य का उल्लंघन हुआ था। अन्य मंदिरों की तरह यहाँ भी सवर्णों द्वारा यह माना गया था कि दलित अगर प्रवेश करेंगे तो मंदिर भ्रष्ट हो जाएगा। यही नहीं, बड़े-बूढ़े, ब्रह्मण, दलितों से बातचीत तक नहीं करते थे। केवल मजदूरी कराते थे। चमारों से ब्राह्मण गुलामों की तरह व्यवहार करते थे। मंदिरों को भी उन्होंने अपनी संपत्ति मानकर उस पर अधिकार जमा लिया था। दलित केवल आते-जाते उसे दूर से देखकर संतोष प्राप्त करते थे। उत्सुकता बढ़ने पर उचक-उचक कर मंदिर की भीतरी बनावट को देखने का प्रयास करते। सवर्णों की आँखों में चमार दलित थे, पर इंसान नहीं थे।

भारत को आजादी मिलने पर दलितों को मंदिर में आराधना करने का स्वातंव्य भी प्राप्त हुआ। जिसके फलस्वरूप चमारों के बच्चे भी मंदिर जाने लगे। पंचमुखी मंदिर में अलग से आँगन में रखकर चमारों को प्रसाद बाँटा जाता था। यह प्रसाद अक्सर पुजारी के हाथ से नीचे गिर जाता था, जिसे उठाकर बच्चों को खाना पड़ता था। न खाएँगे तो अगले दिन से प्रसाद मिलना बंद हो जाता था। एक दिन जब मोहनदास की उँगलियाँ पुजारी की उँगलियों को अनजाने में छूती है तो पुजारी अत्यंत क्रोधित होकर उन्हें गालियाँ देता है। क्योंकि धार्मिक दृष्टि से पुजारी स्वयं को सर्वश्रेष्ठ मानता है तथा चमारों को तुच्छ। इस पर मोहनदास लिखते हैं कि इस घटना ने उन्हें हिलाकर रख दिया, उनके भीतर क्रांति के बीज को बो दिया। उस दिन वे पुजारी के मुँह पर थूककर आये थे और फिर कभी मंदिर की ओर मुड़े नहीं। बाद में नास्तिक बन गये, जो समय की आंच में मजबूत होता गया।

इस प्रकार मंदिर प्रवेश निषिद्ध जनता अपनी भक्ति एवं आस्था को जीवित रखने के लिए नई देवताओं एवं दूसरे धर्मों की ओर आकृष्ट होते हैं। इस तथ्य को भी मोहनदास ने यहाँ सोदाहरण उजागर किया है। मोहनदास यह चिह्नित करते हैं कि चमार जाति की औरतें अपनी ईश्वरीय भक्ति को प्रकट करने के लिए पुलिस चौकी के पास बनी पीर पर आराधना करने जाती थीं। यह उस सामाजिक मनाही के विरुद्ध प्रतिक्रिया थी जो सवर्णों ने उन पर थोपा था। पीर की खासियत यह थी कि वह सबका था। वहाँ ऊँच-नीच, छोटे-बड़े, गरीब-अमीर, दलित-सवर्ण का भेद न था।

दलितों के धर्म संबंधी मान्यताओं को उकेरते हुए मोहनदास ने लिखा है कि डॉ. अंबेड़कर ने 6 दिसंबर न 1956 में बौद्ध धर्म स्वीकार कर लिया था। उससे पहले बस्ती में मुसलमानों के साथ रहने के कारण उनकी जातिवाले अपनी सांस्कृतिक अस्मिता खो चुके थे। वे आधे हिंदू, आधे मुसलमान हो गये थे। पर अंबेड़कर के साथ बौद्ध धर्म स्वीकार करने पर भी दलित अपनी धार्मिक अस्मिता को लेकर

असमंजस में डूबे हुए थे। क्योंकि धर्म परिवर्तन के बाद भी दमित, शोषित होना ही उनकी नियति थी। इस नियति से वे कभी मुक्त न हो सके। दंगे भड़कने पर मुसलमान उन्हें हिंदू कहकर मार देते थे और कर्फ्यू न होने पर हिंदू उन्हें चमार कहकर अपमानित करते थे। उनकी बहनों के जिस्मों को झिंझोड़ते थे। इस प्रकार धर्म बदलने से भी उनकी सामाजिक हैसियत में कोई परिवर्तन न आया।

दूसरी तरफ बताते हैं कि दलितों द्वारा स्वयं के लिए एक विशेष आराधना पद्धति तैयार की गयी थी। वे पूजा भी करते थे और पीर पर जाकर चादर भी चढ़ाते थे। बकरे को काटते थे, हिंदू रीति से जात देते थे, बच्चों का मुंडन करवाते थे, श्राद्ध करते थे, औरतें चौराहों पर सिंदूर और चावल हंडिया में डालकर रख देते। इसके अलावा पीरों के मजार पर दिये जलाते थे। इसी प्रकार कई पीरों का नाम भी दलित जातियों के बीच सम्मान से लिया जाता है। चमार नीम के पेड़ की पूजा करते थे। धीरे-धीरे चमारों के बीच उनकी अपनी कुछ देवी-देवताओं का भी उद्‌भव हो गया था। माता माई, भूमिया माई, शीतला माता जैसी अनगिनत देवियाँ उद्‌भूत हो गयी थीं।

आज शिक्षा कानून व्यक्ति का अधिकार बन चुका है। पर मोहनदास के बचपन में स्थिति वैसी नहीं थी। यहाँ भी दलितों को पीछे ही रहना पड़ा। उत्तर भारत के कई प्रांतों में आज भी एकलव्य की गाथा दुहरायी जाती है। मोहनदास के स्कूल की भी स्थिति भिन्न नहीं थी। स्कूल में न नल था, न टायलट, न खेल का मैदान, न बिजली। टाट की पट्टियों पर बैठकर छात्रों को पढ़ना पड़ता था। नीचे से ऊपर तक पानी पहुँचाने का काम बड़े बच्चे करते थे। स्कूल में पढ़ाने के लिए अध्यापकों की कमी थी। सवर्ण अध्यापक कभी दलितों के स्कूल में पढ़ाना नहीं चाहते थे। अध्यापक छात्रों को नाक-भौंह चढ़ाकर पढ़ाते थे तथा जाति के नाम पर खूब गालियाँ भी देते थे। पर इन सबको सहकर भी बच्चे स्कूल जाते थे इस आशा के साथ कि शिक्षा का सूरज जब उच्च स्थान पर पहुँचेगा, तब उनके शोषण का अंत तथा कुप्रथाओं का अंत होगा। फिर भी शिक्षा के इस प्रकाश से लड़कियों को वंचित रखा जाता था।

चमारों की दुविधा और संकट के संबंध में कहते हुए मोहनदास कहते हैं कि गर्मी और बरसात के मौसम में यह और भी बढ़ जाती थी। उनके लिए रात और दिन एक समान थे। हड्डी तोड़ मेहनत करनी पड़ती थी। फिर भी चारों ओर अभाव फैला हुआ था। इसी वजह से शहर में रहते हुए भी वे शहर के रंग में रंग नहीं पाये। पर वे ग्रामीण भी न थे। इस प्रकार वे एक दोहरी जिंदगी जीने को बाध्य हो गये थे।

बरसात के मौसम में स्थिति अत्यंत भीषण होती थी। घर और बाहर पानी से भरे रहते थे। कोई घर से बाहर नहीं जा पाता था। पानी में बहकर सांप, बिच्छू, कनखजूरे, केंचुए उनके घर के भीतर तक पहुँच जाते थे। उनके डंक का तथा कच्चे घरों के दीवारों के गिरने का खौफ सभी चमारों के मन में समाया हुआ था। बरसात

में एक-एक करके दूसरे लोगों के घर गिरते समय मोहनदास के बा तथा ताई माँ का मन भय तथा जिज्ञासा से भर उठता है। सबसे विडंबनात्मक सच्चाई यह थी कि हर जगह पानी होने के बावजूद भी उनके पास पीने का पानी नहीं होता था। वे भूख से तड़प रहे थे, घर में एक दाना अनाज नहीं था, यहाँ तक कि पेशाब तक नहीं कर सकते थे।

दलितों के बीच साधनहीनता एवं अभाव के कारण सफाई तथा स्वास्थ्य संबंधी सावधानियों को कोई महत्त्व प्राप्त न था। आर्थिक तंगी की वजह से उन्हें कई बार एक ही कमरावाले घर में रहना पड़ता था। बरसात जैसी स्थिति में बाहर न जा पाने की विवशता में वे उसी कमरे में पेशाब तक करते थे और सारा कमरा दुर्गंध से भर जाता था। अन्य अवसरों पर वे घरों के सामनेवाले खुली नालियों में मल-मूत्र विसर्जन करते थे। इन्हीं नालियों के पास मिट्टी से बनी चूल्हे रखकर औरतें सब्जी, दाल तथा रोटियाँ बनाती थीं। वहीं बैठकर ये भाग्यहीन बच्चे खाना खाते थे। इस समय कीड़ों के झुंड उन पर आक्रमण भी करते थे। सफाई के प्रति सावधानी न बरतने के कारण कई तरह के सांक्रमिक रोगों की गिरफ्त में इनके पड़ने की आशंका बनी रहती।

उनके घरों में नहाने की व्यवस्था भी नहीं थी। घर तथा जमीन कच्चा होने के कारण उसपर पानी पड़े तो टूटने की संभावना अधिक थी। इसलिए नल से पानी ढोकर लाते थे और ताई माँ पाखाने की गली में नहाती थी। कभी-कभी तो पानी के लिए बस्ती के लोगों के बीच युद्ध भी छिड़ जाता था। इसी प्रकार घर में बर्तनों के अभाव के संबंध में भी मोहनदास ने इशारा किया है।

भारतीय समाज में धर्मों को प्राचीन काल से ही अत्यधिक महत्त्व दिया जाता था। धार्मिक विश्वास एवं अंधविश्वासों का पालन-पोषण करनेवाली एक बहुधर्मी देश की जनता के बीच धार्मिक कट्टरता का पनपना स्वाभाविक ही है। इसके फलस्वरूप असहिष्णुता बढ़ती है तथा सांप्रदायिक दंगे फूट पड़ते हैं। मोहनदास लिखते हैं कि मेरठ शहर भी इससे अछूता नहीं रहा। जनसंघ तथा मुस्लिम लीग का वहाँ जोर था। स्थिति के आतंक का वर्णन करते हुए वे लिखते हैं कि—"दोनों के पास लाठी, बल्लम, चाकू, छुरे, कट्टे चलानेवालों की अच्छी-खासी भीड़ हुआ करती थी। उस भीड़ को नियंत्रित, संचालित करनेवाले खूनी दस्ते, आतंकवादी गिरोह थे जो अपने अपने धर्म का डंडा लिये एक दूसरे की बस्तियों, दूकानों, होटलों पर वार करते थे। उनके मुँह खून लग चुका था। उन्हें खून चटानेवाले संसद, विधान सभाओं में बैठते थे। पुलिस थानों, शराब के अड्डों, क्लबों में भी।" ही, अब धार्मिक कट्टरता का तेवर बदल चुका था। उसका स्थान अब धार्मिक राजनीति ने ले लिया था। अब दंगे धर्मांधता में उन्मादी लोगों द्वारा नहीं होता, वरन् राजनीतिज्ञों तथा समाज के तथाकथित ठेकेदारों द्वारा अत्यंत सावधानीपूर्वक अपनी स्वार्थपूर्ति के लिए आयोजित

किया जाता है और इसका फल भोगते हैं निरीह जनता जो शतरंज के मोहरे तो बनते हैं पर चालों से अनजान रहते हैं। ऐसे अवसर पर भी दलितों का हाल बेहाल रहता है क्योंकि एक तो कर्फ्यू लगने के कारण उनकी आमदनी बंद हो जाती है। दूसरे हिंदू होने का और कोई अधिकार प्राप्त हो या न हो, पर उन्हें हिंदू होने के कारण मार जरूर दिया जाता है। पर मोहनदास के बा ऐसा मानते हैं कि चमार चमार होते हैं। न हिंदू, न मुसलमान। क्योंकि स्वधर्मवालों तथा परधर्मवालों से अपमानित होना ही उनकी नियति बन चुकी थी।

इस संदर्भ में धार्मिक राजनीति के सवर्ण परिप्रेक्ष्य को भी मोहनदास ने व्यक्त किया है। वे स्कूल के मास्टरों के बीच वार्तालाप के माध्यम से स्पष्ट करते हैं कि सवर्ण तो सांप्रदायिक दंगों में रुचि लेते हैं। उन्होंने मरने-मारने को भी राजनीति के दांव-पेंच का हिस्सा बना दिया है। इस खतरनाक राजनीतिक रणनीति से धार्मिक राजनीतिक दल एवं धर्मनिरपेक्ष राजनीतिक दल एक समान जुड़े हुए हैं। आज वोटों की राजनीति का एक अटूट हिस्सा बन गया है सांप्रदायिक दंगा। चमारों का ऐसी राजनीति से कोई लेना-देना नहीं होता था, फिर भी वे उसके शिकार जरूर होते थे।

अन्य धर्मवालों द्वारा अपनी जाति पर किए गए शोषण का वर्णन करने के बीच भी मोहनदास उस धार्मिक एकता का भी ब्यौरा प्रस्तुत करते हैं, जो सभी त्योहार, शादी-ब्याह के अवसर पर उपस्थित रहती थी।

दलित जाति में जन्मे एक बच्चे के सामने उपस्थित विकट स्थितियों का वर्णन करने के बीच भी मोहनदास अपने बचपन के मित्रों, उनके साथ के सन्नाटे में खेले गये खेलों तथा अपना अधूरा पहला प्यार आदि को भी शब्दबद्ध करते हैं। ये बच्चे उन अभावों के बीच भी अपनी अलग दुनिया में अत्यंत मस्त एवं व्यस्त थे। दसवीं में पढ़ते समय वे मुंबई भाग जाते हैं जहाँ उनकी मित्रता सूजी से होती है। मुंबई जैसे बड़े शहर में वे अपनी जातिगत बंधनों से परे एक व्यक्ति की हैसियत से रहते हैं और वहाँ सूजी के रूप में उन्हें उनके नाम से पुकारने वाला कोई मिल जाता है; न कि जाति के नाम से। पर ये दिन ज्यादा टिकते नहीं हैं, उन्हें पुनः गाँव लौटना पड़ता है। अपने अपने पिंजरे उनके जीवनकाल के प्रथम सोलह वर्षों की गाथा कहते हुए समाप्त हो जाती है।

यहाँ प्रस्तुत आत्मवृत्त के माध्यम से रचनाकार कई सवाल पाठके के सामने उठाते हैं। इनमें सबसे सशक्त सवाल यही है कि आखिर चमार कौन है? उनकी सामाजिक, धार्मिक अस्मिता क्या है? क्या किसी जाति में अबोध रूप से जन्म लेना कोई गुनाह है? अगर नहीं तो हाशिएकृत रहना ही उनकी नियति है? इन दलितों को हाशिएकृत रखने का अधिकार दूसरों को किसने दिया? अपनी एवं परिवार का पेट पालने के लिए जूते बनाने का काम करना, मेहनत मजदूरी करना क्या गुनाह है?

ऐसे सवाल आज भी देश में गूँज रहे हैं। पर किसी के पास इसका जवाब नहीं है। अगर है भी तो वे गूँगे बन बैठे हैं। शिक्षा के एवं आर्थिक विकास की योजनाओं ने स्थिति को काफी हद तक संभाला है, जरूर। पर आज भी देश के ज्यादातर इलाकों में समस्या आज भी विकट है। पिंजरों में कैद ये पंछी फड़फड़ा रहे हैं, आजादी के लिए। अपने मनुष्य होने के अधिकार की प्रतीक्षा में!

पदचाप : सबेरा तलाशती कविताएँ

–डॉ॰ सी॰ राधामणि

"साहित्य का सारा भविष्य अब स्त्री और दलित चेतना से ही निर्धारित होने जा रहा है।" रजत रानी मीनू की किताब हिन्दी दलित कविता क़ी भुमिका में अंकित राजेन्द्र के ये शब्द बहुत ही सार्थक है। पुराने काल में स्त्री विशेषकर दलित स्त्री साहित्य की मुख्यधारा से ही नहीं समाज से भी हटकर अपमान जनक जीवन बिता रही थी। उसे दो प्रकार के घुटन झेलने पड़े। एक तो वह स्त्री है दूसरा वह दलित है। लेकिन आज स्थिति कुछ बदल गयी है। दलित स्त्रियाँ भी समाज की मुख्यधारा में आ रही हैं, साहित्य के क्षेत्र में कदम रखने लगी हैं। दलित स्त्रियाँ भी मुक्ति चाहती हैं। मुक्ति के लिए स्त्री संघर्ष करती रहती है। लेकिन हमारा पुरुष वर्चस्ववादी समाज उसे शरीर तक सीमित कर देता है। उसकी आकांक्षा तो स्वतंत्रता को ही नहीं कुछ जीवन मूल्यों को भी बचाकर रखने की है। पुरुष सत्तात्मक समाज के घेरे को तोड़कर आज की स्त्री बाहर निकलती है तो उसमें एकतरफ अपने स्वतंत्र होने का एहसास है और दूसरी ओर सार्थकता का आत्मबोध भी झलकता है।

दलित कविता त्रास, दुख, संघर्ष और आक्रोश की कविता है तो दलित नारी की कविता विरोध, नकार, बहिष्कार आदि से युक्त मुक्ति मत, की तलाश करनेवाली कविता है। इन कविताओं द्वारा वे यह समझने-समझाने की कोशिश करती हैं कि दलित स्त्रियाँ अपनी गुलामी को किस हद तक स्वीकारती या नकारती हैं। रमणिका गुप्ता इसके बारे में कहती हैं–'एक साझी व्याख्या तो स्त्री की समझ में आ ही गयी है कि पुरुष ने उसके मन को गुलाम बनाने से पहले उसे परिवार, व्याह, संतान और समाज की लक्ष्मण रेखाओं के बाड़े में कैद करके उसके शरीर को गुलाम बनाया और उसे सभी अधिकारों से वंचित किया।' "यह जानने के लिए अपनी अस्मिता और अस्तित्व चाहिए। समकालीन दलित स्त्री कवियों में कौसल्या बेसंत्री, ग्रेस कुजूर, सुशीला टाकभौरे, रजत रानी मीनू, कौशल पवार, रजनी तिलक आदि के नाम उल्लेखनीय हैं। उनमें रजनी तिलक की कविताएँ 'रजनी के तिलक' के रूप में हाशिए को लाँघती हुई नयी सुबह की उम्मीद लेकर आ रही हैं।

समकालीन दलित महिला कवियों में रजनी तिलक की अलग पहचान है। वे दलित महिला और मानव अधिकार आन्दोलन से जुड़ी हुई कवि ही नहीं नारी मुक्ति आन्दोलन में सक्रिय हैं। उनकी कविताओं में नारी मुक्ति का स्वर गूँज रहा है—"कविताएँ मेरा शौक नहीं, मेरी पीड़ा हैं, उत्तेजना व ऊर्जा हैं। पीडा उत्पीड़न झेलनेवाली करोड़ों-करोड़ बेजुबान औरतों की मैं भी एक इकाई हूँ।" उनका प्रमुख काव्य संकलन है 'पदचाप'। 'पदचाप' शब्द को पद दलित या पद भ्रष्ट यानी अपने अधिकार से वंचित का अर्थ, लिया जा सकता है। डॉ॰ सोहन लाल सुमनाक्षर ने दलित शब्द की व्याख्या इस प्रकार की—"दलित शब्द आक्रोश, चीख, वेदना, पीड़ा, चुभन, घुटन और छटपटाहट का प्रतीक है।" "दलित नारी के लिए भी यह लाग है। इसके अन्तर्गत सामाजिक, राजनैतिक, धार्मिक, आर्थिक शोषण दृष्टव्य हैं। आत्मविश्लेषण, अस्मिता की तलाश, जीवन-मूल्यों का अन्वेषण, मानवीय सरोकारों की पड़ताल अपनी संस्कृति से जुड़ी हुई बातें आदि रजनी तिलक की कविताओं की खूबियाँ हैं। उनकी कविताओं में भारतीयों में रूढमूल सामाज व्यवस्था की वर्ण-जाति-स्त्री दासता की संस्कृति का प्रतिरोध कर इन सबसे मुक्ति की कामना दर्ज है। दलित स्त्री समाज से, परिवार से, जातीयता से पीडित है। वह स्त्री हो या बच्ची, शोषण से मुक्त नहीं। 'खेला जाता है" कविता में रजनी तिलक जी स्त्री के जज़्बात से खेलनेवालों के बारे में स्त्रियों को चेतावनी देती हैं -

"मासूम कलियों को खिलने से पहले
बचपन में ही लुटा जाता है।
कोमल मधुर मुस्कान को
वासना की आग में खींचा जाता है
रामायण हो, महाभारत हो
या आधुनिक भारत
हर समय स्त्री के जज्वात से खेला जाता है।" (खेला जाता है)

स्त्रियों की अस्मिता को लेकर खेले जानेवाले खेल के खिलाफ आक्रोश प्रकट करती यह कविता समकालीन भारत का सही दस्तावेज है। आजकल स्त्रियों के साथ सब कहीं अन्याय और अत्याचार ही हो रहे हैं। छोटी बच्ची हो या कुलस्त्री, वेश्या हो, अथवा भिखारिन, स्त्री ही सब कहीं प्रताडित होती रहती है। पुरुष वर्चस्ववादी समाज के खिलौने के रूप में स्त्री को माननेवाले लोगों के खिलाफ अपना आक्रोश प्रकट करने के साथ-साथ स्त्रियों को वे आगाह करती हैं कि पुरुष की दासता से या सामाजिक संस्कारों से लडकर हमें अपनी अस्मिता की पहचान बनानी है।

'ए लड़की' नामक कविता में रजनी तिलक जी हमें अवगत कराती हैं कि अंधेरे में बलात्कारी घूम रहे हैं। हर जगह उन्हीं की है। हम आहत हैं तो वह मजे में है। सड़क, कार, जीप, बाजार, थियेटर, सिनेमा हॉल, हर कहीं बलात्कारियों का ताण्डव

नृत्य हम देख रहे हैं। आज कल के माहोल के आधार पर देखने पर कवि की बातें सच निकलती हैं। हाल में दिल्ली के एक बस में हुई घटना की याद यह कविता दिलाती है। अकेले जाते वक्त आँख खोलकर चलने का सन्देश कवि देती हैं–

> "अकेले में आँख खोलकर चल
> वे घर में सड़क पे खेत में
> खादानों कार्यालयों विश्वविद्यालयों
> के आँगन में छत पे कोने में
> भीड़ और क्षीण में ढूँढ रहा है शिकार।" (ए लड़की)

स्त्री को बाजार की चीज माननेवाले पुरुष वर्चस्ववादी समाज में हर स्त्री मर्दों के लिए एक योनि है। इसके खिलाफ आवाज उठाकर रजनी तिलक जी कहती हैं–

> "हमारा शरीर हमारा है
> हमारी भावनाएँ हमारी हैं
> हमारी आजादी इच्छाएँ
> पतंग-सी उडती महत्त्वाकांक्षाएँ
> सब हमारी हैं
> अपनी देह की नियंत्रक हम खुद हैं।"
>
> (हर औरत एक योनि है)

अपना शरीर अपना ही है। इस पर अधिकार जमाने का हक किसी को नहीं है। अगर कोई अधिकार जमाने आता है तो हमें दाँत और नाखुन से लड़ना चाहिए। अपनी देह की नियंत्रक हम स्वयं ही हैं। वर्षों से दबी आजादी की इच्छाएँ, महत्त्वाकांक्षाएँ आदि को उन्होंने यहाँ आक्रोश के रूप में प्रकट किया है। ए लडकी, हर औरत एक योनि है, खेला जाता है आदि कविताएँ दलित स्त्री से ही नहीं, बल्कि गुलाम बनकर जीने के लिए मजबूर तमाम स्त्रियों से आह्वान करती हैं कि रुग्ण मानसिकता के कारण डाले जानेवाले तमाम अवरोधों को मटियामेट करके एक स्वतंत्र स्त्री बनकर जीना है।

दलित नारी का शोषण पुरुष द्वारा ही नहीं वर्ण एवं वर्ग की ओर से भी होता है। तेलुगु स्त्री कवि चल्लापल्लि स्वरूपा रानी ने दलित स्त्रियों पर होनेवाले अत्याचारों और शोषणों का चित्र खींचा है। घर और बाहर उसे अभिशप्त कंटीली झाडियों के बीच में जीवन बिताना पड़ता है–

> "घर में पुरुषाहंकार एक गाल पर थापड़ मारता है।
> तो गली में वर्ग आधिपत्य
> दूसरे गाल पर तमाचा जड़ता है
> मजदूरी के पैसे लेने जब खेत गयी तो
> मेरे पसीने के साथ मुझे ही लूटने की ताक में

बैठा था जमीन्दार।"

इस तरह हर कहीं से ताड़न और उपेक्षा का भाव झेलकर, सहनशक्ति खोकर आज दलित स्त्री ने संघर्ष का पथ अपनाया है। उसे भी अधिकार है। रजनी तिलक अपनी ही जाति के भाइयों से प्रश्न करती हैं -

"ओ मेरे भाई
तुम माँगते हो अपनी आजादी
पूरी कौम की आजादी

....
तुम्हारी सलीबें हमारी हैं
तुम्हारी जंजीरें हमारी हैं
तुम्हारे घाव हमारे हैं
तुम्हारी गुलामी हमारी है
फिर हमारी आजादी क्यों नहीं तुम्हारी? (आ मेरे जाति भाइ,)

रजनी तिलक कहती हैं कि हर औरत भी पुरुष के समान इनसान है। जब छोटी बच्ची थी तब भाई ने चलना सिखाया, प्यार दिया, लड़ना सिखाया, लेकिन बड़ा होने पर वही भाई तो स्वामी बन गया और बेचारी बहन दासी! भाई को अधिकार मिला तो बहन सिर्फ कर्तव्य करने का यन्त्र मात्र मानी गयी। यह स्थिति आधुनिक समाज में अब भी देखी जा सकती है। मनुस्मृति में कहा गया है कि—

"पिता रक्षति कौमारे
भर्तो रक्षति यौवने
पुत्रो रक्षति वार्धक्ये
न स्त्री स्वातंत्र्यमर्हति।"

यह स्त्री की नियति नहीं है। समाज द्वारा पहनाई गयी जंजीर है। समकालीन भारतीय दलित नारी इस जंजीर से मुक्ति पाना चाहती है।

पुरुष वर्चस्ववादी समाज हमेशा स्त्री को गुलाम बनाकर रखना चाहता है। पुरुष भाई भी इससे भिन्न नहीं। इसलिए राजनीति प्रश्न करती हैं -

"तुमने क्या बना लिया है
हमारी गुलामी को अपनी आजादी?
बस
यह नहीं होगा अब
ओ भाई
मैं अपनी आजादी
खुद करूँगी निर्धारित।" (ओ मेरे जाति भाई)

आज की दलित स्त्रियाँ परंपरागत विश्वासों, मानदण्डों तथा रूढ़ियों के प्रति सचेत

हैं। वे अपने हक के लिए सदियों से लड़ रही हैं। राजसत्ता, जातीयता, पितृसत्ता आदि के खिलाफ वह निरंतर संघर्ष करती रहती थी, पर समाज ने उसे नकारात्मक दृष्टि से देखा। शिक्षा, भोजन। अच्छे कपड़े, जूते सब कुछ तो अछूत और स्त्री होने के कारण वह छू नहीं सकी। व्यवस्था के प्रति आक्रोश और भविष्य में विद्रोह करने के संकल्प का संकेत रजनी जी ने भी 'साउथ आफ्रिका की गुलाम' नामक कविता में प्रस्तुत किया है। इस कविता में एक दलित नारी का पूरा का पूरा जीवन प्रतिबिंबित है—

> "हम दलित औरतें
> लड़ रही सदियों से
> ....
> ....
> नकारा हमें समाज ने
> मजबूर किया हमें
> रहने को शहर और गाँव के बाहर
> खाने को दिया बासी और सड़ा मांस
> हमारे लिए बंद सभी रास्ते
> शिक्षा-सडक पर चलने की हमें मनाही
> साफ कपड़े और जूते पहनने की
> साऊथ आफ्रिका के गुलाम मजबूर गरीब दास
> हम त्याज्य अछूत पंचमवर्ण....। (साउथ आफ्रिका का गुलाम)

आधुनिक दलित स्त्री शोषण के प्रति जागरूक होने के साथ प्रतिरोध भी करती है। रजनी तिलक ने अपनी कविताओं के माध्यम से पूरे समाज के वास्तविक स्वरूप को हमारे सम्मुख दिखाने का प्रयास किया है। दलित नारी आजीविका के लिए भी संघर्ष करती है। दलित स्त्री का जीवन संघर्ष देश की राजनैतिक, सामाजिक एवं आर्थिक व्यवस्था से है। पढ़े-लिखे न होने के कारण उन्हें अच्छे काम न मिलते। समाज में दलित का लेबल होने के कारण छुआछूत की समस्या, आर्थिक स्थिति निम्न होने के कारण समाज में स्थान नहीं, आदि अनेक समस्याएँ उसके सामने हैं। अब इन समस्याओं के खिलाफ कंधे से कंधे मिलाकर, अपनी आगामी पीढ़ी के लिए लड़कर नया इतिहास रचने की दृढ़ प्रतिज्ञा का स्वर इस कवयित्री की कविताओं में गूँज उठता है। हम दलित औरतें उनकी पठनीय कविता है—

> "हम दलित औरतें लडती हैं
> अपने लिए अपने जाति भाइयों के लिए
> आनेवाली पीढ़ियों के लिए
> कंधे से कंधा मिलाकर
> हम लड़ेंगी रचेंगी नया इतिहास

सत्ता के खूंटी को उखाड
नीले आसमान में फहराएँगी
मुक्ति का परचम
अब नहीं ठहरेंगी हम।" (हम दलित औरतें)

आज भारतीय समाज में उपनिवेशवाद, बाजारवाद, उदारवाद, विकासवाद, भूमण्डलीकरण का बोलबाला है। इन सबों का आखिरी भोक्ता असल में दलित और आर्थिक दृष्टि से निचले तबके के लोग हैं। इन में नारी भी शामिल है। उसे चंगुल में फँसाना आसान है। नारी तो तीन दायरों में कैद है–सेवा, समर्पण और सहनशीलता। इन्हीं गुणों से युक्त स्त्री को 'आदर्श भारतीय नारी' माना जाता है। लेकिन आज की स्त्री इन सभी दायरों से मुक्त होकर, लक्ष्मण रेखा लांघकर हाशिए को तोडकर अपना अस्तित्व और अस्मिता दिखाने के लिए पढ़लिखकर आगे बढ़ रही है। 'शिक्षा के परचम' नामक कविता में दलित स्त्रियों को सावित्री बाई फूले के समान बनने का आह्वान देती हैं। आगे आनेवाले पीढ़ी से रजनी तिलक कहती हैं–

"तू पढ़ महाभारत
न बन कुन्ती और द्रौपदी
पढ़ रामायण
न बन सीता न कैकेयी
पढ़ मनुस्मृति
उलट महाभारत
पलट रामायण
पढ़ कानून
मिटा तिमिर लगा हलकार
पढ़ समाजशास्त्र
बन सावित्री बाई फूले
फहरा शिक्षा का परचम।" (शिक्षा का परचम)

रजनी तिलक की कविता आह से उपजी नहीं पर आक्रोश से आनेवाली ज्वालामुखी है। उनकी 'करोड़ों पदचाप हूँ' कविता में आक्रोश की चिनगारियाँ भभकती हैं–

"मेरे आँसू, आँसू नहीं है
जंग का पैगाम है।
इकाई नहीं मैं
करोड़ों पदचाप हूँ
मूक नहीं मैं
आधी दुनिया की आवाज हूँ
नये युग की सूत्रधार हूँ।"

इन कविताओं में तीन प्रकार की आवाजों की अभिव्यक्ति हुई हैं। एक आधी दुनिया की आवाज, दूसरी दलितों की आवाज और तीसरी तो दलित स्त्री की आवाज। अधिकार ग्रस्त मानव विरोधी सत्ता के प्रति विरोध की अभिव्यक्ति की अलावा मुक्तिकामी एवं आशावादी अनुगुंजें समकालीन दलित स्त्री कविता में दर्ज हुई हैं। रजनी तिलक की कविता में भी आशावादिता की अनुगूँज है। उनकी कविता में सवेरे की तलाश देखी जा सकती है–

"तिल तिल जीवन गलती
साँसों में मृत्यु पीती
बढ़ती जा रही हमारी जमात
होगा कब हमारा सबेरा?"

राजनी तिलक की कविताएँ क्रांति चेतना का शंखनाद हैं। अवसाद ग्रस्त अवाम से संवाद करके उनमें आजादी का बीज बोना उनका लक्ष्य है। बन्धनों से मुक्त होकर हर जुल्म का प्रतिकार करने के लिए उत्सुक यह स्त्री कवि चाहती है कि आगे दलित और स्त्री पर ऐसे व्यवहार न हो जाएँ। दलितों पर अत्याचार करनेवाली हिन्दू संस्कृति और हिन्दू धर्म के खिलाफ वे दावा बोलती हैं–

"हिंदु संस्कृति के लंबे दाँत
हर क्षण तेरा लहु पी रहे हैं
हिन्दुत्व की पाशविक प्रवृत्ति पर
एक दिन हल्ला बोलना होगा।" (दलित तुझे)

दलित स्त्री और अभिजात वर्ग की स्त्री दोनों स्त्रियाँ हैं। पर दोनों की समस्याओं में कुछ फरक है। क्योंकि दोनों की आर्थिक, सामाजिक और पारिवारिक पृष्ठभूमि अलग अलग हैं। सत्ता हमेशा सवर्णों के हाथ में होने के कारण स्वतंत्रता, भाईचारा और समाजवाद का भाव हमारे प्रजातंत्र से अब खो गये हैं। रजनी तिलक इस सामाजिक असमता का सत्य दिखाने का प्रयास करती हैं–

"एक सताई जाती है स्त्री होने के कारण
दूसरी सताई जाती है स्त्री और दलित होने पर
एक तडपती है सम्मान के लिए
दूसरी तिरस्कृत है भूख और अपमान से।
प्रसव-पीड़ा झेलती फिर भी एक-सी
जन्मती है एक नाले के किनारे
दूसरे अस्पताल में
एक पायलट है,
दूसरी शिक्षा से वंचित है
एक सत्तासीन है,

दूसरी निर्वस्त्र घुमाई जाती है
बंटी वह भी जातियों में
औरत औरत में भी अंतर है। (औरत औरत में अन्तर)

गैर दलित लोग दलितों और स्त्रियों पर लिखते वक्त इसमें आत्मांश का अभाव रहता है। अनुभव के हाशिए में खड़े होकर लिखनेवाली दलित स्त्री होने के नाते उन लोगों को रजनी जी धिक्कारती हैं–

"कौन है वो?
कॉफी होम में बैठ, खूब बतियाते हैं
खेत खलिहान, पर्यावरण पर
खूब लिखते हैं।
खेत में पैदा नहीं हुए
परन्तु उनकी गंध सूँघते हैं
नारी सी जिल्लत झेली नहीं।
नारी उत्पीड़न सहा नहीं
उन्होंने हमारे दर्द
गीतों में पिरोए कैसे?"

निरंतर उत्पीड़न और अशान्त मन से उपजी कविताओं में दलित स्त्री होने का दुख-दर्द है। इसके विरुद्ध संघष कर, आक्रोश कर, युद्ध कर हाशिए का उल्लंघन करने का सन्देश रजनी तिलक की कविताओं से मिलता है। डॉ॰ अम्बेडकर ने कहा था कि–"गुलाम को गुलामी का एहसास करवा दो, तो वह मुक्त हो जाएगा।" यहाँ रजनी तिलक ने भी अपने समाज की स्त्रियों को एहसास कराने का प्रयास अपनी कविताओं द्वारा किया है। उनकी ये कविताएँ दलित स्त्री की नहीं, बल्कि तमाम नारी समाज की मुक्ति की ही बात करती हैं, साथ ही साथ स्त्री के खुद सक्षम होने की उद्घोषणा भी करती हैं। स्त्री होने के नाते महज स्त्रियों के लिए ही नहीं, बल्कि संपूर्ण समाज की भलाई पर ही रजनी की नजर है।

दोहरा अभिशाप : अभिशप्त जिन्दगी का खुलासा

—डॉ॰ मारग्रेट वी॰जी॰

कौसल्या बैसन्त्री की आत्मकथा 'दोहरा अभिशाप' हिंदी की पहली दलित रची आत्मकथा है। इसमें उन्होंने अपनी शापग्रस्त जिंदगी की विस्तृत दास्तान प्रस्तुत की है। उनकी राय में भारतीय समाज व्यवस्था में दलितों का जीवन बहुत ही कष्टपूर्ण है। लेकिन दलित नारी की स्थिति उससे भी दुस्तर है। दलित होना शाप है तो दलित स्त्री होना दोहरा अभिशाप है। कौसल्या का कहना है—"अस्पृश्य समाज में पैदा होने से जातीयता के नाम पर जो मानसिक यातनाएँ सहन करनी पड़ी इसका मेरे संवेदनशील मन पर असर पड़ा। मैं ने अपने अनुभव खुले मन से लिखे हैं। पुरुष प्रधान समाज औरतों का खुलापन बरदाश्त नहीं करता। पति तो इस ताक में रहता है कि पत्नी पर अपने पक्ष को उजागर करने के लिए चरित्रहीनता का ठप्पा लगा दे।" उनकी बेटी सुजाता और छोटा बेटा अतिशकुमार जीवन की लड़ाई में साथ देते रहे। लेखिका ने स्पष्ट ही बताया है कि यह आत्मकथा उनके जीवन की कथा है, उनके माँ-बाप ने गरीबी अंधविश्वास और जातीय प्रताड़नाओं से लड़ते हुए उन सब बहनों को शिक्षित करके जीने का रास्ता दिखाया।

दलित जीवन में जो गरीबी, पीड़ा, घुटन और अपमान हैं, उन सब का जीवंत चित्रण इस आत्मकथा में है। कौसल्या को जिंदगी भर अपनी जाति के नाम पर अपमान सहना पड़ा है। छोटी उम्र से ही उनके मन में एक प्रकार की हीनता की भावना थी। उनके अपने शब्दों में—"मैं अस्पृश्य हूँ, इसका मुझे बहुत दुःख होता था और मैं हीनता महसूस करती थी। कोई मुझे मेरी जाति न पूछ बैठे, उसे मुझे सदैव डर रहता था। इसलिए मैं अकेली चुपचाप खाने की छुट्टी में या स्कूल शुरू होने के पहले एक ओर बैठी रहती थी।" जाति के नाम पर एक-दो बार उसे झूठ भी बोलना पड़ा। स्कूल के किसी भी कार्यक्रम जैसे खेल-कूद, नाटक आदि में वे कभी भाग नहीं लेती थी। खो-खो, कबडी आदि वे अच्छा खेल सकती थीं, किंतु आगे बढ़ने से वे डरती थीं। वे कहती हैं—"मैं अस्पृश्य हूँ, यह भावना मेरे मन से जाती ही नहीं थी।"

स्कूल के शिक्षकों को भी अस्पृश्यों के प्रति विशेष दिलचस्पी नहीं थी। एक

शिक्षिका उनसे कई प्रकार के काम करवाती थी। कभी होटल से चाय मँगवाने और कभी कुछ सामान लाने उन्हें भेजती थी। उनके घटिया कपड़ों के कारण ब्राह्मणों की लड़कियाँ उनसे दोस्ती नहीं करती थी। लेखिका साइकिल चला सकती थी। साइकिल पर जाते समय उच्चवर्गीय लड़के बहुत जलते थे–"ये हरिजन बाई जा रही है। दिमाग तो देखो, इसका बाप तो भिखमंगा है, साइकिल पर जाती है।" कहकर वे उसे साइकिल से गिराने की कोशिश करते थे। उच्चवर्गीय समझनेवाली औरतें भी कुत्सित ढंग से हँसती थी और सोचती थी कि ये अछूत और मजदूर के बच्चे कैसे पढ़ पाते हैं। कौसल्या की माँ कभी-कभी चूड़ियाँ, कुंकुम, शिकाकाई आदि बेचने को अपनी बस्ती और पासवाली कॉलोनी में जाती थी। पॉश कॉलोनी की हिंदू उच्चवर्गीय महिलाएँ भी उनसे चूड़ियाँ, कुंकुम, शिकाकाई आदि खरीदती थी। जब वे चूड़ियाँ डलवाने माँ के पास आती थीं, तब पुरानी साड़ी पहनती थी और चूड़ियाँ पहनने के बाद स्नान कर लेती थीं। क्योंकि वे जानती हैं कि ये अछूत हैं। यह माँ को बुरा लगता था, परंतु पैसे के लिए वे यह अपमान सह लेती थी। मतलब के लिए ब्राह्मण भी अछूत का पाँव पकड़ता है तो उसकी श्रेष्ठता कम हो जाती है। बस्ती के और उच्चवर्गीय लोगों के रहन-सहन, खान-पान और विचार में जमीन-आसमान का फरक था। बस्ती के बच्चों को देखकर लेखिका को लगा कि क्या अपराध किया इन बच्चों ने जो ऐसी हालत में रह रहे थे, जी रहे थे। बड़े लोगों के घरों के आगे पक्की-साफ-सुथरी सड़कें थीं। लेकिन बस्ती में कीचड़ ही कीचड़ नजर आता था।

कौसल्या की एक सहेली थी जो गोंड जाति की आदिवासी थी। एक दिन उन्होंने उस लड़की के आगन में रखे घड़े से हाथ धोने के लिए पानी लिया। तब वह जोर से चीखी कि–"घड़े को क्यों छू दिया? अब हमें घड़ा फेंकना पड़ेगा।" कालेज में भी उससे संपर्क रखनेवाले दोस्त, जब यह जान लेते हैं कि वे अछूतों की बस्ती से आनेवाली हैं, अछूत हैं, तो उनसे नाता तोड़ देते थे। समाज सुधार की बातें करनेवाले लोग भी इस प्रकार छुआछूत दिखाते हैं। देवेंद्र कुमार (कौसल्या के पति) जब लेबर इन्सपेक्टर के रूप में काम करते थे तब उनका चपरासी बिहार के भूमिहार जाति का था। उसे मालूम था कि ये दलित समाज के हैं। वह छुआछूत माननेवाला था। छोटी जाति के साहब होने के कारण वह उनके घर का काम करना और उनका छुआ भोजन खाना पसंद नहीं करता था। अतः अपने लिए उसने अलग चूल्हा बनाया। उनके बच्चों को भी वह भोजन पकाते समय चूल्हे के पास आने नहीं देता था।

दलितों की अधिकांश समस्याएँ आर्थिक जीवन से जुड़ी हुई हैं। हर प्रकार के अधिकारों से वे वंचित थे। कौसल्या को भी जिंदगी भर गरीबी और भूख की पीड़ा महसूस करनी पड़ी। उनके माँ-बाप परिश्रमी थे। "दोनों को खाली बैठना अच्छा नहीं लगता था। बाबा कभी खाट ढ़ीली हो गयी हो, उसे कसते, यहाँ-वहाँ कील ठोंकते। माँ भी फटे-पुराने कपड़े सीने बैठ जाती कभी गोदडी सीने लगती। दोनों

बहुत परिश्रमी थे।" गरीबी के बीच भी वे अपने बच्चों की पढ़ाई की ओर ध्यान देते थे। लेखिका कहती हैं–"बहुत प्रयत्न करने पर भी भिड़े कन्याशाला में मुझे फ्रीशिप नहीं मिली। फीस बारह आने थी, परंतु उस वक्त बारह आने देना भी माँ-बाबा के लिए कठिन था।"

भिडे कन्याशाला में अधिकांश ब्राह्मणों की लड़कियाँ थीं जो अच्छे-अच्छे साफ-सुधरे कीमती कपड़े पहनकर आती थीं। लेखिका के कपड़े बहुत घटिया होते थे। उन लड़कियों के कानों में सोने की बालियाँ थीं। वे अपनी किताबें बस्तों में लाती थीं। उनका भोजन भी अच्छा था। उनके सामने अपने भोजन का डिबा वे नहीं खोलती थी। अपने घटिया डिब्बे और घटिया रोटी के कारण उन्हें शर्म आती थीं। अतः वे दीवार की ओर मुँह करके खाना खाती थीं ताकि कोई न देख ले। उनका खाना और उनकी खुशबू से वे ललचा जाती थीं। कभी-कभी अमीरों के घरों में भोजन बरबाद करते हैं। उच्च एवं संपन्न परिवार की एक सहेली के घर में जनेऊ का एक कार्यक्रम था। उसमें भाग लेने का अवसर लेखिका को मिला। वहाँ के बढ़िया भोजन खाते समय, अपने परिवारवालों के भोजन के बारे में सोचकर वे बहुत दुःखी हो गयी। वे बहुत निराश हुईं–'यह खाना तो खा रही थी, परंतु मन बड़ा भारी हो रहा था। कितना खाना यहाँ बरबाद हो रहा था और बाहर गरीबों के बच्चे जूठी पत्तलों पर टूट पड़े थे।" स्कूल में सोशल गैदरिंग के समय खाने का प्रोग्राम था–तब भी खाना बरबाद होता था और स्कूल के बाहर गरीब बच्चे की भीड़ पत्तलों पर झपट पड़ती थी।

अपनी अभावग्रस्तता के कारण माँ-बाप को सबकी पढ़ाई का खर्च उठाने में दिक्कत पड़ती थी। फिर भी वे बच्चों को पढ़ाना चाहते थे। बाबा साहेब अंबेड़कर का भाषण सुनकर उन्होंने समझ लिया था कि अपनी प्रगति के लिए शिक्षा प्राप्त करना बहुत जरूरी है। बाबा साहेब अंबेड़कर ने दलितों की दयनीय स्थिति का एकमात्र कारण शिक्षा का अभाव कहा है। उनका कहना था कि शिक्षा के अभाव के कारण दलितों में अपनी पहचान नहीं हो सकी। सवर्ण व्यवस्था भी उन्हें शिक्षित होकर बुद्धिमान बनाना नहीं चाहती थी। क्योंकि उन्हें गुलामों और नौकरों की जरूरत थी।

कौसल्या कहती हैं कि महँगाई ने माँ-बाबा की कमर ही तोड़ दी थी। अब कपड़े, फीस, किताबें आदि का खर्च बहुत बढ़ गया है। अतः वे बहुत परेशान हो गये। बाबा मिल में काम करते थे। वहाँ मशीन साफ करने के लिए कुछ नए कपड़े की पट्टियाँ मिलती थीं। वे उनमें से अच्छी, लंबी पट्टियों को अलग करके अपनी धोती के नीचे लंगोट की तरह बाँधकर घर लाते थे। गेट पर चेकिंग होती थी। कभी किसी को शक नहीं हुआ। उनमें से सफेद पट्टियों को अलग करके वे पेट्टिकोट्ट आदि सीते थे। घर की अन्य जरूरतों के लिए भी इस कपड़े का उपयोग करते थे।

संपूर्ण दलित समाज अज्ञान और अशिक्षा के गर्त में पड़ा था। शिक्षा के अभाव

में वे अपनी दयनीय स्थिति के बारे में सचेत नहीं थे। उन्हें सिर्फ अपने पेट की चिंता रहती थी। वे यही सोचते थे कि कल चूल्हा कैसे जलेगा? कई प्रकार के अंधविश्वास भी उनमें थे। बच्चे जब बीमार हो जाते तो वे डाक्टर को नहीं दिखाते थे। किसी मुल्ला, साधु, फकीर या देवी-देवताओं के मंदिर ले जाते हैं। जिस किसी फकीर-बाबा का नाम सुनता, उसी के पास ले जाता था। बच्चे को आयुष्य (आयुस) मिलने के लिए भी पूजा-पाठ, मंत्र-तंत्र आदि करते रहते थे। इसके लिए बच्चे का नाम भी खराब सा रखते थे। बच्चे को आयुस मिलने के लिए कचरी, उरकुड़ी (कुड़े का ढेर) आदि नाम रखते थे। ये लोग भूत-प्रेतों पर भी विश्वास रखते थे। खसरा, चेचक, टाइफोइड को देवी का प्रकोप मानकर वे शीतला माता की पूजा करते थे। चेचक और खसरा होने पर बीमार के घर लोग सुबह-शाम माता के मंदिर में नीम की पत्तियाँ और पानी चढ़ाकर आते थे।

अपनी आत्मकथा में कौसल्या ने यह दिखाने की कोशिश की है कि दलित स्त्री के लिए जीवन के हर क्षेत्र में यातनाएँ ही यातनाएँ हैं। चाहे वह शिक्षा के क्षेत्र में हो या अन्य। दलित नारी समाज में दलित और नारी दोनों ही रूपों में उपेक्षा और उत्पीड़न का शिकार है। समाज में लड़कियों के प्रति जो उपेक्षा की भावना है, बचपन से ही लेखिका को इसका अनुभव है। लगातार पाँच बेटियों को जन्म देने का दुःख हमेशा उनकी माँ के मन में था। लड़कियों के बाल धोते समय वह बड़बड़ाती थी—'देवा, मैं ने ऐसा कौन सा पाप किया था कि मेरे नसीब में लड़कियाँ ही लिखी हैं।" लड़कियों के प्रति यह तिरस्कार प्राचीन काल से आज तक हमारे समाज में विद्यमान है। 'दोहरा अभिशाप' में कई जगह लेखिका ने स्त्रियों के प्रति होनेवाली इस उपेक्षा का पर्दाफाश किया है। जन्म देनेवाली माँ ही लड़कियों को पसंद नहीं करती थीं। लड़की के जन्म से वे उदास हो जाती हैं और कहती हैं—जाओ इसे कूड़े में फेंक जाओ। उसे वे परायाधन समझती थीं। आज भी संभ्रांत लोग इस प्रकार सोचते हैं तो फिर उन दिनों के अस्पृश्य समाज में ऐसी सोच का होना स्वाभाविक ही रहा होगा।

शादी-विवाह जैसे मामलों में भी स्त्रियों के मतों को स्वीकार नहीं करते थे। शादी-विवाह बहुत बड़े कार्य समझे जाते थे और ज्यादातर यह कार्य पुरुष वर्ग ही संभालते थे। औरतों को कोई विशेष महत्त्व नहीं दिया जाता था। विधवा नारियों की बुरी स्थिति भी यहाँ दर्शायी है। मंगलसूत्र सुहागिनों के सौभाग्य का चिह्न था। पति की मृत्यु से उनकी जिंदगी ही बदल जाती है। अस्पृश्य समाज में विधवा की दूसरी शादी होती थी, लेकिन उसकी विधि अलग थी। इसे विवाह न कहकर 'पाट' कहते थे। विधवा को सौभाग्यवती के चिहन लगाकर रात के अंधेरे में पति अपने घर लाता था ताकि उसका मुँह कोई सधवा न देखें। बाजा-गाजा या मंडप इसमें नहीं होता था। खाना-पीना होता था। उसके गले में चाँदी या सोने की सवत की

आकृति का पेंडेंट पहनाया जाता था, जिससे सब लोग जान लेते हैं कि वह दूसरी औरत है। लेकिन विधुर पुरुष धूम-धाम से अपनी शादी कर सकता था, पूरी विधि के साथ। पुराष के लिए एक-दो औरतों से शादी करना बुरा नहीं माना जाता था। पैसेवाले पुरुष तो इसे अपनी शान समझता था। पति की दूसरी शादी पर पत्नी के विरोध का कोई महत्त्व नहीं था, उसको मारपीट करके चुप करा दिया जाता था।

आज हमारे देश में लड़कियों पर होनेवाले अत्याचार बहुत बढ़ गये हैं। जिन लोगों को उसका संरक्षण करना है वे ही उस पर अत्याचार करते हैं, उनकी सुरक्षा की चिंता नहीं करते हैं। उन दिनों में भी कई दुष्ट लोग ऐसे थे जो लड़कियों को फँसाने की कोशिश करते थे। स्वयं लेखिका के जीवन में भी ऐसी एक घटना घटित हुई थी। एक बार वे अपने बीमार भाई को अस्पताल ले गयी थीं। वहाँ के दरबान ने कहा कि अगर एक-दो दिन के बाद आएगी तो वह उसे बड़े डाक्टर से मिला देगा और नर्सिंग कोर्स के बारे में बताएगा। लेखिका बहुत खुश हो गयी। लेकिन वे जब उसके पास गयी तो मालूम हुआ कि वह आदमी धोखेबाज है। अपने सौभाग्य से वे उस बड़ी आपत्ति से बच गयी। उस अनपढ़ अस्पृश्य लोगों की बस्ती में वे पहली लड़की थीं जिन्होंने मेट्रिक पास की और उसकी बहिन का दूसरा नंबर रहा। इसी कारण से बस्ती के लोग, यहाँ तक कि उनके रिश्तेदार भी उनसे ईर्ष्या और द्वेष रखते थे।

कौसल्या मानती हैं कि हम कितने दृढ़ हो, सामाजिक बंधनों के आगे हमें झुकना ही पड़ता है। समाज के रीति-रिवाजों को मानना ही पड़ता है और सामाजिक विरोध भी सहन करना पड़ता है। अगर स्त्री और पुरुष अपराध करें तो दोनों को सजा देनी चाहिए। लेकिन यहाँ केवल स्त्री को अपराधी मानकर सजा देते हैं। इस आत्मकथा में ऐसी एक घटना वर्णित है। सखाराम अपनी औरत को बदचलन कहकर सजा देता है। वह औरत दिहाडी पर मजदूरी कर रही थी। उसके सौंदर्य के कारण उसे छेड़नेवाला मिस्तरी को कोई कुछ नहीं कहता। औरतें भी दूसरी औरतों के बारे में अपमानजनक बातें फैलाती हैं। जब लेखिका अस्पृश्य विद्यार्थी परिषद की कार्यकारी परिषद में थी तो उनका विद्यार्थियों से मिलना-जुलना अनिवार्य था। कभी-कभी लड़के भी उनसे मिलने आते थे। तब बस्ती की औरतें ताने कसती थीं, "इतनी बड़ी हो गयी है, थन लटक रहे हैं, शादी नहीं हुई, बूढ़ी होंगी तब करेंगी क्या?" कोई कहती—"अरे जाने दो। अभी तक क्या कोरी रह गयी है? इतने यार-दोस्त आते हैं घर में तो क्या कुछ नहीं होता होगा।"

इस आत्मकथा में ऐसे कई उदाहरण हैं जहाँ एक ही पुरुष एक से अधिक नारियों से संबंध रखते हैं। लेकिन कोई भी ऐसी नारी का चित्रण नहीं, जो एक से अधिक पुरुष से संपर्क करती है। कौसल्या को बाबा साहेब अंबेडकर का विचार

सही लगा। उन्होंने कच और देवयानी की कहानी सुनाकर यही उपदेश दिया कि "कच ने मेहनत और मुसीबत उठाकर शुक्राचार्य से विद्या हासिल की। वैसे ही आप लोग भी निश्चय करके पहले विद्या हासिल करो फिर दूसरा काम करो। विद्या पूर्ण करने के बाद आप अपने समाज के लिए कुछ कर पायेंगे।"

बिहार की किसी महिला से लेखिका ने जान लिया कि वहाँ लड़कियों को ज्यादा बोलने नहीं देते, उनका ज्यादा बोलना अच्छा नहीं समझते। उनके पति देवेंद्र कुमार के आगे उनकी बहनें खड़ी भी नहीं होती थी। उन्हें अपना काम खुद करने की आदत न थी। उनका सारा काम एक गुलाम की तरह उनकी छोटी बहन करती थी। बाद में कौसल्या ने उनकी यह गुलामी बंद करवा दी। देवेंद्र कुमार सिर्फ अपने ही घेरे में रहनेवाला आदमी था। वह इतना कहा करता था—"मैं बहुत शैतान आदमी हूँ।" कभी भी वह पत्नी की इच्छा, भावना या खुशी की कद्र नहीं करता था। बात-बात पर गाली, वह भी गंदी-गंदी, और हाथ उठाना उनकी आदत थी। उसकी बहनों से पता चला कि वह माँ-बाप और पहली पत्नी को भी पीटता था। कौसल्या की माँ-बहनें उन्हें छोड़ देने को कह रही थीं। लेकिन अपनी बेकारी और छोटे बच्चों के कारण उन्होंने ऐसा नहीं किया। ऐसे पति को न छोड़ने का एक कारण यह भी था कि अपने माँ-बाप ने उन बच्चों को पालने-पोसने, पढ़ाई के लिए समाज से अपमान और मानसिक यातनाएँ सही थीं। परंतु हिम्मत नहीं हारी थी। अब उनकी ढलती उम्र में वे उन्हें तलाक के कारण यातना और अपमान देना नहीं चाहती थीं। उनकी राय में—'देवेंद्र कुमार को पत्नी सिर्फ खाना बनाने और उसकी शारीरिक भूख मिटाने के लिए चाहिए थी। दफ्तर के काम और लिखना यही उसकी चिंता थी।" वह पत्नी की आवश्यकताओं के लिए भी उसे पैसे नहीं देता था। उसे स्वतंत्रता सेनानी का ताम्रपत्र मिला और पेन्दान मिलती है। सरकार ने उसके कार्य की प्रशंसा की थी। लेकिन वही व्यक्ति अपने घर में लड़ाई करता था, अपनी पत्नी से। कौसल्या के मत में "न्यायपालिका भी लगता है स्त्री के लिए ज्यादा फिक्र नहीं करती।"

उन्हीं दिनों स्त्रियों को स्वतंत्रता या अपना अलग अस्तित्व नहीं था। दिल्ली में दलित महिलाओं की जो संस्था है, उसके महत्त्व और उपयोगिता के बारे में चारों ओर के दलित घरों में जाकर वहाँ की महिलाओं को लेखिका विस्तार से समझाती थीं। तब वे कहती थीं—"हम अपने पति से पूछकर बताएँगे कि क्या हम संस्था की सदस्य बनें।" किसी भी महिला में स्वतंत्र निर्णय लेने की हिम्मत नहीं थी। पति लोग ऐसे हैं जो दलितों की सभा में भाषण देंगे कि समाज कार्य में औरतों को भाग लेना चाहिए, लेकिन अपनी औरतों को संस्था में जाने से रोकते हैं। कभी कभी हमें ऐसा भी लगता है कि अपनी स्थिति को सुधारने का विचार स्वयं दलितों में भी नहीं है। अज्ञान के कारण वे इस बुरी, उत्पीड़ित स्थिति को अपनी नियति मानते हैं।

जाहिर है कि इस आत्मकथा में कौसल्या ने अपने जीवन के भोगे हुए यथार्थ का सही चित्र उभारा है। मस्तराम कपूर का विचार बिलकुल सही लगता है—"दोहरा अभिशाप में दलित जीवन का सम्यक और सर्वांगपूर्ण चित्र प्रस्तुत किया गया है।" यह पीढ़ियों से संघर्ष झेलती हुई एक औरत की आत्मकथा है। उनके द्वारा झेला गया अभिशाप, संपूर्ण व्यवस्था, परंपरा और मान्यताओं के नाम पर होनेवाले अन्याय का सूक्ष्म स्वरूप है।

बस्स! बहुत हो चुका : दलित विमर्श की संरचना

–डॉ॰ वी॰के॰ सुब्रह्मणियन

भारतीय समाज की संरचना में जातिभेद की असुंदरता अभिशाप बनकर रहती है। दलित साहित्य इसे समाप्त करने और समाज को स्वच्छ बना देने का सृजनात्मक हस्तक्षेप है। दलित साहित्य की निरंतर कोशिश अछूत की विषमता को सृजनात्मकता में बाँधने के लिए और गैर-दलित की निर्मम शक्ति को विक्षत करने के वास्ते हैं। हिंदी कविता का समकालीन दौर विभिन्न आंदोलनों को स्वीकार करता हुआ चलता है। इनमें एक मुख्य आंदोलन है दलित आंदोलन। इस आंदोलन से जुड़े कवियों में ओमप्रकाश वाल्मीकि का स्थान निश्चितः चिह्नित है। उनकी कविताएँ दलित-विमर्श को एक अलग मायना प्रदान करती हैं। वे अपनी कविताओं में दलित संवेदना को समग्रता में पकड़ते हैं और उसकी यथार्थ अभिव्यक्ति में समृद्धि लाते हैं याने दलित चेतना को अपनी रचना में शिखर पर बिठा देने के लिए प्रयास करते हैं।

'बस्स! बहुत हो चुका' शीर्षक कविता संकलन उनकी सृजनात्मक वरीयता का सत्यापन है। इसमें दलित-विमर्श अपने समय और परिवेश के साथ साक्षात्कार करता है। इतिवृत्त के अंदर दलित-विमर्श कथ्य को सुरक्षित रखा गया है। निसंदेह ही इनकी वस्तु में दलित-मुद्दों को मानवीयता के मद्देनजर उकसाया है। हम इन्हें दलित-जागरण की कविताएँ कह सकते हैं। ये आँखें खोलकर सोनेवालों को भी जगाती हैं। बार-बार जगाती हैं। वास्तव में ये कविताएँ उनके लिए तैयार की गयी दवाएँ हैं जो दलित विरोधी मरीज हैं। कविताएँ हमसे यह कहती हैं कि जागो बार-बार।

इस काव्य संकलन की अधिकांश कविताएँ हमारी संस्कृति, इतिहास और सामाजिक संरचना का दलित-विमर्शी विश्लेषण करती हैं और इनकी विडंबनाओं का स्कैनिग करती हैं। लगता है इनमें कवि छुआछूत रूपी कैंसर की शल्य चिकित्सा करते हैं और समाज को स्वस्थ करते हैं। ये कविताएँ जनता की अदालत में पेश किए गए मुकदमे हैं जिनकी दलित-विमर्शी पैरवी आगे निर्विघ्न चलेगी जरूर।

इस संकलन का 'बस्स! बहुत हो चुका' शीर्षक ही दलित विमर्श की ध्वनि

पैदा करता है। यह एक संदेश बनकर आया है कि आगे दलित किसी भी कीमत पर अपमान सहने के लिए तैयार नहीं है। यह एक चेतावनी भी है कि अब बंद करो दलित पर अतिचार, बहुत हो चुका है। शायद पीड़ादायक अब तक यह मालूम नहीं कर सके हैं कि पीड़ा हद से बाहर दे चुके हैं। अतः यह एक कल्पांत घोषणा है जिनके पास कान है वे सुने।

इस संकलन की प्रत्येक कविता दलितों के दर्द के अतल को स्पर्श कर रही है। कविताओं की सृजनात्मक ऊर्जा की समृद्धि इसके लिए सहायक सिद्ध हुई है। अस्पृश्यता के अपयश की अभिव्यक्ति में ये कविताएँ मार्मिक निकली हैं। 'पेड़' शीर्षक कविता को लीजिए, यह भारत की सामाजिक संरचना की विडंबना की आलोचना करती है। अपूर्णता याने टूटी हुई अस्मिता इस संरचना की त्रासदी है जो दुनिया के अन्य देशों में देखने को नहीं मिलती है। कवि कहते हैं -

"पेड़
तुम उसी वक्त तक पेड़ हो
जब तक ये पत्ते
तुम्हारे साथ हैं
पत्ते जरते ही
पेड़ नहीं ठूँठ कहलाओगे
जीते जी मर जाओगे।"

पेड़ बनने के लिए ठूँठ और पत्ते को जुड़ना चाहिए। इनमें एक चीज अप्रत्यक्ष रखी जाए तो पेड़ का अहसास नहीं मिलता है। जाति सामाजिक संरचना में ठूँठ की याद दिलाती है। ठूँठ स्वयं पेड़ की अपूर्णता की अभिव्यक्ति है। इस कविता का सृजनात्मक सौंदर्य भारतीय समाज की अपूर्णता-अस्मिता प्रकट करता है। अपूर्णता एक विकृति है। इस विकृति को 'पेड़' कविता ने सृजनात्मकता में कैद किया है। रमणिका गुप्ता कहती हैं—"दलित अस्मिता का अर्थ जातिविहीन चैतन्य दलित व्यक्ति से है जो अपनी सारी हीन-भावनाओं को पाने के प्रति जागरूक होकर पूरे समाज में भेदभाव खत्म कर, समता कायम करने के लिए प्रतिबद्ध हो।"

'पेड़' शीर्षक कविता पाठकों के मन में दलित चिंतन के प्रति नई चेतना को जन्म देती है। वाल्मीकि के शब्दों में—"दलित कविता स्वतंत्रता और सामाजिक बदलाव की पक्षधर है। जहाँ आह ग्राम्य जीवन ही क्या? की काल्पनिक अनुभूति नहीं, विषमता मूलक ग्राम्य जीवन और भारतीय समाज व्यवस्था की गहन पीड़ा है। दलित कविता विरोध और नकार के साथ आदमी को आदमी की तरह पहचानती है। जीवन संघर्ष में आदमी का सहारा बनकर जो हौसला दे, वही तो कविता है सच्ची और सही कविता है। जो सच को सच और झूठ को झूठ कहने का हौसला रखती है..... वही तो कविता।"

दलित कविता का एक बड़ा आह्वान यह है कि आदमी को पशुओं से बदतर देखने का सवर्ण नीति को बंद करो, दलित अपने देश में पराये न बनें, देश उनके लिए अजनब न हो ताकि वे जिंदा रहकर भी लाश के समान न रहें। बाबा साहेब डॉ भीमराव अंबेड़कर ने कहा था कि गुलाम को अहसास करा दो कि वह गुलाम है तो वह आजाद हो जाएगा।

संकलन की 'घृणा तुम्हें मार सकती है' शीर्षक कविता 'दलित' संज्ञा के द्वारा पैदा किए गए दर्द को गहराई में पकड़ती है–

"चाहे संकीर्ण कहो या पूर्वग्रही
मैं जिस तिस को बरसों बरस
सहता रहता हूँ
अपनी त्वचा पर
सुई की चुभन जैसे
उसका स्वाद एक बार चखकर देखो
हिल जाएगा पाँव तले जमीन का टुकड़ा।"

जाति संज्ञा सुई की चुभन की तरह है। इस संज्ञा ने दलित के प्रति घृणा पैदा की है और उन्हें स्थान हाशिये में दिया है। हाशिए में रहकर जीवन बिताने की क्रूर नियति दलित को सौंप दिया गया है। यही इस कविता का केंद्रीय भाव है। इस भाव को रचनात्मकता में समेटकर कवि ने दलित समस्या को अपूर्व स्वर प्रदान किया है। दलित विमर्श की आवाज, की यह असाधारणता इस कविता का सौंदर्य है। 'वे भूखे हैं' शीर्षक कविता गैर-दलित की निरीहेतर चरित्र का पाठ हाजिर करती है–

"वे भूखे हैं? पर आदमी का मांस नहीं खाते
प्यास हैं? पर लहू नहीं पीते
नंगे हैं
पर दूसरों को नंगा नहीं करते
उनके सिर पर छत नहीं है
पर दूसरों के लिए छत बनाते हैं।"

जातिवाद की निर्ममता ने दलित के दर्द को बेहद कर दिया है। जैसा कि हमने ऊपर देखा है कि दलित का विलोम शब्द है सवर्ण। इस कविता में वे (दलित) अन्यपुरुष सर्वनाम में संबोधित किए गए हैं। दलित के हरकत की तुलना इसमें गैर-दलित के हरकत के साथ की गयी है। जाति की उच्चता और कुछ नहीं बल्कि सवर्णों का अवर्णों के प्रति बेइमानी है, जिसका खुलासा इस कविता की अभिव्यक्ति है। साथ ही साथ इसमें दलितों के जीवन की वास्तविक स्थिति टिप्पणी बनकर आयी है। दूसरों के लिए छत बनानेवाला दलित अपने सिर के ऊपर शून्यता को महसूस करने का चित्र काव्यानुभूति की गरिमा प्रस्तुत करता है। लंबे अरसे से दलितों द्वारा

भोगी जा रही वेदना इसमें दस्तावेज बनी है। ऐसा इस कविता में दलित-विमर्श का अलग आयाम साध्य हुआ है।

अछूत शब्द दलित पर एक स्टिक्कर के समान लगाया गया है। यह एक साजिश जरूर है। इसकी एक बड़ी किताब खुलती है—'मेरे पुरखों' शीर्षक कविता में। दलितों पर धोखेबाजी-आक्रमण की हदहीनता पर कविता सवाल करती है—

"तुमने कहा -
ब्रह्मा के पाँव से जन्मे शूद्रः
और सिर से ब्राह्मण/उन्होंने पलटकर नहीं पूछा
ब्रह्मा कहीं से जन्मा?"

इसमें उठाया गया सवाल स्वयं दलित विमर्शी है। यह सवाल सवर्णों के अवसरवादी चरित्र को नंगा करता है। यह चरित्र निराधार विश्वासों का प्रचार प्रसार करता है। सवाल में निहित विमर्श ही कविता का भाव-सौंदर्य है। यहाँ पर इतिहासकार रामशरण शर्मा का कथन स्मरणीय है—उस समय (मौर्यकाल से पूर्व) शूद्रों की दशा और बिगड़ गयी। विधि प्रवर्तकों ने उस पुरानी मान्यता पर जोर दिया कि शूद्र की उत्पत्ति सृष्टिकर्ता के पाँव से हुई और इस आधार पर उन्होंने संगति, आहार, विवाह और शिक्षा की दृष्टि से उस पर अनेक प्रकार की सामाजिक अशक्तताएँ, आरोपित कर दीं। उच्चवर्गों के लोगों ने आमतौर से और ब्राह्मणों ने खास तौर से शूद्रों का सामाजिक बहिष्कार कर दिया।

प्रश्न पूछने की प्रवृत्ति दलित कविता का प्रतिवादी तंत्र है जिसका सही एवं सशक्त उपयोग इसमें हम देख सकते हैं। इसमें उठाया गया सवाल ही कविता की शोभा है। 'शायद आप जानते हो' शीर्षक कविता में प्रश्नों को पूछने के तरीके पर गौर करें -

"गंगा के किनारे कोई वट वृक्ष ढूँढकर
भागवत का पाठ कर लो
आत्मतुष्टि के लिए
कहीं अकाल मृत्यु के बाद
भयभीत आत्मा भटकते-भटकते
किसी कुत्ते या सुअर की मृत देह में
प्रवेश न कर जाये या फिर पुनर्जन्म की लालसा में
किसी डोम या चूहड़े के घर
पैदा न हो जाए चूहड़े या डोम की आत्मा
ब्रह्म का अंश क्यों नहीं
मैं नहीं जानता शायद आप जानते हो।"

यह कविता असत्य बतानेवाले सवर्णों की ओर मुड़कर रखा गया 'कैमरा' लग

रही है। 'कैमरा' वास्तव में यथार्थ-छाया पकड़ता है। कविता में उठाया गया यथार्थ जो है वह सवर्ण द्वारा प्रचलित किया गया असत्य है। 'मैं नहीं जानता' माने मेरी जानकारी के दायरे में तुम्हारी विचित्र सामंती, जमींदारी व शोषक की जानकारी नहीं आती है। कवि इसमें 'शायद आप जानते हो' बताकर दलित-विमर्श को व्यंग्य में पकड़ते हैं। व्यंग्य की आभा इस कविता को अधिक संवेदनीय बनाती है।

इतिहास-पुराण की समग्र जानकारी दलित-विमर्श की शोभा को तेज करती है। ऋग्वेद में वर्णित कृष्ण यादव जाति से आया है। लेकिन सवर्णों ने उन्हें अवतार पुरुष बना दिया है। कवि कहते हैं–

"अर्थ बदलकर शब्दों में गढ़ लेना असंख्य प्रतीक
ऋग्वेद के कृष्ण को महाभारत में फिट करके
हो जाना आत्म विभोर सो जाना गहरी नींद में।"

देवताओं का सवर्णीकरण गैर-दलितों की चालाकी है। इसमें कड़ा धोखा अप्रत्यक्ष रहता है। इस धोखे को दलित-विमर्शी आँखों के जरिए प्रत्यक्ष या स्पष्ट करने का रचनात्मक दायित्व कवि निभा रहे हैं। सवर्णों की चालाकी की ओर मुड़कर रखा गया सर्च लाइट है यह कविता। अब वास्तविकता को छिपाना मुमकिन नहीं है।

जाति का लेबलीकरण वर्तमान समाज-व्यवस्था में आया एक बड़ा मुद्दा है। 'जाति' शीर्षक कविता इस मुद्दे की तीव्रता की पहचान कराती है–

"स्वीकार्य नहीं मुझे/जाना
मृत्यु के बाद/तुम्हारे स्वर्ग में
वहाँ भी तुम/पहचानोगे मुझे
मेरी जाति से ही।"

जाति का 'स्टिक्कर' दलितों पर चिपकाया गया है और उन्हें दलित संज्ञा रूपी कैदखाने में बंद किया है। जब जाति का 'ब्राण्ड' किया जाता है तब उससे पलायन आसान नहीं है, चाहे वह धरती पर हो या स्वर्ग में हो। यह कविता सवर्णों के द्वारा दलित के ब्रान्ड किए जाने की साजिशी स्वभाव पर वार करती है और ऐसे कुतंत्र के प्रति सजग करती है। जाति के लेबलीकरण के खतरे को यह कविता करीब से आँकती और उसके विरुद्ध खड़े होने के लिए मार्गदर्शन देती है। वस्तुतः यह कविता जातीयता की बर्बरता को अतल में जाकर पकड़ती है और उसके प्रति सचेत भी करती है।

'सोचने नहीं देते' शीर्षक कविता में दलितों के ऊपर किए गए अतिचारों के लंबे इतिहास की याद दिलाती है। दलित-विमर्श की एक रीति यह है कि इतिहास में प्रवेश कर दलित के साथ घटित समस्त दुर्घटनाएँ याद की जाएँ। ऐसी यादों को रचनात्मकता में स्वीकार करने का मनोहर प्रयास इस कविता का मर्म है–

“जब गुनगुनाते हो कोई पंक्ति
किसी प्राचीन ग्रंथ से/मुझे याद आते हैं
अपने पुरखों के रक्त सने जिस्म
भयातुर चेहरे/बोझ से झुकी देह पर नीले निशान।”

सवर्णों के मुखौटे का पोल-खोल देना, दलित-विमर्शी कविता का एक उपाय है। ऐसा करके असामाजिकता की भावना से उद्‌भूत जातिवाद की दुर्घटना को कविता में पहचाना गया है। इस प्रकार ‘बस्स! बहुत हो चुका’ शीर्षक काव्य-संकलन की कविताएँ दलित-विमर्श की संरचना तैयार करने में सहायक निकलती हैं। प्रतिरोधी-संवाद की आवाज इन कविताओं की अंतस्थली से निकलती जान पड़ती है।

ऐसा, इस काव्य-संकलन की कविताएँ विषय के संप्रेषण में सशक्त और सुन्दर हैं। ओमप्रकाश वाल्मीकि की कविताओं का शिल्प भी मंजा हुआ है। दलित जीवन की भाँति-भाँति की स्थितियों को बारीकी से पकड़ने में इसकी अभिव्यंजना क्षमता प्रशंसनीय है। सहज भाषा में दलित संवेदना का संवहन जो हुआ है वह सृजनात्मकता की प्रौढ़ता का प्रमाण है। भाव को उसकी समान तीव्रता में लिपिबद्ध करने के लिए भाषा को संवारना, रचनाकार की चुनौती ही है। कवि इसमें सफल निकले हैं। उनकी कविताओं की भाषा भी यही कहती है—बस्स! बहुत हो चुका। माने सवर्ण भाषा के अभिजात चरित्र से वे कभी सहमत नहीं हैं और उसके साथ कभी समझौता भी नहीं करते हैं। दलित-विमर्शी कविता की भाषा का सौंदर्य उसके भाव के प्रकटन में रहता है।

“मेरी माँ ने जने सब अछूत ही अछूत
तुम्हारी माँ ने सब बामन ही बामन
कितने ताज्जुब की बात है
जबकि प्रजनन प्रक्रिया एक ही जैसी है।”

सरल भाषा का उपयोग करके काव्य संवेदना की वरीयता को प्राप्त करना इस कविता की विशेषता है। सामान्य भाषा में विशिष्ट अभिव्यक्ति का सौंदर्य इसने हासिल किया है। वास्तव में छुआछूत की निरर्थकता का अंकन इसकी भाषा-क्षमता ने किया है। नई भाषा एवं सौंदर्य का उत्पादन वाल्मीकि ने अपने काव्य-कारखानों में किया है। जिस भाषा का वे उपयोग कर रहे हैं वह संवेदना के संप्रेषण के लिए ‘मंजी हुई है।

“संस्कृति और संस्कृत में क्या संबंध है
मैं नहीं जानता? शायद आप जानते हो”

यहाँ संस्कृति और संस्कृत का संबंध जो है उसको साबित करने के लिए सवर्ण के प्रयास पर व्यंग्य-बाण छोड़ा गया है। व्यंग्य, इनकी भाषा की संप्रेषणीयता का

सौंदर्य बना है। वाल्मीकि की कविता में प्रयुक्त शब्द दलित के जीवन को संबोधित करके बोलते हैं। कवि का कहना है—

“शब्द कभी झूठ नहीं बोलते
झूठ बोलते हैं उनके अर्थ।”

गैर-दलितों के शब्द निष्कलंक हैं लेकिन अर्थ झूठे हैं। दलित-विमर्श की भाषा के शब्द, सच को सच और झूठ को झूठ कहते हैं। वाल्मीकि की भाषा में मिथक, प्रतीक और बिंब के प्रयोग काफी हुए हैं जो वस्तु-संप्रेषण को लक्ष्य करके किए हैं। एकलव्य, कर्ण आदि मिथक और प्रतीक बनकर आए हैं। साथ ही साथ कविताओं के बिंब सघन बने हैं एवं प्रतीक समर्थ निकले हैं। बिंब का एक उदाहरण देखिए—

“ये भूखे प्यासे बच्चे बाहर आयेंगे एक दिन
बन्ध अँधेरी कोठरियों से
कच्ची माटी की गन्ध/सांसों में भरकर।”

इसमें दलित-विमर्श समृद्ध-बिंब में अभिव्यक्त हुआ है और दलित चेतना अपनी असली स्थिति में प्रकट हुई है। ‘पेड़’ शीर्षक कविता में पेड़ प्रती है और इसमें पेड़ के द्वारा कवि की काव्य-दृष्टि दलित-विमर्श के परिप्रेक्ष्य में अभिव्यंजित है। इसमें समाज की संरचना की अस्वस्थता को प्रतीकों में पकड़ा गया है। ऐसा ओमप्रकाश वाल्मीकि की कविताएँ दलित-विमर्श, संवेदना और अभिव्यक्ति के धरातल पर प्रौढ़ निकलती हैं।

घुसपैठिए : दलित त्रासदी से साक्षात्कार

–डॉ० नर्मदा पी०

मानव दरमियान किसी भी तरह की असमानता की गुंजाइश हो–सामाजिक, बौद्धिक, मानसिक, दैहिक, आर्थिक, राजनीतिक–उनको बरकरार रखनेवाली सर्वशक्त प्रणाली है जाति प्रथा, जिसके चलते पीढ़ियों से प्रताड़ित रहा है शूद्र या दलित। इस संदर्भ में दलितों या उत्पीडितों को आवाज देने के लिए दलित साहित्य का उदय हुआ। ओमप्रकाश वाल्मीकि का 'घुसपैठिए' दलित असंतोष का नतीजा है। इस संग्रह की प्रत्येक कहानी दलित जीवन की समस्याओं की भीषणता, विभीषिकाओं से सीधे साक्षात्कार कराती है और इसका ताल्लुक लेखक की निजी जिंदगी की त्रासदियों से है।

समाज के विभिन्न स्तरों पर दलित उत्पीड़न बराबर हो रहा है। कार्यालय, शिक्षा का क्षेत्र और अन्य सामाजिक गतिविधियों में उनका दोहन एक सच्चाई है। शिक्षण संस्थाओं में आरक्षण के नाम पर दलित छात्रों पर हो रहे अत्याचारों का रूप अत्यंत भयंकर एवं रौद्र है। दुर्दशा इतनी गहरी कि दलित छात्रों की शिक्षा जारी रखना दिन-प्रतिदिन कठिन होता जाता है। इसका कारण सवर्णों की स्पष्ट साजिश कि अगर दलित पढ़-लिख जाए तो उनका ज्ञान की आलोक तले संगठित होना तो तय है, संघर्षरत दलित जो विजयी हुआ तो सवर्णों का बोझ उठाने रहेगा कौन? खुद सवर्ण!" संकुचित दृष्टिकोण वाले शिक्षक दलित छात्रों से पक्षपातपूर्ण शिक्षा और मूल्यांकन करते हैं। कभी उन्हें परीक्षा में अनुत्तीर्ण किया तो कभी प्रायोगिकी परीक्षाओं में, जो कि ज्यादा स्वनिष्ठ होते हैं, कम अंक डाल दिए। शीर्षस्थ कहानी घुसपैठिए के पात्र नितिन मेश्राप को इसी मानसिकता का शिकार होना पड़ा। कॉलेज या होस्टल तक ही यह शोषण सीमित नहीं बल्कि शहर से कॉलेज तक का सफर भी जहरीला है। छात्रावास में संग रहना या बेखौफ जनकीय वाहनों का इस्तेमाल जैसे मौलिक हकों से दलितों को वंचित रखा जाता है। मेडिकल कॉलेजों में सरकारी टेक से, यानि आरक्षण के लाभ से, शिक्षा ग्रहण कर रहे हर छात्र, सवर्ण शिक्षक से लेकर छात्र तक की दृष्टि में घुसपैठ है और वे उन्हें आसूत्रित तरीके से दर किनारा

करना जरूरी समझते हैं। आरक्षित छात्र, जो प्रवेश परीक्षा में कम अंक अर्जित करने पर भी प्रवेश पा जाते हैं उसे इस बिना पर हर मौके पर अपमानित किया जाता है। परिणाम यह कि मानसिक, शारीरिक और बौद्धिक रूप से प्रताड़ित सुभाष सौनकर को आत्महत्या के सिवाय कुछ और नहीं सूझता। एक तरफ माँ-बापू की वेदना, उनकी आकांक्षाओं का ध्वंस तो दूसरी तरफ हर पहलू पर उत्पीड़न की गहरी खाई, इन विडंबनाओं के बीच सुभाष करता भी तो क्या? घटना की जांच पड़ताल के समय अफसर से लेकर अखबार तक इसे निस्संदेह आत्महत्या बताते हैं। उनके सरकारी जीवन का एक और निस्संदेहात्मक आत्महत्या! परंतु क्या यह वास्तव में आत्महत्या है? इसमें परिलिप्त, द्रष्टव्य उच्चवर्ग की सामाजिक दृष्टिकोण की शीर्ण अवस्था पर टिप्पणी क्या? यथार्थ में यह हत्या नहीं? सवर्ण मुजरिम नहीं? वस्तुतः ये सारे उत्पीड़न "आरक्षण के खिलाफ उठती गहरी प्रतिक्रियाएँ हैं, उसके विरुद्ध उपजा गहरा आक्रोश।"

दलित का विलाप सुननेवाला कोई नहीं। अधिकारी वर्ग, साथ ही सवर्ण हो और उनकी उपयोगिता हेतु कानून तोड़ा-मरोड़ा जा सकता हो तो न्याय की गुंजाइश कहाँ? सवर्णों की सोच में "जब आप आरक्षण के बल पर टिके हो तो थोड़ा-बहुत सहना ही होगा।" 'घुसपैठिए' में मेडिकल कॉलेज का वरिष्ठ अधिकारी, डीन की पदवि पर विराजमान डॉ॰ भगवती उपाध्याय कहते हैं—आरक्षण से मेडिकल का स्तर गिर रहा है। कम योग्यतावाले जब सरकारी हस्तक्षेप से मेडिकल जैसे संस्थानों में घुसपैठ करेंगे तो हालत तो दिन-प्रतिदिन खराब होंगे ही। उन छात्रों का क्या दोष जो अच्छे अंक लेकर पास हुए हैं।" आरक्षण आज एक ज्वलंत समस्या है जिस पर आगे चर्चा करेंगे।

बहतरीन जिंदगी की तलाश, नौकरी की खोज या नौकरी पाकर गाँव से शहर बसनेवाले दलितों की स्थिति भी भिन्न नहीं। शोषण का बहुतेरा चेहरा शहर के कोने-कोने में विद्यमान है। 'कूड़ाघर' कहानी में दफ्तरों में हो रही साजिशों को यूँ बेपर्दा करते हैं—"जहाँ संवैधानिक नियमों को खुल्लम खुल्ला ताक पर रखकर नए पदों की नियुक्तियों में धाँधलियाँ हो रही थीं। सामान्यश्रेणी के अभ्यर्थी छह महीने पहले ज्वाइन कर रहे थे और आरक्षित छह महीने बाद। जबकि दोनों को एक ही दिन ज्वाइन करने के आदेश थे। लेकिन आरक्षित अभ्यर्थियों को बाद में पत्र भेजे जा रहे थे। यानी सीधे-सीधे दलित अभ्यर्थी का छह महीने की तनखाह नहीं देना।" आरक्षण की वजह से हो रही मानसिक द्वंद्व से दलित कभी कभी इस योजना से छुटकारा भी पाना चाहते हैं। पर अगले ही पल उसे यह तीखा नश्तर चुभने भी लगता है—"आरक्षण खतम होते ही उन्हें नौकरियाँ नहीं मिलेंगी। इसका जीता जागता प्रमाण वे संस्थान हैं जहाँ संवैधानिक आरक्षण लागू नहीं है, वहाँ दलितों का प्रतिशत कितना है?

'कूड़ाघर' का प्रस्तुत प्रसंग और 'घुसपैठिए' के आरक्षण प्रसंग पर थोड़ी-बहुत चर्चा जरूरी लगती है। 'कूड़ाघर' कहानी की रचना करीब 1998-2000 के आसपास में तैयार हुई थी और 'घुसपैठिए' का प्रकाशन हंस पत्रिका में सन् 2000 में हुआ था। तद्‌युगीन सामाजिक धरातल पर दलितों की अवस्था उतनी बहतरीन नहीं थी, जितनी आज है। वर्तमान समाज बहुत बदल चुका है। आज हालत देखो आर्थिक रूप से विपन्न कितने मासूम लोग शोषण के शिकार हो रहे हैं, चाहे सवर्ण हो या अवर्ण। इस बात से स्पष्ट है कि आरक्षण आर्थिक धरातल को ध्यान में रखकर होना चाहिए। घुसपैठिए में डीन का सवाल कम अंकवाले आरक्षण और सरकारी हस्तक्षेप से मेडिकल जैसे संस्थानों में घुसपैठ करेंगे तो हालत खराब होंगे ही। उन छात्रों का क्या दोष है जो अच्छे अंक लेकर आए हैं—अत्यंत महत्त्व का है। इस बहस के दो नजरिए हैं—एक दलितों के पक्ष में, दूसरा विपक्ष में। आज नौकरी जगत को ही लीजिए। पूर्ण योग्यता प्राप्त कितने सवर्ण गरीब बिना नौकरी के दर-दर भड़क रहे हैं। बौद्धिक क्षमता की नींव क्या जातिव्यवस्था है? यह सच है कि पुराने जमाने में दलितों को शिक्षा से वंचित रखने से और शारीरिक-मानसिक पीड़ाओं के कारण उनके बौद्धिक विस्तार पर प्रतिबंध लगा हुआ था। उनको मुख्यधारा तक लाने के लिए आरक्षण जैसे कार्यप्रणालियों की जरूरत थी। जरा सोचिए क्या आज उनकी हालत अतीत से बहतरीन नहीं हुई? आर्थिक दशा के आधार पर आरक्षण लागू होने पर ही सामाजिक संतुलन बरकरार रहेगी। वर्तमान स्थिति ऐसी है—जो भी आरक्षण का स्वाद चूस रहे हैं वे अब उन पर अपना अधिकार जमा बैठे हैं और अधिकतर लोग इसमें जुड़ जाने के लिए भी उत्सुक है। 'कुड़ाघर' में भी इससे जुड़ी एक व्याख्या है—"हर कोई इसे पाना चाहता है, कल तक जो विरोध में खड़े थे, वे भी इसे पाने के लिए लालायित हैं।" "वर्तमान की यह सच्चाई है। वस्तुतः आरक्षण का कार्यान्वयन अल्पकालिक था यानी इसकी आयु दस वर्ष की थी।" संविधान पट के दिग्गज अबेड़कर ने खुद एक भाषण में कहा है—"Reservation is service should not extend beyond 1960/61." आरक्षण की पद्धति ने पिछड़ापन, अदक्षता को बढ़ावा और प्रतिस्पर्धात्मक गुणवत्ता को ह्रासित किया है। पश्चदृष्टि में उनका विश्वास ये रहा कि—"Reservation had encouraged backwardness, inefficiency and lack of competetive merit among them barring a few stray cases." और दस सालों तक एस॰सी॰ आरक्षण का प्रतिवाद करते हुए उन्होंने यह भी कहा कि—"for the scheduled tribes, I am prepared to give for longertime, but all those, who have spoken about the reservation to the SC or ST have been so meticulous that the thing should end by ten years." (Constituent Assembly Debates, Vol. X, PP 242-43) संविधान सभा के सदस्य इस विषय पर सुस्पष्ट थे कि आरक्षण चाहे एस॰सी॰ की हो या एस॰टी॰ की, दस वर्ष तक ही सीमित रहना

चाहिए। आज समय ने यह साबित कर लिया है यद्यपि आरक्षण का रूप अस्थिर था फिर भी वह अब तक स्थिर प्रणाली हो गयी। इसका लाभ उठानेवालों की संख्या दिन-प्रतिदिन बढ़ती जा रही है। योग्यता प्राप्त अन्य अभ्यर्थियों के लिए आरक्षण खतरनाक साबित हो सकता है। जहाँ तक दलित उत्पीड़न का सवाल है यह मानव मूल्यों पर लगा कलंक है। समता, मैत्री, बंधुत्व भावना आदि मनुष्यता से जुड़ी हुई है। सामाजिक हाशिएकरण का निर्मूल इन्हीं संवेदनाओं को समझने पर ही संभव है।

दलितों के शहरी जीवन की एक और समस्या है मकान की खोज। सभ्य से सभ्य नौकरीपेश दलितों को भी मकान किराए पर नहीं मिलता। उनके रहने का इंतजाम जाति पर निर्भर है। प्रगतिशील विचारवाले भी जब एस॰सी॰ की सच्चाई जान लेते हैं तो उन्हें फिर से दलित टोली में रहने के लिए बाध्य कर देते हैं। इसलिए 'कूड़ाघर' में अजब सिंह को फिर से बदबू का एक झोंका अपने इर्द-गिर्द फैलता हुआ महसूस हुआ। अतः दलितों की दुःखद नीयत यही है कि कूड़ाघर समान दलित टोले में ही सुख चैन उसे नसीब है। मकान, कपड़ा जैसे प्राथमिक जरूरतों से दलितों को वंचित रखना घिनौनी हरकत है। धरती पर उनका अधिकार भी सवर्णों जैसा ही है। सवर्णों को अपने संकुचित घेरे से बाहर निकलकर दलितों का साथ देना होगा।

अगर कोई इक्का दुक्का सवर्ण मानवता से प्रेरित होकर दलितों का साथ देता है तो समाज उसे भी नहीं बख्शता। 'ब्रह्मास्त्र' कहानी में अरविंद नैथली और कंवल प्रतिनिधियाँ हैं—सवर्ण और दलित का। दलित चाहे जितना भी पढ़ा-लिखा, संपन्न हो तो भी जाति रूपी कलंक से वह मुक्त नहीं हो पाता। अरविंद की शादी में कंवल की मौजूदगी से सवर्ण पंडित खलता है। यद्यपि अरविंद के पिता ने उन्हें लाख समझाने की कोशिश की तो भी पंडित ने यह ब्रह्मास्त्र छोड़कर उसे चुप करा दिया कि—"मैं आप से ज्यादा बहस नहीं करना चाहता.. आपको लगता है उसे ले जाना उचित है और जरूरी है तो ले जाइए। लेकिन इस स्थिति में बारात मैं नहीं जाऊँगा... वह डोम पढ़ा लिखा है उसी से शादी के संस्कार भी करा लेना।" अंधश्रद्धा से पूर्ण व्यक्ति इस ब्रह्मास्त्र के सामने कैसे टिक पाता। आखिर उस प्रगतिशील चिंतक को भी अपनी जाति, मान-अपमान, कुल, संस्कार, रीति-रिवाज के प्रति सिर झुकाना ही पड़ा। जाति धर्म एक सामाजिक सच्चाई है जिससे छुटकारा आसान नहीं है। नहीं तो उसे सोचना चाहिए था पाप पुण्य का फैसला इन रूढ़ियों के पालन से नहीं होता।

धर्म, कर्म, अंधश्रद्धा, ईश्वर, कुप्रथाएँ आदि दलित मुक्ति में अड़चन हैं। अंधविश्वास, भूत-प्रेत पर गहरी आस्था उन्हें जर्जर बना देते हैं। आर्थिक तथा शैक्षिक अभाव उन्हें शोषण की खाई की ओर घसीटते हैं। 'हत्यारे' कहानी में दलितों के बीच के इन्हीं कुप्रथाओं को वाणी मिली है। कहानी का एक पात्र सलेसर बीमार पड़ गया तो गंदगी भरे कमरे में रहने के लिए वह मजबूर हो जाता है। आर्थिक विपन्नता में दलितों का क्या हाल है इसके वर्णन से पाठक सिहर उठते हैं। धार्मिक पुरोहित इन

दलितों का आर्थिक शोषण करते हैं। दलित जब अनभिज्ञ, गँवार होंगे तो उन पर चालाकी करना बहुत ही आसान है। लेखक सुरजा भगत को 'भूतझाड़नेवाले' के चरित्र के रूप में प्रस्तुत करके इन्हीं तथ्यों से पाठकों को अवगत कराया है। उनके पैशाची हरकतों से पूरा एक पृष्ठ भरा पड़ा है। बीमारग्रस्त सलेसर पर कोड़ा बरसने तथा जबरदस्ती मुँह में सुअर का मांस घुसानेवाली घटनाओं से पाठकों के दिल में बेचैनी भर जाती है। जमींदार, साहूकार, पण्डा पुरोहित एकजुट होकर दलितों को लूटते हैं। वे इनको कर्ज की अथाह गहराई में धकेल देने की साजिश रचते रहते हैं।

'घुसपैठिए' में संकलित लगभग सभी कहानियों के पीछे लेखक की सहानुभूति की तीक्ष्णता है। किन्हीं कहानियों में यह तीव्राता हिंसा के हद तक बढ़ गया है और प्रतिक्रियावश प्रत्येक पात्र जोखिम कदम उठाने के लिए भी तत्पर दिखाए गए हैं। लाला रामसुखलाल की क्रुरता को झेलते-झेलते जब माँ की मृत्यु होती है तब रिहाई कहानी का छोटा लड़का छुटकू सारे गोदाम को जलाकर राख कर देता है और लाला की मारुति के शीशे को भी तोड़कर भाग जाता है। वस्तुतः कृतिकार के आक्रोश ने एक नया रुख पकड़ा है। सदियों से झेलती आ रही अपमान-शोषण को और झेलने के लिए लेखक का यह पात्र तैयार नहीं होता और सब बंधनों को तोड़कर वह एक नया रास्ता पकड़ता है। चाहे सुगनी की यातना हो या मिट्ठन की त्रासदी इसके मूल में सवर्ण मानसिकता झलकती है। मिट्ठन और सुगनी को नृशंस घटनाओं से अपना जीवन गँवाना पड़ा। दलित होने से और आर्थिक अभाव से गंभीर अपराध सहने के लिए वे बाध्य हो गए। गोदाम में बोरे के नीचे पड़कर जब मिट्ठन की रीढ़ की हड्डी टूट गयी तो सुगनी की चीख पुकार किसी के भी कानों में नहीं पड़ी।

दलितों के बीच विद्यमान जातिगत असमानता उनके विकास में बाधक है। दलितों की सामाजिक संरचना में छुपी कई जातियाँ हैं जो परस्पर विद्वेषी हैं। हजारों सालों की दासता से उनमें जो हीनता भाव पनपी हैं उनसे मुक्ति की राह उन्हें अपने ही समुदाय के निचली श्रेणी में दिखती हैं। अपनी सारी ईर्ष्या वे उन पर निकालते हैं। शवयात्रा कहानी की शुरुआत इसी तथ्य को आगे रखकर की गई है। "चमारों के गाँव में बल्हारों का एक परिवार।" चमार बल्हारों को नीचा मानते हैं और उनका रवैया भी सवर्णों जैसा हो जाता है। ध्यान देने की बात यह है कि ब्राह्मण लड़की की शादी क्षत्रिय या वैश्य लड़के से हो सकती है। लेकिन दलितों में चमार की कन्या को भंगियों या बल्हारों में देने का रिवाज नहीं है। दलितों के भीतर फैल रहे जातिगत भेदभाव को मिटाने के लिए वे सन्नद्ध नहीं होते। इनके बीच के कुछ स्वार्थी लोग नहीं चाहते कि यह दरार कम हो जाए क्योंकि इनमें असमानता का रहते ही इससे वे लाभ उठा सकते हैं। दलितोद्धार पर जब चर्चा होती है तो इनकी जातिगत असमानता को मिटाने हेतु भी योजनाएँ बनानी चाहिए क्योंकि संगठन की कमी के रहते सवर्ण मानसिकता के खिलाफ वे कैसे एकजुट होंगे? सच्चे अर्थ में

दलित मुक्ति इन दरारों को भरने से ही होगी।' शवयात्रा में कल्लन की स्थिति यही है। बीमार से तड़पती पोती सलोनी की सहायता डॉक्टर से लेकर किसी ने भी नहीं की। उसकी मृत्यु, दाहसंस्कार के दृश्य हमें विचलित कर देते हैं। यह सवाल हमें रौंदते हैं कि क्या मनुष्य की जाति ही सब कुछ है। शवयात्रा के लिए या दाहसंस्कार के लिए कोई इन बलहारों का साथ नहीं देता। चमारों के श्मशान में भी मुर्दा फूँकने का इजाजत नहीं दी गयी।

'मैं ब्राह्मण नहीं हूँ' कहानी भी इसी संदर्भ से तालुक रखती है। लेखक ने दलितों की मानसिक द्वंद्वात्मकता का लेखा-जोखा प्रस्तुत किया है। सरकारी आरक्षण से या अन्य पेशे के बलबूते पर जब दलितों की आर्थिक दशा में परिवर्तन आ जाता है तो वे अपनी असलियत को अपने ही परिवार से छुपाने को उद्यत रहते हैं। कभी कभार हालातों की वजह से भी उन्हें अपनी वजूद पर पर्दा डालना पड़ता है। झूठ के सहारे जीनेवाले दलित इस दहशत में रहते हैं कि उनका असलियत कब प्रकट होगा। प्रस्तुत कहनी के अंत में यही होता है।

इन हरकतों के बावजूद भी दलित पूर्णतया आजाद नहीं होता। जाति का भय भूत की तरह उसका पीछा करता है। मुख्यधारा से हर तरह से जब दलित का निष्कासन होता है तो विवशतावश उसे अपनी असलियत छुपानी पड़ती है। सामाजिक तौर पर अपमानित दलित का चित्रण 'दिनेशपाल जाटव उर्फ दिग्दर्शन' में हुआ है। अपना नाम बदलने से पहले नौकरी के लिए दिनेश कई संपादकों से मिले थे। लेकिन जो पीड़ा, मानसिक ध्वंस का वह शिकार हुआ इससे उसका सारा उत्साह, उम्मीद निराशा में बदल गया। सारी योग्यताएँ प्राप्त करने पर भी वह हताश हो गया क्योंकि उसके नाम से जुड़ा था एक कलंक 'जाटव'। 'दिग्दर्शन' के आवरण में जब उसका 'जाटव' गुम होने लगा तब उसकी प्रतिष्ठा बढ़ने लगी। सवर्ण दलित का अंतर्द्वन्द्व देखिए-एक ओर मुख्यधारा से जुड़कर कुछ अंतराल में वह अपनी औकात भूल जाता है। जो बात किसी समय उसकी प्राथमिकता के दायरे में थी मौका पाते ही उन सबसे छुटकारा पाते हैं। मानसिक व दिमागी शोषण के शिकार दलितों के प्रति यह एक आह्वान भी है कि अपनी अस्मिता को छुपाए बिना ही साहस के साथ आगे बढो। जाति छुपाने से नहीं बल्कि हजारों सालों से झेलती जा रही पीड़ा से जनित लघुता ग्रन्थि को जब वे अपने दिमाग से उतार फेंकेंगे, सही मायने में उनका उन्मोचन होगा और उसके जीवन की ऊसरता दूर होगी।

जातिगत असमानता की जब चर्चा होती है तो एक सच्चाई भी ध्यान आकृष्ट करती है। साहित्य के इतिहास में हमेशा देखा गया है कि समाज में मौजूद दो वर्ग हैं शोषक और शोषित। शोषकों में सवर्ण, पूँजीपति, सेठ, साहूकार, जमीनदार इत्यादि हैं तो शोषितों में शामिल हैं—निम्नवर्ग, मजदूर, दलित आदि। लेकिन आश्चर्य की बात यह है कि यद्यपि शोषक के मुद्दे पर सवर्णों के प्रति शोषितों की मानसिकता

एक समान है तो भी खुद निम्नवर्गीय मजदूरों और दलितों के बीच असमानता है। मजदूर वर्ग दलितों से अपने को श्रेष्ठ समझते हैं। इस सच्चाई से पाठकों का साक्षात्कार होता है 'प्रमोशन' कहानी द्वारा। यकायक स्वीपर से अकुशल कामगार के पद पर सुरेश की पदोन्नति हुई तो वह ऐसी जामात में खुद को महसूस करने लगा जिसकी एक खास पहचान थी। नायक का चरित्र मनोवैज्ञानिक ढंग से उभरा है। उसको लगता है अब वह भंगी नहीं मजदूर है। "मजदूर मजदूर भाई भाई" का नारा उसके कानों में गूँजने लगा। लाल झण्डा यूनियन का हिस्सा बनकर भी वह अनजान था कि समाज में उसकी स्थिति जैसी की तैसी है। मार्क्सवादी विचारधारा में संसार के समस्त उत्पीड़ित व्यक्ति शोषित है। लेकिन यहाँ शोषित भी दो वर्गों में बाँट गए—मजदूर और दलित। शोषितों के बीच संगठन का अभाव शोषकों का हथियार है। मजदूर नेता के लिए सुरेश मात्र एक औजार है। मजदूर होने का, कामरेड होने का एहसास दिलाकर काम का बोझ वह उस पर डाल देता है। उसके जजबातों से खूब खेलता है। स्वार्थी नेताओं के लिए दलित केवल उनकी सफलता की सीढ़ियाँ हैं।

अंबेडकरवादी विचारधारा के प्रवर्तक कई दलित आज अपने रास्ते से विचलित दिखाई देते हैं। अंबेडकर ने दलितों को अपने अधिकार दिलवाने का प्रयत्न किया था और साथ ही आदर्श इन्सान बनने का सलाह दिया था। लेकिन आखिरकर उनके अनुयायियों से उन्हें कभी कभी निराशा ही प्राप्त हुआ है। पढ़े-लिखे दलित अपने में सीमित हो गए और हिंसा के बदले हिंसा की वाणी वे सुनने लगे। अंबेडकर का नारा अधिकार के लिए एकजुड़ होकर लड़ने का था न कि क्रांतिकारी बनने का। आजकल कई दलित अपमान का बदला क्रांतिकारी घृणाजन्य हरकतों से लेना चाहते हैं।' मुंबई कांड' कहानी का विषय यही है। सहकर्मचारी गुप्ता के व्यंग्य बाणों से सुमेर हमेशा अपमानित होता है। जब उसकी जाति का आदमी मुख्यमंत्री बना तब गुप्ता व्यंग्य करता है आजकल धड़ाधड़ शहरों का नाम बदले जा रहे हैं, अपने शहर का नाम कब बदलवा रहे हो। इन सब अनचाहे सवालों से सुमेर तिलमिला उठता है। इसी बीच मुंबई में अंबेड़कर की मूर्ति को अपमानित किया गया था और उनके समर्थकों पर गोली चलाई गयी थी। लेकिन किसी भी नेता या अनुयायी ने इसके खिलाफ प्रतिक्रिया जाहिर नहीं की। समाज के प्रति नेतागण का दायित्व के खोखलेपन पर भी लेखक टिप्पणी करते हैं। समाज में घटित नृशंस घटनाओं को अनदेखा करके वे ऐश और आराम की जिंदगी बिताते हैं। लेखक ने सुमेर के चरित्र को भिन्न तरीके से प्रस्तुत किया है। यद्यपि वह पहले इस अपमान का बदला दूसरे गुनाह से लेना चाहता है पर बाद में उसे एहसास होता है कि गाँधीजी, अंबेडकर, बुद्ध किसी ने भी अनुयायियों को हिंसा का या बदला का रास्ता नहीं दिखाया है। उसे लगता है "मुंबई में किसी ने मेरे विश्वास पर चोट की और मैं यहाँ किसी की आस्था पर चोट करने जा रहा हूँ। कुछ गाँधीजी को बापू कहते हैं और कुछ अंबेड़कर को बाबा, वहाँ

बाबा कहनेवाले मारे गए यहाँ बापू वाले मारे जा सकते हैं..... जो भी हो मारे तो निर्दोष ही जाएँगे।" इस हादसे से अंबेडकर में उनका विश्वास और अधिक गहरा हो जाता है। जिससे उसके मन का अंधकार मिट जाता है। वस्तुतः आज सामाजिक अत्याचारों के खिलाफ आवाज उठाने के लिए कोई तैयार नहीं हो रहा है।

पंचायती राज या अन्य सरकारी प्रणाली कहाँ तक दलितों का पक्षधर है? यद्यपि गाँव की समस्याओं को निपटाने का कर्तव्य पंचायत का है, वे भी संरक्षण के बिसात के मोहरे हैं। गाँव में दलितों पर हो रहे शोषण पर दखलअंदाज करने के लिए प्रधान तैयार नहीं होते क्योंकि उनकी भर्ती इन्हीं की मर्जी से हुई। यह अंत नहीं कहानी भी इस तथ्य से जुड़ी है। गाँव की दलित लड़की बिरमा पर चौधरी तेजभान के लड़के ने जब बलात्कार करने की कोशिश की तो लड़की, उसका भाई और अन्य दोस्तों ने एक खुली टकराहट की सोची। वे प्रधान के नाम एक अर्जी तैयार कर देते हैं, जिसे प्रधान ने तेजभान को यह चेतावनी देकर दिखाया कि जमाना बदल गया है। तेजभान कहता है—जमाना अभी भी पहले ही वाला है, तू मुझे सीख दे रहा है? अपनी औकात मत भूल, जमाना तो तब बदलेगा जब हम चाहेंगे जा जाके अपनी प्रधानी संभाल। कहीं वे ही खतरे में ना पड़ जावे। होगा वो ही जो हम चाहेंगे.... दरोगा से लेकर एस॰ पी॰ तक सभी अपनी जात के हैं।" कहानी के सारे प्रगतिशील पात्र अधिकारियों से वंचित होकर दुर्बल हो जाते हैं क्योंकि जब इस मामले में फैसले की घडी आई न किसी से बयान लिया गया और न ही आरोपी बुलवाया गया, मुजरिम का सिर्फ पाँच रुपये का जुर्माना तय हुआ। एक लड़की की इज्जत की कीमत! कानून पंचायत और अन्य प्रशासनिक अंग सांठ-गांठ से दलितों को इस शोषण चक्र में फँसाए रखते हैं। कहानी की नायिका बिरमा अपने सहयोगियों से प्रज्वलित अग्नि को बुझाने नहीं देती। उसे और भड़काना चाहती है। उसमें उम्मीद जागती है। इस कहानी को पढ़कर पाठकों के मन में भी आशा की लहरें उठ जाती हैं। शोषण से कमजोर न बनकर इसके खिलाफ एकजुट हो जाओ, संगठित हो और संघर्ष करो। कहानी के अंत को लेखक ने सोच बूझकर तैयार किया है।

दलित उत्पीड़ित की किसी भी पहलू को लेखक ने अनदेखा नहीं किया है। दोहरे अभिशाप दलित साहित्य का असंतोष का नमूना 'घुसपैठिए' संग्रह में है। समाज के हर हिस्सों में आज नारी उत्पीड़न हो रहा है। 'जंगल की रानी' कहानी में इज्जत लूटने के लिए ललायित डिप्टी साहब के खिलाफ कमली की हर प्रतिक्रिया से जाहिर है वह क्रांतिकारी, विद्रोही भावना संपन्न औरत है। इस पात्र के जरिए नारी की अहमियत गौरवान्वित हुई है। कमली पुरुष के पंजों के नीचे दबी, चीखी यहाँ तक जान भी खो बैठी मगर आन बचाकर। नारी की गरिमा को मान्यता देकर आह्वान की जोश-सरिता बहाने में यहाँ लेखक सक्षम हुए हैं।

'सलाम' के बाद ओमप्रकाश वाल्मीकि द्वारा रचित दूसरा कहानी-संग्रह है

'घुसपैठिए'। शीर्षक में ही दलितों की सामाजिक दशा की दुरवस्था का आभास झलकता है। लेखक ने अपने अनुभव जगत की त्रासदियों और दुःखों से उपजी सामाजिक संवेदनाओं को इस संग्रह में वाणी दी है। वे एक नए समाज के आकांक्षी हैं जो धर्म जाति और समस्त अपराधों से परे हैं। प्रत्येक कहानी की अंतर्वस्तु दलित जीवन का शाप, दरिद्रता, अपमान, अन्याय और विरोध है। दलित साहित्य आज विस्तार पा रहा है क्योंकि सारे उत्पीड़ित इससे जुड़े हैं चाहे वह नारी हो, आदिवासी हो या मजदूर। घुसपैठिए में सामाजिक परिवर्तन के लिए क्रांति का स्वर मुखरित है। प्रत्येक कहानी का नायक एक बहिष्कृत व्यक्ति है। उसके जीवन की समस्याएँ, जैसे शिक्षा व संगठन का अभाव, उनके परस्पर व्यक्तिगत भेदभाव, हीनताबोध, अंधश्रद्धा, नेताओं की स्वार्थपरता, आर्थिक अभाव, नारी का यौन शोषण प्रत्येक कहानी में व्यंजित है।

शिकंजे का दर्द : आग में उगी तो धूप में कैसे मुरझा जाती

–डॉ॰ प्रमोद कोवप्रत

"शिकंजा यानी पंजा, जिसकी जकड़न में रहकर कुछ कर पाना कठिन हो। शिकंजा यानी कठघरा जिसमें कैद होकर उसके बाहर जाना कठिन हो। शब्दकोश में दिये अर्थ के अनुसार शिकंजे का अर्थ दबाने, कसने का यंत्र है। शिकंजे का अर्थ एक प्रकार का प्राचीन यंत्र है जिसमें अपराधी की टांग कस दी जाती है। शिकंजा वह यंत्र है जिसमें धुनकने के पहले राई को कसा जाता है। शिकंजे का अर्थ कोल्हू भी है। बचपन से युवावस्था तक मेरे जीवन के दिन अनेक प्रकार के शिकंजों में जकड़े हुए थे। ....जीवन के प्रत्येक सोपान शिकंजे के दर्द में डूबे रहे।.... जिस तरह किसी ताकतवर को शिकंजे में जकड़कर उसकी पूरी ताकत को नगण्य बना दिया जाता है, उसी तरह मुझे भी सामाजिक जीवन की मनुवादी विषमता ने वर्णवादी-जातिवाजी समाज व्यवस्था ने शिकंजे में जकड़कर रखा, जिसका परिणाम पीड़ा-दर्द, छटपटाहट के सिवा कुछ नहीं है।"

तकरीबन तीन सौ पृष्ठोंवाली रचना 'शिकंजे का दर्द' में सुशील टाकभौरे ने जिस पीड़ा को समेट लिया है उसे जानने के लिए भूमिका की उपर्युक्त पंक्तियाँ काफी हैं। इसमें प्रस्तुत रचना का पूरा मर्म छिपा हुआ है। शिकंजे का शब्द प्रयोग कृति की गहरी पीड़ा को सार्थक बना देता। एकदम प्रतीकात्मक शैली में यह शब्द सामने आता है। "शिकंजे का दर्द में संताप है दलित होने का, स्त्री होने का। इसमें शोषित, पीड़ित, अपमानित, अभावग्रस्त दलित जीवन की व्यथा है। स्त्री होना ही जैसे व्यथा की बात है। चाहे हमारा देश हो या विश्व के अन्य देश, हर जगह शोषण उत्पीड़न हैं, वहाँ दलित स्त्री शोषण की व्यथा और भी गहरी हो जाती है। सदियों से तिरस्कृत और अभावग्रस्त परिस्थितियों में रहने के लिए मजबूर किये गये दलित जीवन की व्यथा कथा का दर्द 'शिकंजे का दर्द' में समाहित है। 'शिकंजे का दर्द' लिखने का उद्देश्य दर्द देनेवाले शिकंजे को तोड़ने का प्रयास है।"

मध्यप्रदेश के बानापुर गाँव में सुशीला का जन्म होता है। जन्म से ही जाति एवं लिंगपरक विभेद के वे शिकार रहीं। शुरू में वे नाना-नानी के प्यार तथा सगे बच्चों के बारे में बताती हैं। माँ-बाप में तक बेटों के प्रति जो आकर्षण रहा था वह लेखिका को चोट पहुँचाता है। यह सामाजिक रीति थी। माँ-बाप के प्यार को वे मानती हैं। लेखिका याद करती हैं कि माँ ने संघर्ष करते हुए प्रयत्नों के साथ उन्हें पढ़ाया था। समाज की मानसिकता ऐसी है कि लड़कियों को पराये घर की संपत्ति मानती है। पुरुष सत्तात्मक समाज की दुहरी नीति पर सुशीला जी दुखित हैं, क्षुब्ध हैं। लड़कियों के लिए यह मानसिकता प्रगति के पथ पर शिकंजा बन पड़ा है। यह अनेक शिकंजों में एक है। लेखिका के शब्दों में—"मेरी पहचान माँ से है। उन्होंने मुझे प्यार, दुलार दिया, शिक्षा दी, हर दिन, हर पल मेरे व्यक्तित्व का निर्माण करती रही। जिस माँ ने जन्म दिया, पाला-पोसा उसका नाम समाज में बेटा-बेटी के नाम के साथ नहीं जुड़ता, पिता का नाम और सरनेम जुड़ता है। विवाह के बाद बेटियों के नाम के साथ पति का नाम और सरनेम जुड़ जाता है, पिता का नाम और पहचान छूट जाते हैं। इसलिए बेटी परायी वस्तु मानी जाती है। सामाजिक रीति-रिवाज, परंपराओं के कारण ही समाज में बेटियों के प्रति ऐसी मानसिकता व्याप्त रही है।"

स्त्री उत्पीड़न की तरह जातिवाद की भी काफी बहुलता थी। गाँव में बामन बनियों का वर्चस्व था। लेखिका की जाति के लोग डरे सहमे शोषित पीड़ित जीवन जीते थे। स्कूल में भी यह भेदभाव था। वे सबसे पीछे बैठती थी। सवर्ण घरों में स्कूल से लौटे बच्चों पर घर के बाहर ही पानी छिड़क दिया जाता था। फिर वहीं कपड़े भी बदलवाते थे।

पारिवारिक माहौल भी उतना संतोषजनक नहीं। घृणा-उपेक्षा, डाँटना-फटकारना, पीटना-रोना, रस्सी से हाथ-पैर बाँधना, खाना न देना, चाँटा मारना आदि आम बात थी। अर्थात् घर में लाड़ प्यार का वातावरण नहीं था। सभी अपनी-अपनी चिंता और पीड़ा से परेशान थे। स्कूली वातावरण में भी कई प्रकार की पीड़ाएँ झेलनी पड़ीं। अध्यापक तक पिछड़ी जाति के बच्चों को है; दृष्टि से ही देखा करते थे। सवर्ण समाज का व्यवहार हमेशा लेखिका को प्रताड़ित करता रहा। साथ ही अपने लोगों का जीवन और व्यवहार भी उन्हें संकुचित और प्रताड़ित बनाये रखता था।

लेखिका ने बड़ी सहजता के साथ नानी का चित्र खींचा है। वह गाँव में दाई का काम करती थी। गाँव में दिनभर कड़ी मेहनत भी करती। लेखिका बताती हैं—"नानी की जीवन की व्यथा-कथा का लंबा अध्याय है। आज भी मैं अभिन्न रूप से उससे जुड़ी हूँ।..... नानी ने अपनी बेटी को कष्ट से बचाया था। माँ ने हमें ऐसी कष्ट से बचाया। पढ़ा-लिखाकर इनसान बनाया।"

राजनीतिक शोषण का भी पर्दाफाश इसमें किया गया है। चुनाव की राजनीति का खुला चित्र है। देश की तरक्की तथा तकनीकी विकास से निम्न जाति के लोग

अछूते रहे। तकलीफों में जीनेवाले उन लोगों के लिए गाँव की एक छोटी-सी दुनिया मात्र थी। वहाँ के विश्वासों, लोक विश्वासों तथा अंधविश्वासों का भी चित्रण सुशीला ने किया है। साथ ही भक्ति, मंदिर, धार्मिक आचरणों पर भी उन्होंने प्रकाश डाला है। बीमारी, बारिश, बाढ़ इन सबके साथ रूढ़ विश्वास जमे हुए हैं। मुहर्रम तथा ताजिए का प्रसंग भी आ जाता है। धार्मिक आडंबरों पर जो आस्था है उस पर सुशीला कहती हैं कि लोग धर्म के नशे में डूबकर मदहोश हो जाते थे। रक्षाबंधन पर लेखिका कहती है कि वह भी स्त्रियों को शारीरिक-मानसिक रूप से कमजोर बनाने का त्योहार है। क्योंकि भाई ही उनकी रक्षा करेंगे।

लेखिका ने बचपन के जीवन के अभावग्रस्त जीवन का मार्मिक चित्रण किया है। जातिगत अपमानजनक जीवन की दर्दभरी कथा भी कही है। स्कूली दिनों में यह काफी भोगना पड़ा। हमारी चलती हुई व्यवस्था पर कठोर रोष के साथ लेखिका बताती हैं—"हिंदु धर्म में नदी, पहाड़, पेड़, गाय, साँप सभी को महत्त्व और सम्मान दिया जाता है लेकिन अछूत मनुष्यों को कोई स्थान नहीं, कोई सम्मान नहीं। उनके लिए कोई दया-संवेदना नहीं? हिंदू धर्म के आडंबर में मिट्टी से बने पुतलों को भी भगवान की तरह पूजा जाता है मगर इनसानों को इनसान नहीं मानते, यह हिंदू धर्म की विडंबना है, हिंदू संस्कृति का कलंक है।

लेखिका ने गाँव के वातावरण के साथ घर का पूरा वातावरण भी समेट लिया है, जिसमें चूजा, मुर्गा, बकरी, सुअर सब आ जाते हैं। यहाँ तक कि चूहा और बिल्ली भी बच नहीं पाये। इन सबके बावजूद भी अक्सर रोजी-रोटी की चिंता बनी रहती है। गरीबी तथा आर्थिक संकट से मुक्ति पाना आसान नहीं था। सामाजिक बेड़ियों को तोड़ना भी सामान्य काम नहीं था। तन तोड़ मेहनत करके भी अभावग्रस्त जीवन बिताने की दुर्दशा रही।

लेखिका ने गाँधीजी के 'हरिजन उद्धार' को संशय की दृष्टि से देखा है। प्रशासनिक तथा राजनीतिक बातें भी इसमें आयी हैं। नेहरू का निधन, लालबहादुर शास्त्री की मृत्यु आदि घटनाएँ प्रमुख हैं। 1969 में इंदिरा गाँधी के नेतृत्व में बैंकों का राष्ट्रीयकरण भी महत्त्वपूर्ण बात रही। देश में चलनेवाली बहुत सारी घटनाओं का लेखिका ने प्रसंगानुसार स्मरण किया है।

विवाहोत्तर जीवन को एक दूसरा शिकंजा मानती हैं। ससुराल में शुरू में कुछ अनुभव भी होता है। साहित्यिक जीवन में भी थोड़ा अपमान सहना पड़ा। 'मृगतृष्णा' कविता का वे उल्लेख करती हैं।

पुरुषसत्ता की कूटनीति पर सुशीला लिखती हैं—"हमेशा भयभीत रखकर, डरा-धमकाकर, अपने शासन सत्ता को कायम रखना, यह पुरुष सत्ता की कूटनीति है। पुरुष सत्ता बनी रहे इसीलिए स्त्रियों को शुरू से कमजोर बनाकर रखा जाता है। समाज की परंपराएँ स्त्री विरोधी हैं। इन्हें तोड़कर ही स्त्री स्वतंत्रता, समता और

सम्मान पायेगी, तब वह अबला नहीं रहेगी, सबला बन जायेगी। इस भय से जीवन व्यवहार की बातों में पत्नी को नगण्य बताया जाता है, उनकी भावनाओं का खयाल नहीं रखा जाता। यह उनका शोषण उत्पीड़न है।" पति द्वारा जो अपमान, उत्पीड़न हुआ है उसका खुला वर्णन लेखिका ने किया है। उनकी भावनाओं को पति द्वारा न मानना भी उन्हें काफी ठेस पहुँचाया। लेखिका अपमान और वेदना को दलित जीवन का सत्य मानती हैं। स्कूली अध्यापन के समय बच्चा होना आदि कई बातें इस पुस्तक में आयी हैं।

'शिकंजे का दर्द' से स्पष्ट होता है कि लेखिका में अपार आत्मविश्वास है, अटूट आस्था, अनंत अरमानें हैं। उच्चशिक्षा पाना, उसके लिए संघर्ष झेलना, नौकरी करना, लेखिका बनना इसी का परिणाम है। अभाव, कष्ट, अपमान, तिरस्कार तथा तमाम जीवन संघर्षों के बाद एक व्यक्ति कैसे ऊँचाई पर पहुँच सकता है, इसका स्पष्ट दृष्टांत हैं सुशीला टाकभौरे। 'शिकंजे का दर्द' इसे प्रमाणित करती है।

पितृसत्ता प्रधान भारतीय समाज में स्त्रियों को बराबरी का दर्जा नहीं दिया जाता। उनकी प्रताड़ना और शोषण को पारिवारिक या व्यक्तिगत माना जाता। स्त्रियों को दासी बना दिया जाता है, अधिकारहीन बना दिया जाता है। यही लेखिका की मान्यता है। अनुभव साक्षी हैं। कॉलेज की प्राध्यापिका बनने के बाद भी हिंसा, अन्याय तथा उत्पीड़न वे सहती रहीं। अनेक संगोष्ठियों तथा संस्थाओं से जुड़ते रहने के साथ लेखिका अपने आत्मविश्वास को बढाती रहीं। वे कभी नहीं थकीं, 'एक और मन रहा' उनका कभी न थकनेवाला। सामाजिक-सांस्कृतिक कार्यों में सक्रिय होने के साथ ही उनकी कई रचनाएँ भी प्रकाश में आने लगीं। इसी से जीवन में नया मोड़ उपस्थित होता है। दलित साहित्य की प्रमुख वक्ता के रूप में वे विभिन्न कार्यक्रमों में सक्रिय रूप से भाग ले रही हैं। 'शिकंजे का दर्द' के अंतिम भाग में सुशीला ने अपने साहित्यिक जीवन पर ज्यादा प्रकाश डाला है। दलित उद्धार तथा स्त्री मुक्ति की चेतना को जागृत करके रखने का प्रयास द्रष्टव्य है।

लेखिका ने आत्मकथा के अंत में सामाजिक जागृति का आह्वान किया है। उनमें समता, करुणा तथा मैत्री-भावना है। वे मानव सृष्टि में व्याप्त दुःख, शोषण, अन्याय, अत्याचार, विषमता, पराधीनता आदि का अंत चाहती हैं। हिम्मत ही संबल है, आग में उगी वे धूप में मुरझानेवाली नहीं हैं। सुशीला जी के शब्दों में, "मैं स्वयं तक सीमित नहीं, मैं मात्र अपने जाति समुदाय तक सीमित नहीं हूँ। संपूर्ण विश्व मेरा है। संपूर्ण पृथ्वी पर निवास करनेवाला मानव समाज मेरा कुटुम्ब है। मेरा हितचिंतन सबके लिए है। मैं सबके लिए न्याय की माँग करती हूँ। मानवता मेरा धर्म है, मानवाधिकार मेरी माँग है। दलित, शोषित, पीड़ित संपूर्ण मानव समुदाय के लिए मैं समता, सम्मान, स्वतंत्रता, मैत्रीभाव की कामना करती हूँ। यही मेरा लक्ष्य है, यही मेरा मंजिल है। प्रयत्नों की सफलता के लिए, श्रम और संघर्ष के साथ, मैं कर्तव्यपथ पर आगे बढ़

रही हूँ। इसी तरह आगे बढ़ती रहूँ, यही मेरी अभिलाषा है। अबेड़करवाद दुःख और वेदना में हार नहीं मानता, बल्कि संघर्ष करके अपेक्षित उद्देश्यों की ओर बढ़ने का संदेश देता है। मैं ने भी यही सीखा है, हिम्मत से ही इनसान आगे बढ़ सकता है। इच्छाशक्ति बलवान हो, उचित-अनुचित का ज्ञान हो, सतत् प्रयत्न करते रहने की लगन हो—तब मंजिल स्वयं अपने पास आने लगती है।"

मुक्तिपर्व : बदलती मानसिकता की माँग

–डॉ॰ हेरमन पी॰जे॰

विभिन्न साहित्य विमर्शों के वर्तमान कालीन संदर्भ में 'मुक्तिपर्व' बहुत चर्चित उपन्यास है। मोहनदास नैमिशराय ने अपने उपन्यास के जरिए दर्शाया है कि दलित मुक्ति के लिए परंपरागत रूढ़ियों का उल्लंघन ही नहीं बल्कि सवर्णों की मानसिकता बदलने हेतु उन्हें मजबूर करना भी अनिवार्य है। वास्तविक दलित मुक्ति तभी संभव हो सकती है। जाति व्यवस्था मानवीय समाज की एक सच्चाई है। इसका कोई इनकार नहीं कर सकता। जाति ब्राह्मणवादी सामन्ती व्यवस्था का मुख्य आधार है। इसी आधार पर दलित सामाजिक और आर्थिक शोषण के शिकार हुए हैं। इसमें कोई संदेह नहीं है कि वर्णव्यवस्था पर चोट करके ही सामाजिक समता हासिल की जा सकती है। परन्तु यह आर्थिक समता का भी निदान है यह समझना भूल होगी। दलितों की आर्थिक मुक्ति के लिए भूमि की राष्ट्रीयकरण की जरूरत है। शिक्षा और उद्योग के क्षेत्र में राष्ट्रीय समाजवाद की जरूरत है। वास्तव में दलित आन्दोलन दलित मुक्ति का आन्दोलन है। लेकिन दलित आन्दोलन का यह दुर्भाग्य है कि वह भारत में डॉ. अम्बेडकर के बाद किसी सशक्त हाथों में संभाला नहीं गया। सिर्फ सत्ता की राजनीति तक सीमित रह गयी है। सिर्फ जाति चेतना पर आधारित दलित आन्दोलन अधूरा आन्दोलन है। वर्गीय चेतना की भी जरूरत है। ताकि वह पूर्ण क्रांतिकारी होगा। दलित आन्दोलन को एक ऐसे संघर्ष में बदलना होगा जिसका लक्ष्य सत्ता प्रतिष्ठान नहीं बल्कि जाति और वर्गविहीन समाज का निर्माण हो।

दलित चेतना मूलतः वर्ण व्यवस्था के तहत जारी प्रत्यक्ष एवं परोक्ष दमन के प्रतिरोध और प्रतिकार की चेतना हैं। प्रतिरोध का आशय है–उस यथास्थितिवादी व्यवस्था को आदर्श मानने से इनकार करना जो, सांस्कृतिक और आर्थिक सामाजिक स्तर पर मानवीय गरिमा के भौतिक विकास के अवसरों को सबके लिए सुलभ करना प्रतिकार का आशय है सदियों के सामाजिक अपमान और उत्पीड़न को अपनी नियति मानने से इनकार करते हुए अपने सामूहिक स्व के पक्ष में लड़ सकने की क्षमता

अर्जित करना। दलित साहित्यकारों के अनुसार दलित साहित्य दलित अनुभवों की अमूल्य निधि है।

मुक्तिपर्व का एक महत्त्वपूर्ण पात्र है आर्य समाजी रामलाल। वास्तव में उपन्यासकार इस आर्य समाजी रामलाल के माध्याम से ही सवर्णों तथा अवर्णों में बदलती मानसिकता का बीज बो दिया जाता है। ऐसा प्रतीत होता है कि जिस उद्देश्य से दयानन्द सरस्वति जी ने आर्यसमाज की स्थापना की थी शायद हिंदु मानसिकता के परिवर्तन हेतु ही उपन्यासकार ने रामलाल जैसा एक आर्यसमाजी व्यक्ति को यहाँ लाया गया है। उस बस्ति में रामलाल की गतिविधियों से हमें यही पता चलता है कि वह सिर्फ दलितों को प्रेरणा देने वाले कार्य करने के साथ साथ सवर्ण मानसिकता बदलने की कार्यवाही भी निरंतर करता रहता है। आर्य शब्द का अर्थ है श्रेष्ठ और प्रगतिशील। अतः आर्य समाज का अर्थ हुआ श्रेष्ठ और प्रगतिशीलों का समाज, जो वेदों के अनुकूल चलने का प्रयास करते हैं। दूसरों को उस पर चलने को प्रेरित करते हैं। आर्य समाज सच्चे ईश्वर की पूजा करने को कहता है। आर्य समाज वर्णव्यवस्था यानी ब्राह्मण, क्षत्रिय, वैश्य व शूद्र को कर्म से मानता है, जन्म से नहीं। आर्य समाज वसुधैव कुटुंबकम् को मानता है। बंसी को प्रेरणा, सांत्वना एवं आत्मविश्वास हर वक्त रामलाल से ही प्राप्त होता है। चेतना संपन्न सुनीत में शिक्षा के प्रति प्यास तथा दलित मुक्ति की चिनगारी डालने का कार्य भी आर्य समाजी रामलाल द्वारा ही संभव होता है। रामलाल ही एकमात्र सवर्ण है जो बस्ती के लोगों से प्रेम और भाईचारे का संबंध रखते हैं। यह दलितों के लिए बहुत महत्त्वपूर्ण और सम्मानजनक बात थी। इसलिए बस्ती के लोग वफादारी के तौर पर बराबर उनके कार्यों और परेशानियों में साथ देते हैं। आर्य समाजी रामलाल का उद्देश्य भी एक तरफ हिन्दू धर्म में चली आ रही रूढियों और बुराईयों को समाप्त करना तथा अन्धविश्वास और कोरी मान्यताओं पर आधारित सिद्धांतों और विचारों का विरोध करते रहे तो दूसरी तरफ इन सब क्रियाकलापों और व्यवहारों को धार्मिक रूप से प्रभावित करने वाली बातों को उन्होंने वेद विरुद्ध बताया। जातिवाद का उन्होंने खण्डन तो किया, पर वर्णव्यवस्था को जन्मना न मानकर कर्मणा माना। कर्मकाण्डों का उन्होंने विरोध तो किया, पर वैदिक हवन और मन्त्र पाठ का समर्थन किया। इस तरह हिंदू धर्म में सुधार लाने के साथ-साथ दलितों में चेतना प्रदान करना और समाज की मुख्य धारा में प्रतिषठित करना ही उनका लक्ष्य है। "रामलाल जब भी बस्ती में आते वे शिक्षा की बात कहना न भूलते, लोगों से कहते, उन्हें अपने बच्चों को पढ़ाना चाहिए। शिक्षा से सभी रोग दूर हो जाते हैं। कभी याद करते हुए बतलाते, देखो, तुम्हारे ही समाज से एक बड़े नेता हैं। वे भी शिक्षा की बात करते हैं।"

बंसी वैसे पढ़ा लिखा तो नहीं था लेकिन उसमें काफी आत्मविश्वास था। वह सारे परंपरागत रूढ़ियों का उल्लंघन करने केलिए तैयार हो जाता है। बंसी की पत्नि

का असली नाम सरसो था। लेकिन पहली बार जब यह नाम सुना तो उसे अजीब सा लगा था। स्वयं सरसों ने कतल की रात को शर्माते हुए बतलाया था कि उसका जन्म सरसों के खेत में हुआ था इसलिए सरसों नाम रख दिया था। बंसी उसका सुंदर चेहरा अपनी हथेलियों में लेते हुए कहा कि तेरा नाम तो सुंदरी होना चाहिए था, आज से मैं तुझे सुंदरी ही कहा करूँगा। यह बंसी का पहला नामकरण क्रिया नहीं रह जाता है। वह अपने बच्चे के लिए पेड़ पौधे या सप्ताहों के आधार पर किसी ऐसा वैसा नाम पड़ने नहीं दिया जिससे कि जात का पता स्पष्ट हो जाए। दलितों के बीच के नामकरण संस्कार तो अद्भुत थे। शहरों के नाम पर उपनाम रखने की परंपरा तो बहुत बाद में आयी होगी। बच्चों को सप्ताहों के नाम के आधार पर नामकरण की परंपरा बहुत पहले ही आरंभ हो गयी थी। इस कारण से सामान्य तौर पर दलित बच्चों को कालू, चेतु, भाना, बुद्धु, रगडु, झगडू, दगडू या भगडू आदि नाम दिये जाते हैं। लेकिन बंसी को पुत्र रत्न की प्राप्ति हुई थी। इसलिए वह खुशी से झूम उठा था। बंसी खुद अपने बेटे का नामकरण करता है और अपने पुत्र के लिए सुनीत नाम रखवाता है। नाम सुनकर रामलाल जी कहते हैं कि।" चल बेटे, तेरे पिता ने तेरा इतना अच्छा नाम रखा दिया, अब तू भी पढ़ लिख कर अच्छा बनना। जाते हुए वे सुनीत को एक आना देना नहीं भूले थे।" उसके सारे सपने साकार हो जाएँगे। वास्तव में वह अपने बच्चे को लेकर तरह तरह की कल्पनाएँ करने लगता है। जब नवाब साहब बंसी के घर आता है और कहते हैं कि बच्चे को हवेली पर काम पर भेजना तब खुल्लम खुल्लम बताता है कि न मैं किसी की गुलामी करूँगा न मेरा बच्चा और गुलाम बने रहने की आदत नहीं है नवाब साहब अब देश आजाद हो गया है, न कोई किसी का गुलाम न कोई किसी का मालिक। यहाँ बंसी की बदली मानसिकता स्पष्ट दिखाई देती हूँ उसी प्रकार नवाब साहब दंग रह जाता है।

दलितों की बदली मानसिकता आजकल स्पष्ट दिखाई देने लगी है। बस्ती के लोग अब गूँगे न थे। वे बोलने लगे थे। उन्होंने अपनी भावनाओं को कहना, बतलाना सीख गया था। वह बात अलग थी कि उनके पास न छंद थे और न अलंकार पर शब्द तो थे। वे शब्द ही उनकी उर्जा थे। दलितों की अस्मिता और पहचान पुनःउभरने लगी थी। बस्ती के लोग अब सवाल और जवाब के फर्क को भी महसूस करने लगे थे। उनके हिस्से में केवल जवाब ही नहीं थे। वे सवाल करना भी सीख गये थे। जिस तरह दलित मानसिकता बदलती गयी उसी प्रकार नवाब लोग भी धीरे धीरे समझने लगे कि आजादी के बाद दलितों में अच्छा खासा फर्क हो गया है। उनके द्वारा की जा रही दाबेदारी में ढ़ीलापन आया था। गाली देने पर उनकी आँखों में लाली दौड़ने लगती थी। वे अब मिट्टी का ढेला नहीं रहे थे कि कहीं से उठा कर उन्हें कहीं फेंक दिया जाए। ताबेदारी करते करते उनमें भी ताव आने लगा था। अब वे हुजूर, हुजूर न कर सिर पर खड़े होकर बात करने लगे थे। रामलाल के प्रयास

से बस्ती में स्कूल खुल जाता है। बहुत मुश्किल से अछूतों को पढ़ाने के लिए एक अध्यापक की व्यवस्था हो जाती है। स्कूल चालू हो जाता है। रामलाल के इस कृत्य से बस्ती के लोग अत्यधिक खुश हैं और उनके एहसानमन्द भी। लेकिन सामाजिक व्यवस्था इतनी गिरी हूई थी कि स्कूल में पढ़ाने के लिए कोई सवर्ण अध्यापक तैयार नहीं हुआ। मौजूद व्यवस्था में दलितों के लिए एक अध्यापक को उपब्ध कराना आसान कार्य नहीं था फिर भी इस कार्य को साध्य बनाने में रामलाल सफल हो जाता है। रामलाल ही एकमात्र व्यक्ति है जो दलितों को समझता और उनके साथ मानवीय व्यवहार करता है। बस्ती के लोग रामलाल से अत्यधिक प्रभावित हैं। वे अछूतों के लिए उतने कट्टर हिन्दू 'नहीं थे जितने कि अन्य। वे अछूतों से प्रेम करते थे। उनके सुख-दुख में साथ देते थे। "जैसा बाहर वैसा ही भीतर। कभी-कभी लोग उनके घर पहूँच जाते। रामलाल जी के घर पर सभी को चाय मिलती और चाय के साथ बिस्किट भी। मूँह मीठा होते ही बस्ती के लोगों के भीतर की सारी कड़वाहट खत्म हो जाती। आक्रोश घुल-सा जाता।"

स्वतंत्रता के पांच-छह बरस बीत गए और इस अंतराल में देश में काफी परिवर्तन आ गये। कोर्ट-कचहरी में हाकिम बदल गए थे। कलेक्टर पहले अंग्रेज था, उसकी जगह अब हिंदू आ गया था। सरकारी इमारतों पर जैक के स्थान पर तिरंगा लहराने लगा था। सरकारी कार्यालयों में गांधी, नेहरू के चित्र टाँग दिए गए थे। शहर में आबादी का दबाव बढ़ने लगा था। बाजारों में भीड़ अधिक होने लगी थी। पर नवाब रईस अभी भी इक्के-ताँगों में चलते थे। उनकी बेगमों को ढोने के लिए अभी भी पालकी वाले मौजूद थे। रंडियों के कोठों पर मुजरे भी होते थे। वहाँ पहले जैसी भीड़ जुटती थी। पर बस्ती के जीवन में कुछ विशेष फर्क नहीं आया था। सवर्ण मानसिकता में भी कोई परिवर्तन नहीं आया। इसलिए सुनीत के मार्कशीट मास्टर जी आँग्त्रे फाड़-फाड़ कर बार-बार देख रहे और सोचते हैं कि एक ढेढ़ चमार के बच्चे के इतने अधिक नम्बर कैसे आ गये। मास्टर जी के चेहरे में आने-जाने वाले भावों से लग रहा था कि उन्हें अंक तालिका देखकर सुखद आश्चर्य नहीं दुखद आश्चर्य हुआ था। बंसी अपने पुत्र को बिलकुल भिन्न ढंग से सचेत करता है। वह अपने पुत्र को एक प्रोफशनल प्रशिक्षक के समान प्रशिक्षण तथा मार्गदर्शन देता है। आने वाले दिनों में अपने गुरु के साथ सावधान बरतने को सचेत कर रहा है। बेटे वह तुम्हारा शिक्षक नहीं दुश्मन है और दुश्मन से हमेशा सावधान रहना चाहिए। दुश्मन चाहे आम आदमी हो या खास आदमी। सवर्ण कभी भी नहीं चाहते कि हमारे बच्चे पढ़े-लिखें। क्योंकि आगर वे पढ़-लिख गए तो उन्हें गुलामों की फौज कहाँ से मिलेगी। उनकी सेवा-टहल फिर कौन करेगा। उनके जानवरों को चारा कौन खिलाएगा, पानी कौन पिलाएगा। उनके बदन की मालिश कौन करेगा। उनकी मक्कारी से हमें बचकर रहना है, पर उनमें से ही कुछ की अच्छी बातों से कुछ सीखना भी है। उनमें सभी बुरे नहीं, अच्छे भी

हैं। हमारे साथ की अंगुलियाँ जो है बराबर नहीं होते, वैसे तो इंसानों में भी फर्क होते ही है। बंसी अपने बेटे को दूसरा एकलव्य बनाना नहीं चाहता है। क्यों कि पांड़े साहब में वह द्रोणाचार्य वाली मानसिकता का दर्शन करता है। इसलिए अपने पुत्र को वह एकलव्य की कहानी की छोटी किताब ला देता है। किताब पढ़कर उसे विश्वास नहीं आया कि गुरु का आचरण कभी ऐसा भी हो सकता है। बंसी महसूस करता है कि अपने पुत्र के मन में विद्रोह का बीज पड़ चुका है। उस गीली मिट्टी में निश्चित एक बड़ा होकर पेड़ अवश्य बनेगा।

रामलाल भी बंसी को समझाते हुए कहते हैं कि यह जीवन जो है बहुत बड़ा है। "मुझे देखो मैं जब आर्यसमाजी बना, मुझे तथा मेरे परिवार को कैसी-कैसी यातनाएँ नहीं दी गयी थीं। हिंदु धर्म बाहर से जितना शांतिप्रिय दिखाई देता है भीतर से उतना ही खौफनाक भी है। बेहतर होगा सजग रह कर कुछ सीखो, पर मानवीयता मत छोड़ो।" ब्राह्मण कहे जाने वाले उच्च वर्ग विभिन्न प्रकार के तात्विक हथियार लेकर ही विचरण करते हैं। वेद, पुराण, और मनुस्मृति आदि उन के लिए हथियार थे। खूब सधे हुए हथियार, सोच-समझकर बनाए गए धार्मिक हथियार। रामलाल खुद ऐसे सभी हथियारों से लड़ता है जो दलितों के खिलाफ है, वह इन हथियारों से लड़ता ही नहीं बल्कि एक प्रकार की सुरक्षा कवच भी उन्हें प्रदान करता है। समाज में रामलाल जैसे लोगों की संख्या कम थी और उनके विपरीत चरित्र रखने वालों की अधिक। सवर्णों की मानसिकता को बदलने की कोशिश ही रामलाल द्वारा किया जाता है। एक दृष्टि से उपन्यासकार ने बहुत जल्द ही रामलाल की भूमिका समाप्त कर दिया है। तेज रफ्तार से आ रहे ट्रक द्वारा उनकी मृत्यू हो जाती है। रामलाल द्वारा निभायी गयी भूमिका को सुनीत द्वारा सफलता पूर्वक निभाने हेतु उसके लिए एक पृष्ठभूमि तैयार किया गया लग रहा है। उपन्यासकार का उद्देश्य भी शायद यही हो सकता है कि सुनीत द्वारा समाज में एक क्रांति लाना और सफलता मिलना। सुनीत भी वैसा सपना ही देखता है और समझ लेता है कि वह सपना तभी पूरा हो सकता है कि जब उसके समाज के लोग शिक्षित हों, चेतना संपन्न हों। भविष्य में पढ़ लिखकर अध्यापक बनकर लोगों को शिक्षित और चेतना संपन्न बना सकेगा जिससे सदियों से गुलामी झेल रहे उसके समाज के लोगों को उससे मुक्ति मिलेगी। और वह इस सपने को साकार करने में सफल भी हो जाता है। जिस के लिए उसे सुमित्रा की भी मदद मिलती है। क्योंकि सुमित्रा सवर्ण होती हुई भी भिन्न मानसिकता रखने वाली है।

सवर्णों में रामलाल के समान भिन्न मानसिकता की पहचान हमें सुमित्रा से मिलती है। वह सुनीत से कहती है कि हम सभी मजदूर हैं। बस हम अपने-अपने हिस्से की मजदूरी करते हैं। पहली बार सुमित्रा के घर गया तो सुनीत को संकोच होता है कि जिंदगी में पहली बार किसी सवर्ण परिवार में प्रवेश कर रहा है। कहीं

उसकी माँ, भाभी या चाची उसकी जात पूछ ले तो क्या होगा। लेकिन सुमित्रा के घर के किसी भी सदस्य ने उसकी जाति के बारे में कोई सवाल नहीं किया था। उल्टे उसे वहाँ भरपूर स्नेह मिला था। सुनीत को अपने जीवन में किसी सवर्ण परिवार में इस तरह का पहला अनुभव था। वास्तव में सुमित्रा का परिवार प्रगतिशील विचार रखनेवाले सदस्यों से भरा है। वर्णव्यवस्था के अनुसार समाज के आखिरी पायदान वाली जाति से उनका रिश्ता था। उनका परिवार खुशहाल था। जातियों के भयानक जंगल की सीमाओं में कैद नहीं थे वे। उनके पिता काफी प्रगतिशील तथा आर्य समाजी थे। उन्होंने मिडिल तक की पढ़ाई की थी। बाद में अपने इसी व्यवसाय में लग गए थे। उनकी दूकान पर भी हर जाति का आदमी आता था। वे सभी से एक तरह का व्यवहार करते थे। उनके व्यवसाय में जाति का कोई भेदभाव न था। व्यवसाय की पूँजी व्यवहार कुशलता ही है। यहाँ उपन्यासकार बदली मानसिकता का ही परिचय करा रहा है।

दलितों की भी मानसिकता एकदम बदल गयी। दलितों की बस्ती में रामलाल द्वारा जो काम किया जा रहा था अब सुनीत ने खुद ले लिया है। वह उम्र से बढ़कर कुछ ज्यादा ही होशियार एवं बुद्धिमान था। परिवार तथा जाति के स्तर पर हुए अनुभव ने ही वास्तव में उसे होशियार बुद्धिमान बना दिया था। प्रतीत होता है कि उसके भीतर कोई ज्ञान की ज्योति आरंभ हुई, वही ज्योति बस्ती के भीतर भी आलोकित होने हेतु कटिबद्ध थी। शिक्षा के अभाव में दलितों की आँखों में रोशनी नहीं थी। लेकिन सुनीत ने उनमें शिक्षा की किरण ला दी। बस्ती के लोग मंत्रमुग्ध-से सुनीत की बातों को सुनते। वे बातें घड़ी की टिकटिक की तरह उनके मन और तन पर दस्तक देती थीं। जीवन जर्जर था पर जीवन में उजाला देने वाला दर्शन जर्जर न था। उन्हें स्थिति का आभास था, लेकिन स्थिति का विशलेषण करने की ताकत उनके पास पहले नहीं थी, अब आ गयी है। दलितों के मन में शिक्षा न पाने की वेदना तो थी साथ ही आगे पढ़ने की लालसा भी थी। अँगूठा छापने की अपनी नौबत अपने बच्चों को देना नहीं चाहते थे। नई पीढ़ी को वे गुलाम के रूप में नहीं देखना चाहते थे।" बस्ती के घर में माता-पिता, ताऊ-ताई, चाचा-चाची परस्पर बातों में उसका जिक्र करते। बच्चों से कहते, देखो सुनीत भी तो है, शुरू से फस्ट डिविजन ला रिया है। वजीफा भी मिलने लगा है उसे। माँ -बाप पर बोझ भी नहीं है और पढ़ भी रिया है।" बच्चों में एक प्रकार की नई चेतना जाग उठी। उनके भीतर सुनीत जैसा पढ़ने-लिखने की लगन उभरता। सुनीत का उत्तरदायित्व अब एकदम बढ़ जाता है। अब वह डबल रोल में बस्ती में अवतीर्ण होने लगा है एक तो रामलाल का और दूसरा बस्ती के बालिक लोगों को भी पढ़ाने का। दलितों की मानसिकता में भी आमूल चूल परिवर्तन दिखाने में उपन्यासकार ने ध्यान दिया है।

सुनीत और सुमित्रा के बीच का संबंध किस प्रकार का संबंध था और वह संबंध

किस परिणति में तब्दील हो गयी पाठक समझ लेते हैं। लेकिन यह परिणति जो है कोई सामान्य सी बात से बढ़कर उपन्यासकार द्वारा जानबूझकर लायी गयी अनिवार्य परिणति ही मानना पड़ेगा। वास्तव में दलित आंदोलन का लक्ष्य तो शोषण मुक्त समाज की स्थापना है। जहाँ तक विवाह का सवाल है जातिप्रथा के तहत सजातीय विवाह की ही मान्यता रहती है। विजातीय विवाह तो दूर सवर्ण और अवर्ण के बीच का विवाह भी सोच के परे की बात थी, परन्तु सजातीय विवाह प्रथा तो पूँजीवादी प्रवृत्तियों के अनुकूल है। इसमें पितृसत्तात्मक परिवार वर वधू का चयन आय, सम्पत्ति और सामाजिक परिस्थिति को ध्यान में रख कर करते हैं। वधू पक्ष के लोग वर पक्ष की सभी माँगों को पूरा करने का प्रयास करते हैं, कन्या का दान होता है। लेनदेन, दहेज की प्रथा पूँजी के महत्त्व को और भी बढ़ावा देती है। वस्तुतः जातियों के अलगाव, उनके स्वतन्त्र अस्तित्व के लिए यह अनिवार्य है कि स्त्रियों के यौनत्व पर जाति का पूरा नियन्त्रण रहे और उसका उपयोग जाति के हित में सजातीय सम्बन्धों को सुदृढ़ करने के लिए किया जाय। डा॰ आम्बेडकर ने अपनी महत्त्वपूर्ण पुस्तिका Annihilation of Caste में जोर देकर कहा कि जाति व्यवस्था को समाप्त करने का एकमात्र असली उपाय अन्तर्जातीय विवाह है। इससे उनका तात्पर्य जातियों के भीतर उपजी उपजातियों के संविलयन से एक बृहत्तर जाति बनाने की प्रक्रिया की ओर न था। ऐसी प्रक्रिया को तो वे और भी खतरनाक (mischievious) मानते थे क्योंकि इससे जातियाँ और भी शक्तिशाली हो जाएँगी और सम्भावना इसी बात की है कि उपजातियाँ भले ही समाप्त हो जाएँ, जातिप्रथा समाप्त न होगी। जातिगत भावनाएँ बदलने की संभावना है। सुमित्रा और सुनीत के प्रेम द्वारा शायद उपन्यासकार यही परीक्षण कर रहा है।

दलित सुनीत और सवर्ण सुमित्रा के बीच विवाह उपन्यासकार द्वारा जानबूझकर सृजित कार्य है। यहाँ उपन्यासकार दिखाना चाहता है कि जाति व्यवस्था को समाप्त करने का एक उपाय तो अन्तर्जातीय विवाह है। जिसका डॉ॰ आम्बेडकर साहब ने उनके उपर्युक्त पुस्तक में जिक्र किया है। चिंतनीय बात है कि यहाँ सवर्ण होने के बावजूद भी सुमित्रा के आर्य समाजी पिता के सामने जातिगत बाधाएँ आ खड़ी नहीं होती। बल्कि जब सुमित्रा सुनीत का जिक्र करती हैं तो अत्यंत संयम के साथ कहते हैं," बेटी किसी भी अच्छे आदमी से अच्छे उद्देश्य के लिए मिलने-जुलने में मुझे क्यों बुरा लगेगा भला? फिर पितृसत्तात्मक अधिकार की भावना के साथ यह भी कहते हैं कि "नहीं बेटी, तुमने बताया तो अच्छा किया। वैसे एक पिता होने के नाते मुझे भी इतना तो पता होना ही चाहिए।" यहाँ तो हम बदली सवर्ण मानसिकता का ही परिणाम देख सकते हैं जिसकी समाज से उपन्यासकार अपेक्षा रखते हैं। वास्तव में उपन्यासकार इतिहास के जरिए वर्तमान बदलना चाहता है। सुनीत नामक पात्र के माध्यम से लेखक यही चाहता है। इतिहास की समझ के बिना वर्तमान नहीं बदलेगा

और जब तक वर्तमान नहीं बदलेगा तो भविष्य में परिवर्तन ही नहीं होगा। और इस परिवर्तन के लिए हर एक की मानसिकता बदलनी होगी। इस प्रकार अपेक्षित बदली मानसिकता जब समाज में दोनों सवर्णों तथा अवर्णों के मन में आ जाएगी तब शोषण मुक्त समाज की स्थापना वही होगी जहाँ पर सवर्णों के तथा दलितों के बच्चे, गुलामो के तथा मालिकों के बच्चे साथ मिलकर जुलकर खेलने लगेंगे साथ बैठकर खाने लगेंगे और भाईचारे की नजर से आपस में देखने लगेंगे और उनकी योग्यता रंग, जात और जन्म से नहीं बल्की अपनी क्षमता एवं कर्म के आधार पर ही आँकी जाएगी। मुक्तिपर्व के माध्यम से ऐसी मानसिकता की ही माँग उपन्यसाकार हमसे रखता है।

क्यों विश्वास करूँ : नये इतिहास निर्माण की ओर

–डॉ॰ सिन्जु ए॰

वर्तमान युग की एक सशक्त साहित्यिक धारा है–दलित काव्य धारा, जिसमें प्राचीन मूल्यों को तिरस्कृत कर नवीन मूल्यों की स्थापना है। सामाजिक अन्याय के विरुद्ध विद्रोह एवं आक्रोश दलित कविता में विद्यमान है। भारतीय साहित्य में दलित कविता को अपना एक अलग महत्त्वपूर्ण स्थान है। इसमें शोषित एवं उत्पीड़ित जन-समुदाय की आवाज है। सूरजपाल चौहान के काव्य-संग्रह 'क्यों विश्वास करूँ' में दलितों के दलन-शमन, उपहास, आशा-आकांक्षा और विसंगति, सामाजिक व्यवस्था के प्रति नकार विद्यमान है। सूरजपाल चौहान की कविताओं के बारे में कवि ओमप्रकाश वाल्मीकि ने इस प्रकार लिखा है–"सूरजपाल चौहान की दलित कविताएँ दलित के गंभीर सरोकारों से जुड़ी हुई हैं। कवि अपनी अभिव्यक्ति पर पूर्णतः ईमानदार है। दलित पीड़ा कवि के भीतर आक्रोश को जन्म देती है जिसकी बेचैनी कवि ने सीधे तौर सहज रूप में अभिव्यक्त की है।"

डॉ॰ अम्बेडकर ने दलितों की प्रगति एवं सामाजिक व्यवस्था के प्रति एक निश्चित दिशा दी। उन्होंने भारत के दलितों को ज्ञान का दीप बनकर जगाया। कवि की राय में देश के नवनिर्माता थे डॉ अम्बेडकर। 'शत शत-नमन' नामक कविता में कवि सूरजपाल चौहान डॉ अम्बेड़कर के प्रति नमन करते हैं। हिंदू धर्म में वर्ण-व्यवस्था के अनुसार समाज के चार वर्गों में विभक्त किया गया है। उस वर्णाश्रम पद्धति ने उन्हें कई अधिकारों से वंचित रखा। कवि कहते हैं कि हमारे मुक्ति दाता अम्बेड़कर कितने महान थे। उस मुक्तिदाता ने वर्ण-व्यवस्था की अँगीठी पर धर्म की रोटियाँ सेंक दीं। इसलिए दलित, पिछड़ और शोषित कहकर न लड़ो। इसका संकेत भी उनकी कविताओं में देख सकते हैं।

कवि सूरजपाल चौहान ने दलित चेतना के प्रति प्रतिबद्धता के साथ अनुभवों की प्रामाणिकता को भी महत्त्व दिया है। हिंदी में दलित चेतना का प्रसार करने का श्रेय मुख्यतया दलित साहित्य को ही है। भारतीय समाज में दलितों की स्थिति,

परिस्थिति आदि हम साहित्य के माध्यम से जानते हैं। साहित्य सत्ता के पृष्ठपोषण का एक उपकरण ही है। संस्कृत और प्राचीन काल के हिंदी साहित्य में ब्राह्मणवादी व्यवस्था के सशक्तीकरण के सिद्धांत देख सकते हैं। लेकिन समय बदलने के साथ-साथ दलित वर्ग भी आज जागरूक हो गया है। वह अपने अधिकारों के प्रति सचेत है। कवि को मालूम है कि दलित साहित्य सवर्णवादी साहित्यकारों के मन में आशंका, भय, घृणा पैदा करते हैं। पंक्तियाँ हैं–

"बात है/दलित साहित्य की/कहीं/देश की शोषित जनता
जो हजारों वर्षों से
पौराणिक कथाएँ सुन-सुनकर
सोयी पड़ी है/सच्चा साहित्य पढ़कर
जाग न जाए/और/बन्द कमरे में लिखे
तुम्हारे साहित्य की/धज्जियाँ न उड़ जाएँ।"

'मुझे बचाओ' नामक कविता में कवि बताते हैं कि पशु, पक्षी और वृक्ष सभी इस महान देश के भाग्यशाली हैं। उनकी रक्षा के लिए व्यक्ति आज भी आंदोलनरत है। आज के परिवर्तन के युग में हमारी रक्षा के लिए आंदोलन करना अनिवार्य हो गया है। इस देश के जीता-जागता एवं सभ्य सुसंस्कृत मानव भी निम्न वर्ग के लोगों को अछूत पुकारते हैं। आये दिनों में वह लोग गाँव और शहर के गलियों में घुमाया जाता है। कवि सभ्य और सुशिक्षित लोगों से पूछते हैं–इस देश में मेरी रक्षा के लिए कोई आंदोलन कब शुरू होगा?

अछूतों के प्रति घृणा का भाव आज भी हमारे समाज में देख सकते हैं। कवि 'गरीबी-भेद' में बताते हैं कि दलित वर्ग तरह-तरह का मुखौटा तथा मिलावटी सामान न बेचता है और मिनिस्टर बनकर करोड़ों की रिश्वत खाता नहीं। सवर्ण लोग जिन चालाकियों से समृद्ध हुआ है और दलित समुदाय जिन कारणों से अभिशप्त बन गया है। इसका संकेत भी सूरजपाल चौहान की कविताओं में देखने को मिलता है। दलितों के प्रति होनेवाले वर्तमान सामाजिक व्यवस्था एवं सत्ता के विरुद्ध विद्रोह कवि ने इस प्रकार व्यक्त किया है–

"हाथ तुम्हारे हैं/पत्थर उनका है
ताकत तुम्हारी है/दिमाग उनका है"

कवि बताते हैं कि सत्ता के ये लोग दलितों के न क्रांति का मसीहा है न मिथक का चिन्तक है। हमें अकेला ही रहना है। मदद के लिए कोई नहीं आएगा। कवि अपनी कविता में दलितों के प्रति होनेवाले उपेक्षा या तिरस्कार भाव को व्यक्त करते हैं। 'मेरा गाँव' नामक कविता में कवि बताते हैं कि हमारे देश का गाँव इतना विकसित हुआ है लेकिन आज भी दलितों के गाँव में न कहीं ठौर है न कहीं ठाँव

है। उनके घर पेड़ की छाँव की तरह नहीं है।

उच्चवर्ग या निम्नवर्गीय लोग दिन-रात मेहनत करते हैं। इसके परिणाम स्वरूप होनेवाले सुख-सुविधा उच्चवर्ग के लोग भोगते हैं। कवि अपनी कविता में दलितों की अभिशप्त पीड़ा से मुक्ति चाहते हैं। गाँव के सभी काम करने के बाद भी उनको अपमान सहना पड़ता है। दलित या निम्नवर्गीय लोग बसनेवाले गाँव के संकट को कवि ने इस प्रकार व्यक्त किया है–

> "दारू की बोतल के भीतर
> सिसकी भर-भरकर रोता गाँव
> फटे-पुराने चिथड़ों जैसा/सूखे तन पर लिपटा गाँव।
> मेरा गाँव कैसा गाँव?
> न कहीं ठौर, न कहीं ठाँव"

कवि अपनी इस कविता में दलितों में व्याप्त आचार-विचार एवं उनकी सोच पर चोट की है। 'क्यों विश्वास करूँ' नामक कविता में कवि ब्राह्मणवादी व्यवस्था के विरुद्ध आक्रोश व्यक्त की है। उनकी नैतिकता में छेद ही छेद है। दिलों में प्रतिद्वंद्विता एवं कलुषता भरी है। इसलिए उनकी सहिष्णुता एवं भाईचारे की भावना पर विश्वास करना कवि को असंभव-सा हो गया है। दलित वर्ग की उन्नति के लिए क्रांति अनिवार्य है। जातीयता के कारण ब्राह्मण, दलित आदि नाम प्रसिद्ध हैं। जातीयता या वर्गभेद को दूर कर एकता स्थापित करना वर्तमान युग की महत्ती आवश्यकता है।

दलितों को पीड़ाओं, संघर्षों एवं वेदनाओं को सहते-सहते जीवन बिताना है। पूँजीवादी समाज व्यवस्था के अंतर्गत के दलित समाज की कसमसाती जिंदगी का यथार्थ भी उनकी कविताओं में विद्यमान है। सवर्ण लोग सिर्फ अपनी भलाई की बात मात्र ही सोचते हैं। 'फिर बात न करते' नामक कविता में कवि बताते हैं कि यदि आप किसी दलित के घर में पैदा हुई तो आपको दलितों के प्रश्न मालूम होंगे। गू-मूत से भरा टोकरा भी सिर पर रखना पड़ता है और वहाँ के गंदगी को भी सहना पड़ता है। प्राचीन सामाजिक व्यवस्था में निम्न दर्जे का काम निम्न वर्ग के लोगों का है। कवि ने दलित के घर में पैदा होने से उत्पन्न दर्द को इस प्रकार व्यक्त किया है–

> "तुम्हें उठानी पड़ती/बजबजाती गन्दगी/और
> ढोना पड़ता/गू-मूत से भरा टोकरा/सिर पर रखकर।"

कवि बताते हैं कि दलित सारा जीवन ब्रह्मराक्षस से संघर्ष कर बिताते हैं। दलित जीवन में होनेवाले कटु-अनुभवों की अभिव्यक्ति उनकी कविताओं में द्रष्टव्य है।दलितों का जीवन अपमान एवं दुःख रहित है। इसलिए दलित लोगों को सामाजिक न्याय और अधिकार के प्रति जागरूक होना है। जातिगत एवं धर्मगत संकीर्णता का जहर समाज एवं परंपरा से प्राप्त होता है। यह दलितों की बस्ती नामक कविता में दलितों

में व्याप्त कुरीतियों, रूढ़ियों, अशिक्षा, अन्धविश्वास एवं विकृतियों की बात बताते हैं। कवि अपनी कविता के माध्यम से दलित समाज के बदलाव का सन्देश देते हैं–

"सारा शहर बुहारा करते
अपना ही घर गन्दा रखते
शिक्षा से रहें कोसों दूर
दारू पीते रहते चूर
बोतल महँगी तो क्या है
देसी थैली सस्ती है
यह दलितों की बस्ती है।"

कवि ने दलितों के दुःख-दर्द को गीत, कहानी और कविता के माध्यम से प्रस्तुत किया है। आर्यसमाजी लोग इस बस्ती में वेदों के प्रचार करते समय लालचुनरिया ओढे पंथी वर्गभेद की बात करते हैं। हर क्षेत्र में वर्णभेद की बात कर आधी सदी गुजर गया है। फिर भी दलितों की बस्ती में इस समस्या का समाधान अभी तक पूर्ण रूप से नहीं मिला है। कवि ने अपनी कविता में दलितों की हकीकत का बयान कर उन्हें बदलाव की राह दिखायी है।

'कहीं से आएँगे चपरासी' नामक कविता में कवि हिंदी भाषा की बात बताते हैं। आम आदमी एवं देश की संपर्क भाषा है हिंदी। लेकिन आज हिंदी के स्थान पर अंग्रेजी का अपना वर्चस्व स्थापित किया है। कवि की राय में हिंदी हमारे देश की महत्त्वपूर्ण भाषा है। जिस प्रकार देश में गुलामी करने के लिए लोग हिंदी पढ़े-लिखे हैं उसी प्रकार कवि ने हिंदी भाषा में दलितों के कटु अनुभवों को व्यक्त किया है। ब्राह्मणवादियों ने दलित विरोधी साहित्य का सृजन इसी भाषा में किया है। लेकिन आज हिंदी दलित साहित्य की भाषा बन गयी है।

'उपहास' नामक कविता में कवि बताते हैं कि लोगों को मंगलसिंह पाण्डे की तरह बिरसा मुण्डा कै। भी याद करनी है। साहित्य के क्षेत्र में गुप्त, द्विवेदी के समान हीराडोम, अछूतानंद को भी अपना अलग महत्त्व है। दलितों के विकास में बिरसा मुण्डा, हीराडोम, अछूतानंद आदि का योगदान महत्त्वपूर्ण है। इसलिए आज के युवापीढ़ी उनके महत्त्व को समझना है, उपहास न करो। इसका संकेत भी उनकी कविताओं में देखने को मिलता है। षड्यंत्र नामक कविता में पौराणिक पात्र कर्ण की दानशीलता को व्यक्त किया है। दलित वर्ग प्राचीन काल से शोषित, पीड़ित और उपेक्षित है। महाभारत के उपेक्षित या पीड़ित पात्र है कर्ण। कर्ण के साथ भी बलि की तरह षड्यंत्र हुआ है। कवि के शब्दों में–

"वीर कर्ण/तुमने -
खुशी-खुशी कुछ न दिया होगा

तुम्हारे साथ हुआ है—षड्यंत्र
केवल षड्यंत्र/बलि की तरह।"

आज के दलित को इस प्रकार के षड्यंत्र के विरुद्ध लड़ना है। 'बेमौत न मरता' नामक कविता में कवि सोचते हैं कि गुरुदक्षिणा में एकलव्य से क्यों अंगूठा माँगा? इससे मालूम होता है कि दलितों की वेदना या पीड़ा आज की या एक दिन की नहीं है हजारों वर्ष की है। कवि ने अपनी कविताओं में प्राचीन काल के पौराणिक पात्रों के माध्यम से वर्तमान सामाजिक अन्याय के प्रति विद्रोह एवं आक्रोश व्यक्त किया है। आज दलित अपने ही पैरों पर खड़ा है। इसलिए कवि कहते हैं कि आज के दलित जमीन से आसमान तक छनने का प्रयास कर रहा है। समाज का मैला अपने हाथों से ढोना है। उनके सोच में हिम्मत पैदा कर आशा और विश्वास का बीज बो डालकर आगे बढ़ना है। इसका संकेत भी उनकी कविताओं में द्रष्टव्य है।

'छीन ले साहित्य अपना' नामक कविता में कवि दलितों से अपने हाथों से इतिहास रचने का संदेश देता है। शम्बूक, कर्ण और एकलव्य दलित साहित्य के इतिहास के प्रतिनिधि पात्र हैं। शम्बूक को निर्मम हत्या करने की आवश्यकता नहीं है। उसी प्रकार एकलव्य की तरह दाहिनी अंगूठा न कट जाना है। क्योंकि हम भारतीय है। इस भारत में बाबा साहेब अम्बेड़कर के हाथों से संविधान में हमको न्याय मिला है। नवीन मूल्य व्यवस्था और आर्थिक न्याय दलितों के लिए आवश्यक भी था। इसके लिए कठिन संघर्षों को भोगकर अपने हाथों से नया इतिहास भी रचना है। कवि के शब्दों में—

"छीन ले, साहित्य अपना
दूसरों के हाथ से।
इतिहास अपना रच दे तू
अब अपने ही हाथ से।"

कई साल पहले के सामाजिक व्यवस्था में दलित लोग अशिक्षित एवं निरक्षर हैं। शिक्षा के अभाव से उस समय समाज में मूर्खता एवं अंधविश्वास फैला। एक ओर आज शिक्षा के प्रचार-प्रसार के कारण दलितों में नयी चेतना जागृत हो रही है।दूसरी ओर दलित विरोधी मूल्यों से संपन्न साहित्य सृजन हो रहा है। आज के दलित-शिक्षित यथार्थ को समझकर समाज की चुनौतियों का सामना करने में तैयार हो गया है।कवि कहते हैं कि एक दिन दलित अपने सामाजिक व्यवस्था के प्रति चुप्पी तोड़कर विजयश्री का डंका बजाएँगे। क्योंकि वर्तमान में शिक्षितों का एक बड़ा वर्ग है। इसलिए दलितों को गूँगा मत समझो। इसका संकेत भी उनकी कविताओं में देखने को मिलता है—

"तुम्हारे रचे शब्दों के/सीने पर चढ़कर
बजाऊँगा डंका/विजयश्री का"

आज जातीय दूरियाँ एवं परंपरागत रूढियाँ समाप्त हो रही हैं। कवि अपनी कविताओं के माध्यम से दलित समाज में परिवर्तन लाना चाहते हैं। उनकी कविताएँ परंपरा के प्रतिरोध में खड़े दलित चेतना से संपन्न हैं। साथ ही परिवर्तनकामी सोच और समान बंधुत्व की भावना भी द्रष्टव्य है। भोगे हुए यथार्थ एवं अनुभूत सत्यों का चित्रण भी उनकी कविताओं में देख सकते हैं। सूरजपाल चौहान की कविताएँ घने अंधकार से जूझ रहे दलितों के बीच दीप की तरह जलते रहेंगे।

तड़प मुक्ति की : जन्म नहीं, कर्म महत्त्वपूर्ण है

—अनु० पी०वी०

दलित नाटकों की सार्थकता इसी में है कि वे उत्पीडितों के असली दर्द से दर्शकों का आमना-सामना कराते हैं जिसका प्रभाव गहरा होता है। दलित समाज के यथार्थ परिप्रेक्ष्यों से गुजरते हुए माता प्रसाद ने इस नाटक की रचना की। इसमें उन्होंने मुक्ति के लिए तड़पती दलित चेतना की विभिन्न नाटकीय घटनाओं को दर्शकों के सामने प्रस्तुत किया है।

इस देश में दलितों के उद्धार के लिए सरकार ने अनेक योजनाएँ बनायी हैं। और इन योजनाओं के द्वारा दलितों के सामाजिक राजनीतिक और आर्थिक उद्धार के लिए कार्य करता है। भारत में स्वतंत्रता के बाद दलितों के अधिकार एवं सम्मान को बनाए रखने के लिए संविधान में डॉ बाबा साहब अंबेडकर ने प्रावधान रखे। इन संवैधानिक अधिकारों के सहारे अनेक दलितोद्धार कार्यक्रम चल रहे हैं।

अंबेडकर की विचारधाराओं से प्रभावित होकर दलित समाज के बहुत सारे युवक शिक्षा ग्रहण करते हुए इस सामाजिक भेदभाव एवं असंतुलित व्यवस्था के खिलाफ आवाज उठा रहे हैं। ये लोग पूरे दलित समाज के सामने एक आदर्श पात्र या व्यक्ति के रूप में उभरकर आते हैं। इस नाटक का केन्द्र पात्र मनोज कुमार ऐसे ही एक व्यक्ति है जो दलितों के लिए निर्धारित आरक्षण और आर्थिक सहायता को ठुकराकर अपने बलबूते पर उच्च पद तक पहूँचकर पूरे समाज को अचरज में डाल देता है। यह एक तरह से उसका सामाजिक विद्रोह है। जिससे वह यह साबित करना चाहता है कि दलितों का अपना एक वजूद है, एक आत्माभिमान है जिसके जरिए मेहनत करके समाज में वह अपना एक स्थान बना सकता है।

इस नाटक में माता प्रसाद ने उन सभी यथार्थों का तथ्यपरक विश्लेषण किया है जिनके भीतर से दलित समाज गुजरता है। आजादी के इन वर्षों के भीतर दलितों का सामाजिक, राजनैतिक, आर्थिक और व्यक्तिगत उद्धार तथा उनके उद्धार के लिए रूपायित सरकारी योजनाओं को कहाँ तक सफलता हासिल हुई तथा आरक्षण और आर्थिक मदद ने भारतीय समाज के पुनर्संरचना में कहाँ तक सफलता हासिल की है

इनका एक विश्लेषण एवं पोस्टमोर्टम किया है इसके दैरान नाटककार ने गत वर्षों में हुए अनुसूचित जाति एवं जनजाति के उद्धार के लिए रेखांकित आर्थिक सहायताओं का खपला, भूमि का हड़पना, छात्रवृत्तियों में किये गये घोटाला एवं मण्डल आयोग के निर्देशों के संदर्भ में हुए सामाजिक और राजनीतिक चहल पहल आदि का खुलासा पाठकों के सामने प्रस्तुत किया है।

नाटक के आरंभ में बाबासाहब अंबेड़कर के विचारों और प्रवृत्तियों का विवरण विभिन्न पात्रों के जरिए प्रस्तुत किया है। उनके व्यक्तिगत जीवन और जातिभेद के खिलाफ छेड़ी आन्दोलन तथा उस आन्दोलन के पीछे जो विचारधारा है इन सबका विस्तृत ब्यौरा इस नाटक में प्रस्तुत है।

भारतीय संस्कृति एवं समाज के निर्माण में नाटककार ने दलितों के योगदान पर प्रकाश डाला है। इसके जरिए नाटककार दलितों की अस्मिता एवं स्वाभिमान को व्यक्त करने का प्रयास किया। नाटक के प्रमुख पात्र मनोज कुमार के शब्दों में—"बाबा साहब ने यह कहा था कि हिन्दुओं को चाहिए था एक नया वेद इसलिए उन्होंने व्यास को बुलाया, जो सवर्ण नहीं थे हिन्दुओं को चाहिए था एक महाकाव्य इसलिए उन्होंने वाल्मीकि को बुलाया जो खुद अछूत थे, हिन्दुओं को चाहिए था एक संविधान और उन्होंने मुझे बुला भेजा" इस कथन के जरिए नाटककार यह बताना चाहते हैं कि इस देश के संस्कृति और सांस्कृतिक एवं सामाजिक प्रगति में केवल सवर्णों का ही नहीं बल्कि दलितों का भी महत्त्वपूर्ण योगदान है। व्यास द्वारा रचित महाभारत, वाल्मीकि द्वारा रचित रामायण दोनों भारतीय संस्कृति और हिन्दू धर्म का अविभाज्य घटक हैं। साथ ही अंबेड़कर द्वारा निर्मित भारत का संविधान है जो इस देश का सर्वोपरी नीति न्याय ग्रंथ है इन सबके पीछे दलितों का ही खून पसीना है। इस सत्य को अंधकार में रखते हुए सवर्ण एवं मनुवादी विचारधाराओं ने दलितों को हमेशा उत्पीडित करते रहे।

दलितों के उद्धार के लिए भारत में कई वर्षों से अनेक योजनाओं का रूपायन किया गया है। इन योजनाओं के जरिए दलित सामाज का उद्धार किया जा सकता है। लेकिन ये बात सच है कि योजनाओं की आपूर्ति केवल कागज तक सीमित रहती है। इसका सही लाभ दलित समाज के लोगों तक कम पहूँचते हैं। ऐसी योजनाओं के लिए रेखांकित पैसों का अधिकतम हिस्सा अधिकारियों के जेब में पहूँचता है। दलित उद्धार के लिए नियोजित अधिकारी लोग ही झूठे हिसाब किताब बनाकर पैसे हड़प लेते हैं और नाममात्र के लिए सरकारी सहायताओं को दलितों तक पहूँचाते हैं। इस जालबाजी का विवरण नाटककार ने दो चार उदाहरण के जरिए प्रस्तुत किया है।

जिला विकास अधिकारी और राममोहन द्वारा दलितों के आर्थिक उत्थान के लिए स्पेशल काम्पोनन्ट प्लान में किये गये खपला, इंदिरा आवाज योजना के भीतर करोड़ों का हेर-फेर हैण्ड पम्प के वितरण में गाँव के मुखिया द्वारा किये गये घोटाला,

रामप्रसाद बिस्मिल इन्टरकॉलेज में दलित विद्यार्थियों के दो महीने की छात्रवृत्ति को कॉलेज के बिल्डिंग फण्ड के नाम पर जबर्दस्ती हडपना और साथ ही गलत आँकड़ों का विवरण देकर सरकार अनुसूचित जाति एवं जनजातियों के उद्धार के लिए रखे गये पैसे को अपने जेब में करना आदि। यह सब सामाजिक यथार्थ है। लेकिन इनकी चर्चा हमेशा बन्द कमरों तक ही सीमित रहता है।

दलित उद्धार के लिए बनायी गयी सभी योजनाओं को मद्देनजर रखते हुए समाज के अन्य वर्ग यह मानते हैं कि दलितों के उद्धार के लिए बहुत सारे धन खर्च किये जाते हैं और आरक्षण के जरिए कमजोर दलितों को विभिन्न सरकारी पदों पर प्रतिष्ठित किया जाता है। इन सबके कारण अन्य सवर्ण लोगों के अवसर नष्ट होते हैं। इस बात को लेकर वे दलित लोगों से नफरत करने लगते हैं। दलितों के उद्धार को वे ईर्ष्या से देखते हैं।

भारतीय समाज में एक ओर आरक्षण का समर्थन किया जाता है तो दूसरी ओर उसका विरोध भी किया जाता है। इस विरोध का चित्रण भी नाटककार ने पूरे सच्चाई के साथ इस नाटक में प्रस्तुत किया है। सुषमा देवी, नरोत्तम सिंह विमला गुप्ता आदि पात्रों के जरिए नाटककार ने दलित उद्धार और आरक्षण के खिलाफ उठनेवाले आवाजों को दस्तक दी है। आरक्षण किस लिए है? और क्यों दिये जाते हैं? इन सब बातों के दोनों पहलुओं पर प्रकाश डालने का प्रयास नाटककार ने किया है। सुषमा देवी के शब्दों में "पहले दस वर्ष के लिए ही संविधान में आरक्षण दिया गया था लेकिन इसे बराबर बढ़ाया जा रहा है। इससे और भेदभाव पनप रहा है। हमारे अधिकारों पर कुठाराघात हो रहा है। प्राचीन काल की व्यवस्था कहीं अच्छी थी। उस समय कोई अशान्ति नहीं दिखाई पड़ती थी। हमें राम राज्य फिर से लाने की जरूरत है।" और "अनुसूचित जाति के आई॰ए॰एस॰ और आई॰पी॰एस॰ के बच्चों को आरक्षण की सुविधा देना अन्याय है सवर्ण जाति में पैदा होना ही क्या हमारा अपराध है?" विमला गुप्ता अपना मत इस प्रकार करती है तो नरोत्तम सिंह का मन्तव्य है—"आरक्षण के ना म पर प्रशासन में अयोग्य लोग आ रहे हैं, जिससे प्रशासन चौपट हो रहा है। डॉक्टर इंजीनियर आरक्षित श्रेणी वाले अयोग्य लोग आ रहे हैं, योग्य लोगों की उपेक्षा हो रहे हैं, यह बर्दाश्त के बाहर है।" इन विचारों के जरिए नाटककार ने सवर्ण मानसिकता को प्रस्तुत किया है। दलित उद्धार के लिए जो आरक्षण व्यवस्था है उसके खिलाफ उठने वाली आवाज एक तरफ से दलित अस्मिता की ओर उठनेवाले प्रश्न चिन्ह है साथ ही दलितों के आत्माभिमान और हूनर को चुनौती देने वाले हैं।

हमारे भारतीय समाज में दलितों को एक विशेष कम्पार्टमेन्ड में रखा गया है। समाज के अन्य जातियों के अनुसार दलितों को देखने और दिखाने का एक विशेष रीति, बिम्ब, रंग, आचार-व्यवहार व्यक्तित्व आदि प्रक्रियाओं का निर्माण ऐतिहासिक

काल से ही किया है। इस के आधार पर उच्च जाति वाले दलितों का मूल्यांकन करते हैं। इन सबके मूल्यांकनों के विरोध में खड़ा है इस नाटक का केन्द्र पात्र मनोज कुमार। वह समाज के बनाये इन मापदण्डों का खंडन करता है।

आज जिन लोगों को समाज के हाशिए पर रखे गये हैं जिन्हें अनुसूचित जाति या जनजाति कहकर बुलाते हैं वे नृवंशशास्त्र के अनुसार इस कुमइ के या भारत के मूल निवासी है। वह इस धरती के मूल हकदार हैं। विदेशी संस्कृतियों के आगमन के साथ साथ यहाँ के मूल जनता को धर्म, जाति, रंग के आधार पर अपने अधिकारों से वंचित करके हाशिए पर रख दिया गया है। और उनके अधिकारों को छीन लिया गया। भारत में आर्यों के आगमन के साथ साथ मनुवादी विचारधारा के पनपने से यहाँ के स्थानीय लोगों को चातुर्वर्ण्य व्यवस्था के अधीन रखकर विभिन्न जातियों में विभाजित किया गया। इस चातुर्वर्ण्य व्यवस्था में सबसे निम्न श्रेणी में रहने वाले शूद्रों को वर्तमान संदर्भ में दलित की संज्ञा दी गयी। इन्हें संविधान में अनुचूचित जाति या जनजाति नाम से पुकारा गया। चातुर्वर्ण्य के प्रथम श्रेणी में रहने वाले ब्राह्मण तथा सवर्ण जाति के लोग इन दलितों का शोषण सदियों से करते आ रहे हैं। इन शूद्रों का शोषण धर्म और धार्मिक प्रथाओं के नाम पर किया जाता है। भारतीय संस्कृति में धर्म और धार्मिक प्रथाओं का महत्त्वपूर्ण भूमिका रही है। मोक्ष या मुक्ति के लिए धर्म के मार्ग बनाया गया है। और सभी चाहते हैं कि वे इस लोक से मुक्ति पाकर परलोक में शान्ति और खुशी से रहें अतः परलोक में एक जगह मिलने के लिए या स्वर्ग पाने के लिए धर्म और धार्मिक कर्मकांडों के आगे वे अपने आपको समर्पित करते हैं। यह बात सोचने की है कि ब्राह्मण तथा सवर्ण जाति के लोग भी धर्म और धार्मिक अनुष्ठानों का नियंत्रण करते हैं। इसे वे अपना अधिकार रूप में इस्तेमाल करते हैं। और इसी धर्म के सहारे शूद्रों और दलितों का शेषण करते हैं। पूर्व जन्म और पुनर्जन्म के छड़ी को लेकर दलितों को उत्पीड़न होता है। ठाकुर दीन मिश्र के शब्दों में लोग ऊँची-नीची जाति की बातें करते हैं। आदमी अपने पूर्वजन्म के आधार पर ऊँची-नीची जातियों में पैदा होता है। इसे कैसे बदल सकते हैं?" नाटककार ने इनके कथन के जरिए यह व्यक्त करने का प्रयास किया है कि भारतीय जनता धर्म और आस्था से डरती है और उच्च जाति के लोग इसी धर्म और आस्था को दलित उत्पीड़न का हथियार बनाते हैं।

धर्म के इस भेदभावपूर्ण एवं जाति प्रथा के इस निष्ठूर पंचों में जकड़े हुए दलित लोग मनुवादी जाति व्यवस्था से मुक्ति? पाना चाहते हैं। यानी तत्कालीन हिन्दू समाज से जहाँ दलितों को अपने अधिकारों से वंचित रखा गया है, जहाँ धर्म के नाम पर एवं जाति के नाम पर दलितों का शोषण किया जाता है। इस स्थिति से बाहर निकलकर आत्माभिमान के साथ दलित लोग रहना चाहते हैं। हिन्दू धर्म से निकलकर ईसाई और इस्लाम धर्म में जाना चाहते हैं। जहाँ वे

समानता और आत्मसम्मान से रह सके। अतः बहुत से लोग दलित उत्पीड़न से बचने के लिए या मुक्ति पाने के लिए ध र्मपरिवर्तन को स्वीकारते हैं। लेकिन यह बात सोचने की है कि क्या वास्तव में धर्म परिवर्तन दलित उत्पीड़न से बचने का रास्ता है? सच यह है कि सभी धमों में इस ऊँच-नीच और जातिगत भेदभाव की भावना कायम है। धर्मांतरण के जरिए अन्य धर्मों में पनाह लेनेवाले दलित की स्थिति में कोई बदलाव नहीं। दलितों को सभी धर्म दलित के रूप में ही स्वीकारते हैं। यहाँ धर्म का परिवर्तन होते हैं लेकिन जाति का उन्मूलन नहीं होता है। नाटककार ने धर्मपरिवर्तन या धर्मांतरण का विश्लेषण करते हुए मनोजकुमार के जरिए अपना विचार यहाँ प्रस्तुत किया है—"रुपये या नौकरी के लोभ, राजनैतिक दबाव, स्वर्ग में पहूँचतने की आकाँक्षा, सुन्दर जीवन का स्वरूप, समानता का व्यवहार होने की बातें बताकर उन्हें बगकला दिया जाता है इसलिए वे अन्य धर्म को अपना लेते हैं, बाद में जब उक्त बातें वहाँ नहीं पाते हैं तो फिर वहाँ से भागने की कोशिश करते रहते हैं।" उनके ही शब्दों में "धर्मपरिवर्तन ही सभी समस्याओं का हल नहीं हैं। हमारे बहुत से लोगों ने धर्म परिवर्तन किया है, क्या उन्हें स्वतंत्रता और समता मिल गयी हैं? पेट भरा रहेगा तभी धर्म भी अच्छा लगेगा।" उक्त कथनों से पता चलता है कि भारत में ही नहीं विश्वभर में लोग अपने पेट को काटकर धर्म और धार्मिक संस्थाओं के पेट भर रहे हैं।

मनुष्य हमेशा दूसरे से एक दम आगे बढ़ना चाहता है। दलितों में भी यही भावना है। समाज में दलित अपने को उच्च पद पर पहुँचना चाहता है। एक हद तक उन्हें सफलता मिल रही हैं। इस संदर्भ में यह देखा गया है कि आज हमारे दलित समाज में भी ब्राह्मणवादी विचार पनप रहे हैं। सामाजिक उद्धार और आर्थिक उद्धार के साथ साथ दलितों के राजनैतिक उद्धार को नाटककार ने चित्रित किया है। अंबेडकर विचारधारा से प्रभावित होकर बहुत ज्यादा दलितों ने राजनैतिक हस्ताक्षेप की माँग की है। और उनका मानना है कि भारत में दलित उद्धार के लिए दलितों को अपनी राजनैतिक विचारधारा और शक्ति को दिखाना जरूरी है। इस संदर्भ में कई दलित नेताओं ने दलितों को अपने साथ शामिल भी किया है। वे सोचते थे संघ शक्ति के जरिए ही दलितों का उद्धार होगा। लेकिन नई पीढ़ी ने अधिकार को अपने हाथ में लिया तो दलित उद्धार की जो मूलभूत भावना है इससे हटकर अधिकार को अपने हाथ में रखकर या अधिकार के लत में पडकर कभी कबार दलित उद्धार के मुख्य विषय से हटकर निजी लाभ के लिए दलित समाज का उपयोग किया है। इन सबका जीवंत उदाहरण हमारे समाज में आज भी उपलब्ध हैं। इन उदाहरणों का नाटकीय प्रतिरूपों को प्रस्तुत करते हुए माताप्रसाद फूलचंद भारती के जरिए अपना विचार यहाँ प्रस्तुत किया है—"कुछ राजनीतिज्ञ मनुवाद को कोसकर दलितों का वोट तो माँगते हैं किन्तु जब उन्हीं के दल के मंत्री या विधायक उनके

पास जाते हैं तो वे खुद तो कुर्सी पर बैठते हैं और उनको फर्श पर बैठाते हैं। जब दलित नेता ही दलित के साथ समानता का व्यवहार नहीं करते हैं, तो दूसरे को क्यों मनुवादी कहा जाता है? क्या यह मनूवाद नहीं है ?" इससे लेखक ने हमें सोचने को विवश किया है कि असल में दलित उद्धार क्या है? दलित उद्धार केवल एक व्यक्ति का है या पूरे दलित समाज का। इस तरह भी सोच सकते हैं कि दलित से सवर्ण बनना ही दलित उद्धार है?

दलित स्त्रीयों की स्थितिविशेष का भी यहाँ जिक्र किया गया है। किस तरह दलित स्त्रियों को उत्पीड़ित किया जाता है, दलित बालिकाओं को वेश्यावृत्ति के लिए मजबूर किया जाता है। आर्थिक समस्या और सामाजिक समस्या दोनों मिलकर दलित स्त्रियों का गला घूँट दिया जाता है। इसपर भी नाटक में चर्चा की गयी है।

जातिगत भेदभाव ने व्यक्ति विशेष को प्रभावित किया है। ऐसा माना जाता है कि एक व्यक्ति के व्यक्तित्व की पहचान उसके जाति पर आधारित है। भारत में यह मान्यता प्रचलित है कि दलित हमेशा बुरे होते हैं जबकि सवर्ण अच्छे और देवगण होते हैं। यहाँ व्यक्ति के कर्म को नहीं जाति को महत्त्व दिया जाता है। इस बात का खंडन नाटककार ने अपने नाटक में किया है। सुशमा देवी बताती है कि "अब मैं जन्म को नहीं कर्म को प्रधान मानती है। कोई व्यक्ति किसी जाति में पैदा हुआ हो यदि उसका कर्म ऊँचा है तो वह ऊँचा है।" इधर नाटककार ने जन्म के महत्त्व से भी ज्यादा कर्म के महत्त्व को पाठकों को दिखाया है।

नाटक के अंत में नाटककार ने जातिवादी व्यवस्था मिटाने के लिए अंतर्जातीय विवाह का समर्थन किया है। ब्राह्मण कुल की सुशमा देवी दलित परिवार के मनोज कुमार के कर्म से प्रभावित होकर उसे अपना जीवन साथी बनाने का प्रस्ताव रखती है। इस नाटक में नाटककार ने दलित जीवन के सभी पहलुओं को छूते हुए दलित मुक्ति की अभिव्यक्ति की है। वर्तमान संदर्भ में दलित सामाजिक, सांस्कृतिक, आर्थिक, राजनीतिक विडंबनाओं से मुक्त होना चाहते हैं। माताप्रसाद ने विभिन्न पात्रों के जरिए दलित मुक्ति का चित्र खींचा है।

दलित साहित्य का सौंदर्यशास्त्र : नये प्रतिमानों की तलाश

–डॉ॰ संगीता के॰

भारतीय समाज ने सदियों से नारी और दलितों की पहचान को परजीवी बनाकर रखा है। मानवीय रिश्तों की जो श्रेणी है, जैसे काले-गोरे, सवर्ण-अवर्ण, मालिक-मजदूर, शोषक-शोषित, पति-पत्नी, भाई-बहन आदि, रिश्तों की इन श्रेणियों में भेदभाव भारतीय समाज में सदियों से विद्यमान है। इस भेदभाव के हनन हेतु स्त्री विमर्श और दलित विमर्श का उदय हुआ। ओमप्रकाश वाल्मीकि ने 'दलित साहित्य का सौंदर्यशास्त्र' नामक पुस्तक में दलित साहित्य के लिए अलग सौंदर्यशास्त्र की आवश्यकता पर बहस की है तथा दलित साहित्य और उसकी सोच एवं दृष्टि को व्याख्यायित करने की कोशिश की है।

अनेक विद्वानों ने दलित साहित्य की व्याख्या करते हुए उसे परिभाषित करने का प्रयास किया हे। ओमप्रकाश वाल्मीकि के शब्दों में–"दलित साहित्य जन-साहित्य है, यानी मास लिटरेचर (Mass Literature)। सिर्फ इतना ही नहीं, लिटरेचर ऑफ एक्शन (Literature of Action) भी है जो मानवीय मूल्यों की भूमिका पर सामन्ती मानसिकता के विरुद्ध आक्रोशजनित संघर्ष है। इसी संघर्ष और विद्रोह से उपजा है दलित साहित्य।"

सबसे पहले ओमप्रकाश वाल्मीकि दलित साहित्य केवल दलित द्वारा लिखा गया हे या गैर-दलित द्वारा लिखे गये साहित्य को दलित साहित्य के अंतर्गत रखेंगे इस पर व्याख्या करते हैं। समाज ने दलितों को हमेशा भय और उपेक्षा की दृष्टि से देखा है। इसी कारण दलितों के जीवन से निकट का संबंध और किसी को नहीं होता। उन्हें निकट से जाने बिना उनके जीवन की व्याख्या नहीं कर सकते। दलितों ने हजारों वर्षों की सामाजिक यातना में जो भोगा है उसकी अभिव्यक्ति अपने साहित्य द्वारा की है। उन्होंने हमेशा अपने जीवन में समाज से तिरस्कार ही पाया है। इस तिरस्कार यानी भोगे हुए यथार्थ के चित्रण के कारण उनके साहित्य यथार्थ के निकट हैं। अपनी आत्मानुभूति को व्यक्त करते समय उनके साहित्य से बदलाव तथा क्रांति की चिनगारियाँ फुट पड़ती हैं। इस प्रकार देखें तो गैर-दलितों द्वारा दलितों पर लिखा

गया साहित्य दलित साहित्य की कोटि में नहीं आता। ऐसे साहित्य सहानुभूतिपरक और करुणाजनक हैं, ये समाज की जो यथास्थिति है उसे बनाये रखने में सहायक हैं न कि दलितों के उद्धार करने। इसलिए ओमप्रकाश वाल्मीकि ने दलित साहित्य के अलग सोंदर्यशास्त्र की माँग की है। किंतु परमानंद श्रीवास्तव, नामवर सिंह जैसे अनेक समीक्षक दलित साहित्य के अलग सौंदर्यशास्त्र को नकारते हैं। उनकी राय में जन्मना दलित ही दलित चेतना युक्त साहित्य रच सकता है, यह बात गलत हे। कभी-कभी गैर-दलित भी दलित चेतना के प्रतिनिधि हो सकते हैं।

ओमप्रकाश वाल्मीकि की राय में गैर-दलितों की रचनाएँ दलित साहित्य में नहीं आतीं। भोगे हुए यथार्थ की प्रामाणिकता की स्थापना करते हुए उन्होंने भारत विभाजन की त्रासदी पर लिखे गए 'तमस' (भीष्म साहनी), 'झूठा सच' (यशपाल) उपन्यासों को उदाहरण स्वरूप प्रस्तुत किया है। वे कहते हैं–"क्यों बनारस, इलाहाबाद के मठाधीश इस त्रासदी पर कलम चलाने में असमर्थ रहे।" इसी विषय पर टिप्पणी करते हुए रवींद्र त्रीपाठी लिखते हैं–"जो लोग यह मानते हैं कि दलितों के बारे में लिखने के लिए दलित होना कतई जरूरी नहीं है और हर लेखक अपनी सहज संवेदनशीलता की वजह से किसी दलित लेखक की तरह दलित साहित्य लिख सकता है, यह निष्कर्ष सच नहीं होता। जिस तरह का तर्क दलित लेखन के बारे में दिया जाता है इसी तरह के तर्क कभी पश्चिमी साहित्य में नारीवादी लेखन के बारे में कुछ लोगों ने दिए थे... नारीवादी लेखन के आलोचनात्मक विमर्श में यह बहस वर्षों चली और नारी के अनुभव से रचे साहित्य की विशिष्टता स्वीकारी गयी। इसका कारण यह था कि साहित्य सिर्फ अमूर्त धारणा भर नहीं है, बल्कि उसके पीछे ठोस भौतिक वजह भी है। भौतिक जगत में घटे इसी अनुभव के कारण हर अनुभवबद्ध लेखन का विशिष्ट महत्त्व है।"

दलित आत्मकथाओं की प्रामाणिकता पर संदेह करनेवाले विचारकों पर ओमप्रकाश वाल्मीकि व्यंग्य करते हैं। वे लिखते हैं–"उत्तर भारत के हिंदी लेखकों का परिचय सिर्फ भंगी, चमार और पासी या बहुत हुआ तो खटीक से ही होता है। इसके अलावा और भी अनेक जातियाँ हैं जिनके विषय में वे नहीं जानते। इसलिए वे बार-बार इन गिनी-चुनी जातियों का वही खाका प्रस्तुत करते हैं, जो हजारों साल से बना है। उनके जीवन के उन पहलुओं को नहीं जानते, जो उनके आंतरिक जीवन से जुड़े हैं।" गैर-दलित केवल दलितों के प्रति अपनी संवेदनाएँ प्रकट कर सकते हैं, उनकी स्थिति में बदलाव नहीं ला सकते। महानगरीय व्यस्तता में या घर के बंद कमरे में बैठकर लिखे गये साहित्य कैसे दलित साहित्य के अंतर्गत आ सकते हैं? रमणिका गुप्ता लिखती हैं–"नीग्रो की पीड़ा अपने काले रंग को लेकर होती है, जिसके चलते उसे कई तरह की भेदभाव भरी, कुटिल, अहंकार से भरी दृष्टियाँ सहनी पड़ती हैं। इस वेदना, इस कोफ्त, इस घुटन को एक गोरा लेखक व्यक्त नहीं कर सकता।

भारत में दलितों की स्थिति भी इसी प्रकार है।" संवेदना के साहित्य और अनुभव के साहित्य भिन्न-भिन्न हैं। इसलिए दलितों द्वारा लिखा गया साहित्य ही दलित साहित्य की कोटि में आता है।

दलित लेखकों को ओमप्रकाश वाल्मीकि आत्मकथा लिखने की प्रेरणा देते हैं। डॉ अंबेड़कर ने जो दलित आंदोलन चलाया था आत्मकथा ('मी कसा झालो' ('मैं कैसे बना')) लिखी थी इनके परिणामस्वरूप दलितों को संवैधानिक आरक्षण का लाभ मिला था। अबके जो दलित लेखक हैं वे आत्मकथा लिखने में हिचकते हैं। इसका कारण उनकी हीनताबोध है। दलितों का आत्मकथा लेखन एक निकृष्ट कर्म नहीं है। अपने घरों की दबी-ढकी बातें, समाज में वे सामने करनेवाली समस्याएँ सबका अनावरण इन आत्मकथाओं में होता है। मगर अवसरवादी हीनताबोध से युक्त कुछ ब्राह्मणवादी दलित लेखक दलित साहित्य को अपमानबोधक मानते हैं। वाल्मीकि की राय में अपनी वैचारिक नपुंसकता सिर्फ उन्हें सिर्फ अवसरवादी बनाती है ओर कुछ नहीं।

दलित साहित्य पर या दलित चेतना पर विमर्श करने से पूर्व भारतीय समाज-व्यवस्था पर ध्यान देना आवश्यक है। ओमप्रकाश की राय में—"भारतीय समाज-व्यवस्था को समझे बगैर दलित चेतना की तीव्रता का अहसास कठिन है। हजारों वर्ष की प्रताड़ना, शोषण, द्वेष' वैमनस्य और भेदभाव से दबा दलित अपनी अस्मिता की खोज के लिए जागरूक दिखाई पड़ता है। ऐतिहासिक परिदृश्य में उसे अपनी पहचान कहीं दिखाई नहीं पड़ती। अतीत उसके लिए नरक से भी भयावह है।" अतीत को देखकर लेखक दलित साहित्य लिखते हैं। उस नरक की याद से भी अपनी आनेवाली पीढ़ी को बचाने के लिए साहित्य रचते हैं। जिन आदर्शों, मान्यताओं, स्थापनाओं को साहित्यकार साहित्य में स्थापना करने की कोशिश करते हैं, दलित इन सबके विरुद्ध हैं। चेतना जगाने के फलस्वरूप दलित जान चुके हैं कि आज तक जिस संस्कृति पर वे विश्वास करते थे वह केवल लुटेरों की संस्कृति है। दलित चेतना का उद्देश्य ऐसी सांस्कृतिक विरासत का विरोध करना है। इसलिए वे जीवन की सच्चाइयों की अभिव्यक्ति साहित्य द्वारा करते हैं। इसी अवसर पर वे आत्मकथा-लेखन की ओर मुड़ते हैं।

आरंभिक दलित रचनाकार सामाजिक बदलाव की चेतना को जगाने में असफल रहे। उन्होंने वर्ण-संघर्ष को किनारे पर रखकर वर्ग-संघर्ष पर जोर दिया। इसलिए उनके साहित्यक विमर्श से दलितों में या समाज में कोई खास परिवर्तन नहीं हुआ। वे वस्तुस्थिति के सामना करने में सदैव असफल रहे। वे भारतीय समाज-व्यवस्था के इकहरे सपनों में खोये रहे, दलित साहित्य की दग्धता से हमेशा बाहर ही रहे।

आत्मकथात्मक होने के कारण दलित लेखन में ज्यादातर 'मैं' का प्रयोग पाया जाता है। किंतु जब दलित लेखक 'मैं' का प्रयोग करता है तब उस 'मैं' भी 'हम' में बदल जाता है, क्योंकि उनके साहित्य में निजी दुःख से परे सामाजिक पीड़ा की

अभिव्यक्ति है। जब वे 'मैं' कहकर लिखते हैं, तब वह 'मैं' समाज के हर एक दलित का प्रतीक बन जाता है। अपने व्यक्तिगत पीड़ा से अधिक उन्हें समाज के दुःख-दर्द ज्यादा दर्दनाक होता है। इस प्रकार के दुःख-दर्द की सहजता अन्य रचनाओं में नहीं होती।

दलित साहित्य की अलग भाषा-शैली होती है। उनकी रचनाओं में शाब्दिक चमत्कारों की कमी है। शब्द के बजाय वे अर्थ की प्रधानता पर बल देते हैं। "अर्थ-गांभीर्य दलितों का स्वीकृत जीवन-मूल्य है, जिस पर दलित साहित्य का सौंदर्यशास्त्र टिका है।" ओमप्रकाश वाल्मीकि ने दलित साहित्य में आवश्यक कुछ जीवन-मूल्यों का उल्लेख किया है। वे निम्नलिखित हैं–

1. समता, स्वतंत्रता, बड़ता न्याय के जीवन-अनुभव, अनुभवजन्य आशय तथा उस आशय की अर्थपूर्ण अभिव्यक्ति।

2. संस्कृति और धर्म के नाम पर वास्तविकता को छिपाकर रखे गए ढोंग को नकारना।

3 कल्पनाजन्य प्रतिमानों का निषेध। जैसे "अमृत" मधुर पेय की कल्पना लेकिन उसका आस्वाद किसी ने नहीं जाना।

4. नित्य परिवर्तनशीलता के आधार पर जीवन-मूल्यों का मूल्यांकन।

5. बन्धन-मुक्त अभिव्यक्ति और अनुभवों का सच्चापन। जैसा देखा, भोगा उसका वैसा चित्रण। शब्द केवल माध्यम है। शाब्दिक आडंबर निर्माण में असमर्थ।

दलित लेखक अपनी रचनाओं में अर्थ को महत्त्व देते हैं। इसलिए उनके साहित्य में आशय की प्रधानता है। बाकि सबको वे दूसरे स्थान पर खड़े करते हैं। "दलित साहित्य" "आशय" को महत्त्व देता है। अभिव्यक्ति और शिल्प दूसरे स्थान पर आता है। जीवन-अनुभवों की प्रामाणिकता "आशय" को अर्थ-गंभीर बनाती है। यह अर्थ-गांभीर्य डॉ॰ अबेडकर-दर्शन के विचार तत्व पर आधारित होना चाहिए। इसीलिए दलित साहित्य के सौंदर्यशास्त्र का स्वरूप पारम्परिक सौंदर्यशास्त्र से भिन्न है। "परम्परावादी सौंदर्यशास्त्र का नकार दलित साहित्य में होता है। साहित्यकार कल्पना को अधिक महत्त्व देते हैं, बल्कि दलित साहित्यकार यथार्थ को अधिक महत्त्व देते हैं।

हिंदी साहित्य का अपना सौंदर्यशास्त्र संस्कृत और पाश्चात्य सौंदर्यशास्त्र पर आधारित है, तो दलित साहित्य का सौंदर्यशास्त्र भी संस्कृत और पाश्चात्य सौंदर्यशास्त्र पर आधारित होना है। किंतु सामन्तवादी और पूँजीवादी सौंदर्यदृष्टि रखनेवाले सस्कृत और पाश्चात्य सौंदर्यशास्त्र का अनुकरण दलित साहित्य में नहीं है। उसका सौंदर्रशास्त्र अलग है। ब्राह्मणत्व की प्रधानता रहनेवाले उरग जमाने में साहित्य का नायक धीरोदात्त उच्चकुलोत्पन्न होता था। मगर आधुनिक कालीन साहित्य में नायक का धीरोदात्त या उच्चकुलीन होना जरूरी नहीं। दलितों के लिए साहित्य रचना अपनी अस्मिता की तलाश है। इसीलिए वे अपने साहित्य में नायक के रूप में अपने को

या अपनी जाति के लोगों को स्वीकार करते हैं। इसके लिए वे अपनी एक अलग भाषा एक अलग शैली का भी प्रयोग करते हैं। प्रेमचंद जैसे श्रेष्ठ लेखक ने भी सुन्दरता की कसौटी बदलने का आह्वान दिया था। सभी दृष्टियों से दलित साहित्य निरंतर परिवर्तनशील है।

निष्कर्ष रूप में कह सकते हैं कि हिंदी साहित्यकारों का एक वर्ग दलित साहित्य को एक स्वतंत्र साहित्य या एक नई मुख्यधारा स्वीकार करने में हिचकते हैं। किंतु जाति-व्यवस्था के दासत्व से मुक्ति पाने के लिए संघर्षरत दलित और दलित साहित्यिक विमर्श हिंदी साहित्य की एक अनुठा रत्न ही है इसमें संदेह नहीं। "दलित साहित्य अपने समय से लड़ते हुए आनेवाले कल की बेहतर जिंदगी के लिए आशावादी है। तमाम विपरीत परिस्थितियों 'चुनौतियों के संकट के बावजूद दलित साहित्य ने अपनी ऊर्जा और संभावनाएँ क्षीण नहीं होने दी हैं।" हम आशा करेंगे कि अगली सदी दलित साहित्य पर आधारित होगी, क्योंकि वह भूत और वर्तमान का ही नहीं भविष्य का भी साहित्य है।

हम कौन हैं? : पहचान का सवाल

–डॉ॰ ई॰ मिनी

आज हिन्दी कहानी का अनुभव क्षेत्र अत्यंत विराट है। इसमें कथ्य और शिल्प दोनों ही दृष्टि से कहानी बहुआयामी हो गयी है। दलित कहानियों की बात तो विशेष उल्लेखनीय है। दलित कहानी के क्षेत्र में अनेक लेखक लेखिकाओं के नाम गिने जाते हैं। रमणिका गुप्ता जी के 'भारतीय दलित साहित्य कथा-कोश' में बयालीस दलित कलाकारों की कहानियाँ संकलित है जिनमें नैमिशराय, ओम प्रकाश वाल्मीकि जयप्रकाश कर्दम, सूरजपाल चौहान, रजत कुमार सोशारिया, स्यौराज सिंह 'बेचैन' आदि वरिष्ठ और स्थापित कलाकारों से लेकर शील बोधी, अजय नावरिया, सूरज बड़त्या, राज वाल्मीकि आदि युवा कहानिकारों की कहानियाँ शामिल हैं। इनके साथ-साथ सुशीला ठाकभौरे, कुसुम मेधवाल रजतरानी मीनू और पूनम तुषामड आदि महिला कहानीकारों की रचनाएँ भी इस संकलन में है।

संविधान में आरक्षण का लाभ दिए जाने के बाद से समाज के दलितों की स्थिति कुछ सुधरी है। दलित व्यक्ति समाज के हर ऊपरी सतह पर पहुँच गया है। शहरी स्तर पर जाति व्यवस्था प्रत्यक्ष रूप से दिखाई नहीं देती, लेकिन ग्रामीण समाज में वह आज भी बनी हुई है। हमारे देश के अधिकांश भागों के, उत्तर भारत के कहानीकारों ने अपने गाँव का चित्रण अपनी कहानियों में किया है। दलित साहित्य को दलितों द्वारा भोगे गए अमानवीय यथार्थ का चित्रण करने के कारण अक्सर 'विलाप' कहा जाता है लेकिन दलित कहानियों को पढ़ने पर पता चलता है कि इनमें दलित समाज द्वारा भोगे गए अभाव, उत्पीड़न असमानता और अस्पृश्यता का दर्द है, वहीं असमानता अन्याय और उत्पीड़न है और इन सबके साथ ही साथ इन सबके प्रति प्रतिरोध और आक्रोश भी दिखाई देता है। लेखिकाओं की कहानियों में संवेदना की गहनता अधिक दिखाई देती है। अपनी पीड़ा को स्वर देते-देते इनमें कभी-कभी मूक आक्रोश है तो कहीं आक्रोश का स्वर बहुत मुखरित होता दिखाई देता है।

श्रीमती रजत रानी मीनू दलित लेखिकाओं की सूची में अपना एक प्रमुख स्थान रखती है। इनकी कहानियाँ हंस, युद्धरत, आम आदमी, अन्यथा, अपेक्षा आदि

पत्रिकाओं में प्रकाशित न हुई है। दलितों की अस्मिता या दलितों की पहचान का सवाल जो हर दलित के मन में है, उसे स्वर देती हुई रजत रानी मीनू का कहानी संग्रह 'हम कौन हैं?' पाठको के सामने है। इस कहानी संग्रह में बारह कहानियाँ संकलित है। इन बारहों कहानियों में दलितों द्वारा झेली गयी विविध आयामी समस्याओं को कथारूप प्रदान किया गया है। 'हम कौन है' इस संग्रह की पहली कहानी है। इस कहानी में लेखिका ने हमारे समाज के इस मुद्दे की ओर इशारा किया है कि जहाँ ऊंची जाति के माने जाने वाले लोग हर किसी का जात जानना चाहता है। खुद अपने नाम के साथ 'सरनाम' लगाते है जैसे मिश्रा शुक्ला, आचार्य, नायर, राव आदिवहाँ निम्न जाति के व्यक्ति अपने नाम के साथ ऐसा कोई 'सरनेम' नहीं रखता क्योंकि इस सरनेम से उसकी जाति का पता लग जाएगा और आज भी दलितों को अस्पृश्य मानने वाले लोग हैं। द्विजों के लिए जाति सम्मान उन्नति और विकास के साधन बनी है तो अछूतों के लिए अपमान, तिरस्कार और उनके विकास और तरक्की में अवरोध बनी है। हम कौन है में धनेश्वर और उमा गाँव से दिल्ली आए हैं वे अपनी बेटी को एल॰के॰जी कक्षा में भर्ती करवाते है वहाँ पर एल॰के॰जी॰ की बच्ची से उसके नाम के साथ सरनेम पूछा जाता है सिर्फ नाम बताने पर अध्यापक संतुष्ट नहीं होते। लेखिका के शब्दों में, 'यानी जाति पूछने का मार्डन तरीका' सरनेम के बहाने जाति का पता लगाया जाता है। आखिर जाति शिक्षित अशिक्षित सभी की जिज्ञासा का विषय क्यों है? जब कहानी की अज्जू चौथी कक्षा पहुंचती है तब वहाँ भी उसके सामने यही प्रश्न आ खड़ा हो जाता है कि उसकी सारी सहेलियों के नाम शालिनी मिश्रा, दीपिका गुप्ता, चंद्रिका तोमर, हबीबा बानू, गुरमीत कौर, रोज मेरी है और उसका नाम सिर्फ अजातिका। चौथी कक्षा की लड़की के मन में यह प्रश्न घर कर जाता है कि 'क्या होती है जाति? कौन है हम?' कहानी के अंत में अज्जू की मां उषा स्वयं से पूछ बैठती है, 'आखिर ऐसे प्रश्न उसके जहन में डाले किसने? क्या वह अंग्रेजी स्कूलों की परिचमी संस्कृति है या मनुस्मृति काल की वापसी।'

लेखिका रजत रानी मीनू की यह कहानी बहुत ही संवेदनात्मक ढंग से प्रस्तुत हुई है। लेखिका ने स्वयं जिक्र किया है कि श्री अजय नावरिया की एक कहानी 'मुखौटा के बीच' इस कहानी 'हम कौन हैं' से बहुत कुछ मिलती जुलती है। अर्थात यह पहचान का सवाल जातिगत दंश का एक आम हथियार है।

एक गाय की चोरी के इंलाम में गाँव के ठाकुर द्वारा मौत की सजा सुना दिए जाने पर आत्महत्या पर तुले एक साधारण दलित आदमी की कथा है 'फरमान'। शहरी जीवन की आदी और शहरी जीवन व्यतीत करती हुई एक नारी की कलम से एकदम गाँव के परिवेश में लिखी गई यह कहानी पढ़कर मन में यह प्रश्न उठता है कि उनके पास ऐसे अनुभव कहाँ से आए होंगे। फरमान कहानी की शुरुआत में लेखिका ने एक गाँव और वहाँ के सामंतों का बहुत ही यथार्थवादी चित्र प्रस्तुत

किया है। कहानी का प्रमुख पात्र कर्मवीर चौधरी रामौतार सिंह के यहाँ पशु चराता है। उसके पिता अपने बेटे को पढ़ाना चाहता है। लेकिन उनके गाँव में एक ही सरकारी स्कूल था जिसमें दो स्थानीय मास्टर थे श्रीनिवास मिश्र और ठाकुर भानु प्रताप सिंह। ये दोनों स्कूल में कभी कभार आते थे और जब आते स्कूली बच्चों को अपने खेत-बयार में काम बता देते थे। कर्मवीर अपनी लीलावती के साथ रहता था। एक दिन गाय-भैंस को चराने को जाते है और वहाँ से एक भैंस गायब हो जाता है। बेचारा घबराता है। कर्मवीर पर चोरी का इल्जाम लगता है चौधरी कहता है 'तूने नाय चुराई तो कहाँ गई। जमीन निगल गई या आमान को उड़ी गई?' अंत में चौधरी उसको दो दिन की मोहलत देता है। फिर से गाँव में पंच लगती है। पंच के समक्ष 'अगड़ी' जाति के लोग अपने-अपने विचार रखते है। दंड के विविध मार्ग सुझाते हैं। अंत में फैसला सुनाया जाता है—'सजा ए मौत'। कर्मवीर और लीलावती को नींद नहीं आई जिस दिन ठाकुर की भैंस 'खुई' खो जाती है उस रात बैठकर काटी थी, अब की रात उससे भी भयावह था। इसके सात दिन बाद कर्मवीर कुटिया से चुपके से निकलकर आत्महत्या कर लेता है।

'फरमान' कहानी में लेखिका ने बहुत ही प्रभावी ढंग से गाँव के एक साधारण अनपढ़ आदमी की व्यथा को दर्शाया है।

'हम कौन है?' कहानी की तीसरी कहानी को लेखिका अपनी पहली कहानी बताती है। लेखिका कहती है कि 1995 में जब मायावती पहली बार उत्तरप्रदेश की मुख्यमंत्री बनी थी तब 'बहुजन संगठक' या 'बहुजन संघर्ष' नामक किसी दलित पत्रिका में उनका एक साक्षात्कार छापा था। कुमारी मायावती के संघर्षपूर्ण जीवन के अनुभवों को पढ़कर लेखिका को लगा कि 'यह समस्या एक लड़की की नहीं पूरे दलित समाज की है। दलित लड़कियों के साथ बेटा और बेटी के नाम पर गैर दलितों की तरह ही उनके माता-पिता के घर से ही भेदभाव होता है। परिवार में वे उपेक्षा की शिकार होती है।' 'सुनीता' कहानी की सुनीता जब सात साल की थी तभी से उसे लड़की होने का अहसास लोने लगा था उसे लगा वह लड़के से कुछ अलग है कुछ कम दर्जे की है जैसे जैसे भाई बड़ा होता गया वैसे वैसे सुनीता को अपने साथ होते उपेक्षापूर्ण व्यवहार का अहसास होता गया। सुनीता के घरवाले उसके पढ़ाई के खिलाफ थे, उसके पिता कहते हैं, 'ए सुनीता कान खोलकर सुन! हमें तुम्हें कलट्टर-वलट्टर तो बनाना हैं नहीं और न ही तू बन पाएगी, तो चिट्ठी पत्री लायक थोड़ी सी पढ़ जा। वंश तो लल्ला ही चलाएगा, सुनीता परीक्षाओं में एक-एक करके उत्तीर्ण होती चली गई। पिता उसकी शादी करने पर तुले हुए थे। उनकी आर्थिक दशा खराब होती गई और जहाँ जाते शादी में ऊंचे दहेज की माँग सुनते। उनका यह संकट बेटी के लिए वरदान साबित हुआ। सुनीता को बी ए की परीक्षा उतीर्ण हुए जानकर गाँव के मुखिया भी कहते हैं, 'अछूत छोकरी को पढ़ना नहीं चाहिए।' तब सुनीता बाबा साहेब आंबेडकर की बात सोचती, 'स्त्री शिक्षा के

बगैर दलित वर्ग ब्राह्मणवाद के विरुद्ध जीती हुई लड़ाई हार जाएगा।' इस बीच सुनीता एल.एल.बी कर लेती है और आई.ए.एस करने की इच्छा रखती है। वह स्वयं सेवी मंचों पर अछूत वर्ग के उत्थान के लिए जोरदार भाषण भी देती है। व्यक्तिगत विकास को समाज के हित से ज्यादा अहम मानकर वह प्रशासनिक सेवा की इच्छा छोड़कर, राजनीति में प्रवेश करती है। अंत में वह सांसद बन जाती है कहानी के अंत में सुनीता अपने पिता की सारी पुश्तैली रूढ़िगत सोच पुरूष अहम और मन व्यवस्था की दी हुई हीन भावना के दुर्ग को ढहा देती है।

रजत रानी जी की इस कहानी 'सुनीता' की सराहना रमणिका गुप्ता जी ने 'दूसरी दुनिया का यथार्थ' में किया वे कहती है, 'रजत रानी मीनू की सुनीता बर्हिमुखी कहानी है। सुनीता जो सोचती है उसे बोलती भी है—उसके लिए डटकर मुकाबला भी करती है—अपनी बात मनवाने की विरुद्ध और धुन दोनों हैं उसमें और नेतृत्व गुण भी है। वह अक्सर की ताक में चुप रहना भी जानती है। सब सुनती है परकरती अपने मन की है।'

'सुनीता' जैसे ही एक और कहानी है 'सलोनी' जिसका शीर्षक भी कहानी के पात्र का नाम है। सलोनी एक अलग किस्म की कहानी है। इस कहानी में उन्होंने नारी की बहुधर्मी समस्याओं की ओर इशारा किया है। इस कहानी की सलोनी दलित है नारी है और ऊपर से सुंदर नहीं है, काली है। सलोनी को बचपन से अपने काले होने की सजा भुगतनी पड़ी है। बड़ी हुई तो स्कूल कॉलेज में दोस्तों के बीच उसे हीन भावना का शिकार होना पड़ा है। जब शादी की उम्र हुई तो लड़के वालों के सामने कई बार वह नुमाइश की वस्तु बनी। अंत में सलोनी ने शादी करने से इनकार कर दिया यह उसकी कहानी है।

'धोखा' आधुनिक समाज की 'लिव-इन' प्रथा पर लिखी गई कहानी है। इसके कहानी की अमीषा इसको भोगी हुई व्यक्ति है इसकी कमियों को जानती है। और उसकी बेटी श्रुति इसकी ऊपरी चमक दमक देखती है उसे अपनाना चाहती है। लेखिका ने बड़े ही संवेदनात्मक ढंग से इस कहानी को प्रस्तुत किया है। अमीषा हमेशा अपनी बेटी श्रुति से उसके प्रेमी अमित से शादी करने की बात करती है। और खुद की कहानी सुनाती है। अमीषा का अपने पति से विवाह हिन्दू विवाह अधिनियम की तहत अवैद्य थी। बेटी के पांच साल होने तक उनकी गृहस्थी ठीक-ठाक चल रही थी, लेकिन एक दिन अचानक पति घर छोड़कर चले जाते है। बाद में पता चलता है कि उनके जीवन में और स्त्री है और एक बच्चा भी है। नौकरी शुदा होने के कारण अमीषा अपनी बेटी को पालती है। अमीषा अपनी बेटी को समझाती है कि 'बेटा यह व्यवस्था पुरूषों की है यहाँ हर निर्णय पुरूषों का होता है। कब किसको छोड़ना है कब किसको पत्नी बनाना है कब रखैल बनाना है यह निर्णय स्त्री का नहीं पुरूष का होता है। स्त्री को मोहरा बनाकर अपने हित के लिए इस्तेमाल करता है।' अंत

में मां बेटी से कहती हैं, 'मंच से कहीं बातें और पुस्तकों में लिखी बातें स्त्रियों के बारे में एक पक्षीय होती है, और यह आशा प्रकट करती हैं कि, अब तुम जैसा भी निर्णय लोगी, ठीक ही लोगी।

'वे दिन', 'धोखा', 'सलौनी' और 'सुनीता' इस संग्रह की ऐसी कहानियाँ हैं जो स्त्री की समस्याओं को लेकर स्थापित हुई हैं। लेखिका स्वयं व्यक्त करती है कि 'समाज से मिले विभिन्न तरह के विषमतावादी अनुभवों ने मेरे संवेदनशील मन-मस्तिष्क पर चोट की। दर्द के रूप में, 'वे दिन', 'धोखा', 'सलौनी', 'सुनीता' जैसी कहानियाँ सृजित हुई हैं।'

'वे दिन' कहानी स्त्री की इच्छाओं, आकांक्षाओं, आशाओं को उजागर करती हुई कहानी है लेकिन उसकी सभी भावनाओं को किस तरह पुरूष तोड़ कर रख देता है इसका लेखिका ने बहुत ही अच्छे ढंग से प्रस्तुत किया है। स्त्री और वह भी दलित स्त्री की यातना इस कहानी में बहुत ही मार्मिक ढंग से प्रस्तुत है। डा॰ तेज सिंह, अपेक्षा पत्रिका के संपादक का इस पर टिप्पणी है। रजत रानी मीनू के 'वे दिन' कहानी आंबेडकरवादी साहित्य में शायद पहली कहानी है, जिसमें दलित दंपति के संबंधों में आए अलगाव को बड़ी ईमानदारी और प्रामाणिकता के साथ उभारा गया है।...... कथ्य और संवेदना की दृष्टि से भी इसमें नयापन है जो जाति के सीमित दायरे को तोड़ कर दलित समाज की नई समस्याओं से पाठकों को अवगत करती है। इस तरह एक दलित परिवार में एक औरत के अस्तित्व का संकट उसकी समूची अस्मिता के संकट के रूप में सामने आता है, जिसके लिए वह संघर्षरत है।' वे दिन की अंजू की शादी बड़ी कच्ची उम्र में ही हो जाती है। वह अपने पिताजी से बहुत विनती करती है कि उसे पढ़ना है। लेकिन एक दलित बिरादरी से एक मालदार धर का नौकरीशुदा लड़का मिलने पर उसके पिता बिहारी बाल उसकी शादी कर देता है। शंभुदला उसका समधी अंजू को बेटी जैसा प्यार देकर उसको पढ़ाने का वादा करता है। और एक हद तक पूरा भी करता है। अंजू की हमउम्र ननंद नंदिनी उसको पूरा सहयोग देती है जिससे पांव भारी होने पर और बच्चा पैदा होने के तुरंत बाद भी परीक्षा लिखने का इंतजाम करवा देती है लेकिन उसका पति उसकी उपेक्षा करता है और उससे तिरस्कार पूर्ण व्यवहार करता है। उसके पति की राय में 'ज्यादा छूट देने से औरतें आदमी के सिर चढ़ जाती है और एक बार औरत सिर चढ़ जाए तो फिर नहीं उतरती।' अंजू आगे की पढ़ाई की बात करती तो उसे लात-घूंसे, चप्पल जो भी हाथ लगता उससे पिटती। उसके पति को यह डर व्यक्ति कहीं वह उससे आगे न निकल जाए। अंजू को कभी अपनी राय व्यक्त करने का मौका न मिलता। हमेशा उसका पति उसे दुत्कारता। दलित औरतों को तो अपने शाक्तीकरण के लिए पुरूषों के सहारे की जरूरत होती है लेकिन देखा जाता है कि दलित पुरूष अपनी पत्नियों को लेकर कुंठित है। कहानी के अंत में एक साधारण, असमंजस में पड़ी

नारी नजर आती है वह तलाक नहीं देती, क्योंकि अपने परिवार और बच्चों को सही सलामत रखना चाहती है।

'वे दिन' को पढ़कर 'वसुधा' पत्रिका के संपादक डा॰ बजरंग बिहारी तिवारी ने रजत रानी मीनू जी को दलित लेखिकाओं के बीच एक संभावनाशील लेखिका कहा है वे कहते है, रजत रानी मीनू संवेदनशील लेखिका है। वे दलित समाज में स्त्री की स्थिति को लेकर चिंतित होती प्रतीत होती है।' उन्होंने 'वे दिन' को 'औपचारिक शिक्षा के लिए संघर्षरत दलित स्त्री अंजू की दास्तान है।'

वह एक रात, भाईचारा, गिरोह, रिस्ता और महामहिम का भाषण इन कहानियों का सृजन एक अलग धरातल पर हुआ दीख पड़ता है। इनमें आज का नया समाज, नौकरी पेशा लोग, राजनीति, शोरशराबा, दिखावा इन बातों का चित्रण कहानीकार ने किया है।

'मिठ्ठू की विरासत' कहानी में इस सच्चाई को उजागर किया गया है कि दलितों द्वारा दलितों का शोषण होता है। दलित जातियों में आपस में ऊंच नीच की भावना होती है और वे एक दूसरे की प्रगति को अवरूद्ध करते हैं। इसका इस कहानी में प्रभावशाली ढंग से उद्घाटन हुआ है। दलित जितना भी तरक्की कर ले कितना भी प्रधान बन जाए ब्राहम्णों ठाकुरों के लिए तो चमार या भंगी ही रहता है लेकिन अपने ही वर्ग के बीच वह रोब झाड़ने लगता है। 'मिट्ठू की विरासत' एक संस्मरणात्मक कहानी है। लेखिका ने इसमें मिट्ठू नाम के एक पंक्षी का जिक्र किया है जे एक पिंजड़े में बंद थी। घर के सभी उसे दुलारते थे लेकिन एक दिन खना रखते वक्त उसकी खिड़की खुली रह गई और वह दूर आसमान में उड़ गई। लेकिन इसके बाद भी वह क्वार्टर्स के पास के पेड़ों में आ बैठती थी। उन्हीं दिनों मिट्ठू नाम का एक सफाईवाला मिल गया वह तो आजाद था लेकिन कहीं कहीं पिंजड़ा बंद जैसा भी था। वह अपनी झोपड़ी की हालत से चिंतित था उसे एक पक्का रूप देने के लिए वह अपने बचे-बचाए पैसे से ईंट मिट्टी इकट्ठा करता है लेकिन उसी की बिरादरी का एक व्यक्ति प्रधान बनकर आता है वह मिठ्ठू का जीना हराम कर देता है।

इस कहानी का मिट्ठू अपने अधिकारों को अच्छी तरह जानता है। इस कहानी में लेखिका ने पूरी तरह ग्रामीण भाषा का प्रयोग किया है। गुलाम जैसी हालत में रहने के कारण इन व्यक्तियों को जब आजादी मिलती है तो उसके मालिकों से मिले संस्कार चुपके से उसके आचरण का भाग बन जाता है। वह अपने अधीनस्थों अर्थात अपने ही वर्ग में अपने से कम लोगों के साथ मालिकों जैसा आचरण करने लगता है। वह कहता तो है कि वह सामंत नहीं है पर उसका व्यवहार प्रतिक्रियात्मक हो जाता है।

'मैं कौन हूँ' संग्रह की दो कहानियाँ 'भाईचारा' और 'वह एक दिन' बहुत ही

प्रभावशाली ढंग से प्रस्तुत की गई है। दोनों में दलितों पर समाज में होते अत्याचार के संदर्भों का बहुत ही संवेदनशील ढंग से चित्रण हुआ है। 'भाईचारा' कहानी का संदर्भ आधुनिक फ्लैट संस्कार में जीते समाज के नौकरीपेशा लोगों के मन की संकीर्णता उजागर हुई है। 'भाईचारा आपर्टमेंट्स' में रहने वाले 8-10 लेखक-पत्रकार परिवार रहते थे। उनमें से एक 'मेम्बर' का अपार्टमेंट किराए पर दिया था, जिसमें उदयवीर प्रसाद परिवार के साथ रह रहा था। अपार्टमेंट के सभी अपने-आपको डेमोक्रेटिक विचार वाले समझते थे। उनके रहन-सहन से अभिजातीय संपन्नता का बोध होता था। कहानी की गीतांजली दीपांशु की पत्नी है दीपांशु पत्रकार है जो दलितों के जीवन से जुड़ी समस्याओं का अध्ययन कर उसे अपने पत्र में स्थान दे रहा था। उनकी पत्नी घर को संभालती थी। एक दिन उनके घर अपार्टमेंट की अन्य स्त्रियाँ आती है, जिनके साथ 'नए मकान' वाली नीता भी आती है। नीता चमार जाति की है। नीता दलित जाति की है। उसे नीता की साफ सुथरी व्यवस्थित ढंग से पहनी गई पोशाक उसके गाँव की सफाईवाली चमार और भंगिन जाति की औरतें छन्नों और तारावती की सी लगती है। उसे लगा नीता के कपड़ों से बदबू आ रही है और इसके साथ उसके मन की बदबू बढ़ती गई। गीतांजली कहती है कि, 'इस देश को दो लोगों ने बिगाड़ा है, एक तो क्रिश्चियन कम्युनिटी ने। ये अपना स्कूल खोलने से पहले यह भी नहीं देखते यहाँ कौन लोग रह रहे हैं। किसको पढ़ाई की जरूरत है और किसको नहीं। दूसरे कुछ हाथ है मार्क्सवादियों का, लोगों को बिगाड़ने में। इनका कसूर ये है कि इन लोगों ने सब घाल-मेल कर दिया। बेटी का फर्क तो बचाए रखे है, किंतु रोटी बंधन तो तोड़ दिया।' गीतांजली, मिसिल दुबे, मिसिस मिश्रा सभी मिलकर आने वाली 'लिट्टी पार्टी' से गीता को परे रखने का निर्णय करती हैं। अंत में उनके पति भी उनके साथ मिल जाते हैं वे पार्टी में उदवीर के परिवार को आमंत्रित नहीं करते बताते हैं कि उन्होंने बुलाया तो है लेकिन वे नहीं आए—'लाठी भी न टूटे और सांप भी मर जाए।'

'रिश्ता', 'महामहिम का भाषण' और 'गिरोह' कहानियों में भी रजत रानी मीनू जी ने ऐसे विषयों को कथ्य बनाया है जे समाज के निम्न वर्गों की समस्याएँ है। रिश्ता कहानी की विनीता के पिता की दूसरी शादी हुई। पहली पत्नी की बेटी नीता को अघोषित नौकरानी बनाकर रख दिया था। विनीता के पापा श्री गोविन्द शुरू में इस भेद को जानते और समझते थे और उन्होंने विरोध भी किया था। मगर पत्नी के भावनात्मक और मानसिक आतंक के आगे उन्होंने हार मान ली थी। गीता की शादी तो किसी तरह हो गई थी। गीता और विनीता का रिश्ता बहुत ही दृढ़ था। सौतेली मां और बेटी का रिश्ता, पति-पत्नि का रिश्ता, सौतेली बहनों के बीच का प्यार भरा रिश्ता इन सब का लेखिका ने इस कहानी में चित्रण किया।

रजत रानी मीनू का यह कहानी संग्रह एक दलित व्यक्ति के जीवन के सबसे बड़े सवाल 'अपने पहचान के सवाल' से लेकर उसके हक और आकाक्षा-आकुलताओं को उजागर करती है। इन कहानियों की भाषा में भी जादू है। लेखिका के अनुभव उनकी चेतना से उत्पन्न है। जीवन में सब कुछ पाकर भी अनुभूति की सघनता तीव्र होती चली गई है। यही कारण होगा कि ये कहानियाँ उनकी कलम से इतनी सहज रूप से प्रवाहित हुई हैं।

मिस रमिया : नारी विमर्श के परिप्रेक्ष्य में

–सुनन्दा ए॰एम

नारी जब अपने अधिकारों की माँग करने लगी तब से नारी विमर्श की शरुआत हुई। इसे केवल एक विमर्श नहीं एक चीत्कार समझना चहिए। मनुवादी संस्कृति की कुछ मान्यताओं का चीर -फाड समझना चाहिए। तभी इसकी अर्न्तनिहित शक्ति का सही एहसास होगा। आज की नारी अपनी अस्मिता, अस्तित्व और अधिकारों के प्रति जागरूक हो रही है। वह दूसरी महिलाओं को आगे लाने की कोशिश भी कर रही है। लेकिन पुरातनवादी सोच और मान्यताएँ उसके मार्ग में चट्टान के समान खड़ी हैं। उन्हें हटाकर आगे बढने के लिए वह संघर्षरत है। समाज से वह यह उम्मीद करती है कि उसे मात्र हाड़ -माँस युक्त स्त्री न समझा जाए। बल्कि उसकी भी अपनी कुछ सोच है,इच्छा है, इसके अनुसार जीने की आजादी उन्हें दें तथा उनकी इच्छाओं और मान्यताओं का कद्र करें,उन्हें इज्जत दें। पुरुष समाज से वह यह भी कहना चाहती है कि नारी पुरुष के बीच साहब-गुलाम का, भुक्ता-भोग्या का नहीं मानवता का रिश्ता होना चाहिए। वह उसे हैवानियत को दूर रखकर सोचने के लिए मजबूर करती है कि वह क्या कर रहा है,किधर की ओर जा रहा है।

प्राचीनकाल से ही स्त्रियाँ अवरोधों, निषेधों और वंचनाओं के बीच जीने की अभ्यस्त रही है। भारतीय संस्कृति की रीढ कहने वाली मनुस्मृति ने 'न स्त्री स्वातंत्र्यमर्हती' कहकर उसके अधिकारों और व्यक्तित्व पर ऐसा कठुराघात किया है कि इसकी प्रतिध्वनि आज इक्कीस्वीं सदी में भी गूँज रहा है। पुरुष सत्तात्मक समाज की स्थापना के लिए उन्होनें इन्सानियत की बली दी। उस बलिवेदी पर पुरुष सत्ता कभी-कभी उसका नंगा नाच दिखा रही है। नारी पर होनेवाले अत्याचारों के खिलाफ आवाज उठाने के लिए वह कभी कभी तैयार भी नहीं होती। इसके बदले जिस पर अत्याचार हुआ है उस पर उँगली उठाने के लिए उत्सुक रहता है जिस पर अत्याचार हुआ है।

कावेरी हिन्दी उपन्यास क्षेत्र का उभरती हुई दलित रचनाकार हैं। अभी तक कावेरी की कई पुस्तकें आ चुकी हैं। जिसमें 'द्रोणाचार्य एक नहीं' (कहानी संग्रह),

'नदी की लहर' (कविता संग्रह), 'बाबा साहब अंबेडकर का मानववाद' (विचार), 'दलित कहानाकारों का आत्मसंघर्ष' (जीवनी), 'मेरे रहते हुए' (दलित स्त्री विमर्श) तथा 'शिखा' और 'मिस रमिया' (उपन्यास) आदि आती हैं।

'मिस रमिया' कावेरीजी का पहला उपन्यास है। 2007 में निकला यह उपन्यास हिन्दी में दलित लेखिका का अभी तक आया पहला उपन्यास है। इसके केन्द्र में नारी है। इसमें उन्होंने नारी शिक्षा,नारी उत्पीड़न और नारी सशक्तीकरण पर प्रकाश डाला है। इसके पात्र स्त्री वर्ग विशेष का प्रतिनिधित्व करते हैं जो निम्न वर्ग से उच्च तक के दुख, सुख संवेदना, अभिव्यक्ति से पाठकों का तादात्म्य कराते हैं। साथ ही दलित नारी जीवन-संघर्ष को अन्य महिला उपन्यासकारों से हटकर देखने का प्रयास किया है।

'मिस रमिया' दो नारियों की दोस्ती की कहानी है। यह दलित-गैर दलित भेद भावों को मिटाकर एक नये समाज की स्थापना का दास्तान है। रमिया दलित टोली की है और श्यामली कायस्त टोली की। इन पात्रों के जरिए कावेरी ने नारी जीवन नारी मन और उसकी शक्ति पर प्रकाश डाला है, साथ साथ अपनी समस्याओं से जूझने का हौसला भी बढाया है।

नारी के प्रति समाज की दृष्टि भोगवादी है। नारी का शारीरिक शोषण आम बात हो गया है। पुरुष नारी के अकेलेपन और बेबसी का फायदा उठाता है। रमिया गरीब परिवार की बालिका है। परीक्षा फीस के लिए पाँच रूपया जमा करने में जब वह असमर्थ हो जाती है तब सहपाठी शिव उसे पाँच रूपया देता है। पाँच रुपया वसूल करने के लिए साबुन खरीदने आयी रमिया को वह पकड़ लेता है। तब सहमी स्वभाववाली रमिया नागिन के समान फुँफकर उठी–"क्या यही तुम्हारा उपकार है। लाचारी के ऊपर व्यभिचारी करते हुए तुम्हें शर्म नहीं आयी अब से मेरी ओर नजर उठायी तो आँखें फोड़ डालूँगी। मैं कल तक तुम्हारे रूपये वापस कर दूँगी।" वह साबुन लिए बिना चली गयी। दूसरे दिन ही नोट लेकर वह शिव के पास गयी और उसे शिव पर फेंकते हुए कहा–"किसी गरीब का इज्जत पाँच रूपये के बराबर मत समझना। "ऐसा ओज नारी में हमेशा रहना चाहिए। तब उसके शरीर पर कोई हाथ नहीं रखेगा। शोषण का विरोध उन्हें पूरी शक्ति के साथ करना चाहिए। सहमी डरी हुई रहने से कोई फायदा नहीं। अपना बचाव हमें खुद करना चहिए। पुरुषों के सामने छुईमुई बनकर नहीं रहना चाहिए। तब वह सोचेगा कि यह जरूर एक इशारे पर हमारे पीछे आ जाएगी। शिव एक गज रिबण पर ही बड़े घर की बहुत ही लडकियों को चूमा है। इसलिए शिव ने सोचा कि रमिया भी वैसी ही लडकी है। पुरुषों के एक ही इशारे पर उस पर लट्टू होनेवाली नारियाँ असल में नारी जाति पर एक कलंक हैं। नारी के हाल को बेहाल करने में वह भी कोई कसर नहीं छोड़ी है।

ऐसा कहा जाता है कि नारी ही नारी का दुश्मन है। समाज में ही नहीं घर परिवार में भी हमें इसके नमूने मिल जाएँगे। सास-बहू, भाभी-ननद की दुश्मनी की कहानी तो बहुत पुरानी है।

यदि उनके बीच का रिश्ता ठीक रहता है तो बीच में कोई नारी टपक जाती है और ऐसी चुगली करती है कि हँसी खुशी से भरा परिवार एक ही झटके में श्मशानघाट बन जाता है। शमी अपनी भाभी से बहुत प्यार करती है। वह घर का काम खुद करती है। भाभी भी उसे पसंद करती है। लेकिन झुनकी चाची जो शमी की माँ के न रहने पर एक बार भी घर पर नहीं आया अब सप्ताह में जरूर आ जाती। झुनकी चाची ने ऐसा काम किया कि शमी भाभी के आँखों का काँटा बन गयी। शमी से भाभी ने ऐसी दुश्मनी कर लिया कि शादी के दिन भी शमी को घर का सारा काम करना पड़ा। भैया बात बढने के डर से सहमा रहता है पिता मन ही मन से देते—"लक्ष्मी जैसी लडकी को इस समय दुल्हन बनकर घर में बैठे रहना था जैसे दूसरे घरों की लडकियाँ रहती हैं, परन्तु इसके नसीब में कहाँ चार दिन बारात आने को हैं और गोबर थाप रही है"।

नारी-नारी के बीच की दुश्मनी की और अनबन के बहुत सारे मुहावरे और कहावतें समाज में प्रचलित हैं। इसके पीछे भी पुरुषसतात्मक समाज के रचयिताओं का बहुत बड़ा हाथ है। दुश्मनी सिर्फ नारी में ही नहीं पुरुषों में भी है। यह मानव मन की एक संवेदना है। लेकिन नारी-नारी की अनबन को इतना बड़ा चढा के कह दिया गया है कि समाज में ऐसी एक धारणा फैल गयी है की नारी नारी के बीच कुछ बनती ही नहीं है। वह कभी भी अच्छी दोस्त बन ही नहीं सकती। इस धारणा को यह उपन्यास तोड़ता है और यह स्थापित करता है कि नारी ही नारी की सच्ची साथी बन सकती है। एक नारी के दुख को एक नारी ही समझ सकती है। नारी-पुरुष की दोस्ती से नारी के लिए नारी की दोस्ती ही हितकर है। इससे उसे समाज की बुरी नीयत का शिकार नहीं होना पड़ता। दलित पिछड़ी जाति में जन्मी रमिया को एक उच्च शिक्षा प्राप्त अध्यापिका बनाने में शमी का हाथ बहुत बड़ा है। वे पहले दर्जे से लेकर शिक्षा प्रशिक्षण तक की पढ़ाई एक साथ करती हैं। रमिया के स्कूल पर माधो चाचा और उसकी बहू अधिकार स्थापित करते हैं। जब वे रमिया की हत्या करने के लिए उच्चवर्ण के आवारा लडके शंकर,अवध और रतन को भेजते हैं तब शमी सहपाठी बैजु की सहायता से उनका मुकाबला करती हैं। बैजु ने अपना डंडा संभाल लिया। शमी ने भी हाथ में झाडू पकड़ ली। शराब के नशे मेंधुत रतन, शंकर और अवध रमिया का दरवाजा जोर-जोर से पीटने लगे। बैजु ने तनकर ऐसा डंडा चलाया कि शंकर और रतन एक साथ गिरे। अवध को शमी ने झाडू से ही होश ठिकाने लगा दिया। तीनों जान बचाकर भागे।

नारी वह चाहे दलित हो या सवर्ण उसे आगे लाने के लिए परिवार का हाथ बहुत बडा है। वह ऐसी एक शक्ति है जो नारी को संभल देता है। इस उपन्यास के दोनों नारी पात्र अपनी परिवार से इतनी जुड़ी रहती है कि पढ़ने और आगे बढने की प्रेरणा उन्हें घर से ही मिली है। रमिया के माँ-बाप उसे पढ़ाने के लिए हर मुसीबतों का सामना करने के लिए तैयार होते हैं। पढ़ाई के पैसे के लिए उन्हें बहुत सारे दरवाजे खटखटाने पड़े हैं। पिताजी रमिया से कहते हैं–"बेटा सबके रखवाले ऊपरवाले हैं। मैंने जो पवित्र मन से अपने बेटा को पढ़ाने का व्रत ठाना है उसे वही पूरा करेंगें। 'वह रमिया को वहाँ तक पढ़ाने के लिए तैयार हो जाते हैं जहाँ तक वह पढ़ना चाहती है। श्यामली को भी अपने घर से पूरा सहयोग मिलता है। उसका विद्रोही व्यक्तित्व ही उसके घरवालों की ही देन है। घरवाले शमी को चलने-फिरने और अपने विचारों को व्यक्त करने की पूरी आजादी दी है।

बेटी बेटा से किसी भी प्रकार छोटी नहीं है। परवरिश ही उसे कमजोर बनाती है। बेटी को बेटे की तरह पालेंगे तो वह बेटे की तरह ही काम आएगी। शमी और शमी के भाई में परिवारवालों ने कोई भेद नहीं माना है। जो अधिकार उन लोगों ने बेटे को दिया वही बेटी को भी दिया। इसलिए बचपन से ही शमी में स्वतंत्र सोच थी और अपने विचारों को खुलेआम कहने की शक्ति भी। गलत को गलत कहने से वह नहीं हिचकती थी। कायस्थ होकर भी वह दलित टोली में जाती थी और दलितों के साथ चलती थी। कायस्थ जाति के लोगों के रोकने टोकने पर भी वह मानने के लिए तैयार नहीं होती।

इसे पढ़ाई का बुरा नतीजा कहनेवालों से वह टक्कर लगाकर कहती है–"क्यों चाची वह आदमी नहीं है। मैं तो सारे अच्छे गुण उन्हीं में पाती हूँ। पढ़ने और न से क्या हुआ जिनका संकुचित विचार होता है।"

नारी शिक्षित हो या अशिक्षित उसे ससुराल में एक ही तरह की जिन्दगी मिलेगी। घर का काम करना, सबको खुश रखना छोटी छोटी गलतियों के लिए बड़ी बड़ी गालियाँ सुनना आदि। ससुराल में नारी को हमेशा उत्पीड़न सहन करना पड़ता है। कभी कभी वह इसका विरोध खुलेआम करती है तो कभी चुप्पी को अपानाना ही पड़ता है। शमी की शादी लोक-लाज के कारण छोटी उम्र में ही होती है। शमी के घर में माँ की मृत्यु के बाद पिता, भाई और भाभी के अलावा और कोई नहीं था। संयुक्त परिवार में आकर वह तन तोडकर काम करती है। लेकिन उसे ताने के अलावा कुछ नहीं मिलती। काम तो वह अपने घर भी करती, परन्तु उसमें स्वतंत्रता थी कभी उसे ऐसा लगता कि आत्महत्या कर ले। लेकिन वह मन में ठान लिया था कि जीवन में कठिनाईयाँ जूझकर जिएगी। ईश्वर ने नारी को शारीरिक बल के हिसाब से अबला बनाया है, लेकिन मन से वह पुरुषों से भी शक्तिशाली है।

व्यक्ति जीवन में दांपत्य जीवन विशेष महत्त्व रखता है। दांपत्य नारियों के लिए एक इम्तिहान है। इसमें विजयी बनने के लिए उन्हें बहुत कुछ कुर्बान करना पड़ता है। हँसती खेलती बालिकाओं को पकडकर शादी करवाने की प्रथा भारत में बहुत पुराने जमाने से ही चली आ रही है। यहाँ नारी माँ-बाप के लिए एक बोझ है। जमाने के डर से या अपने बोझ को हल्का करने के उद्देश्य से वे ऐसा करते हैं। लेकिन वह यह नहीं सोचता कि इससे उस बच्ची पर क्या बीतेगी। बड़े बूढ़ों के साथ रहने के लिए नारी में परिपक्वता आना जरूरी है। नहीं तो उन्हें बात बात में ताना सुनना पड़ेगा।

आज की नारी वर्तमान परिस्थितियों से परिचित है। बदली हुई परिस्थिति के अनुसार वह समाज में भी परिर्वतन लाना चाहती है। भारतीय समाज अनेक जातियों और उपजातियों में बँटा हुआ है। इसके अनुसार कुछ सवर्ण है कुछ दलित। यह विभाजन जन्म के आधार पर किया गया है। जन्म के आधार कर्म निर्धारित है और उसके अनुसार जाति। इसके अनुसार मानव की मानवीयता में भी बदलाव आ गया है। इन्सान इन्सान के साथ पशुवत व्यवहार करता है। श्यामली इसका विरोध जोरदार शब्दों में करती है। वह जन्म के आधार पर मानव को श्रेष्ठ मानने के लिए तैयार नहीं है। वह कहती है–"मैं कहती देती हूँ मुझे किसी का परवाह नहीं। आवारों की तरह घूमते रहते हैं। काला अच्छर भैंस बराबर है। उपर से पंडित कहलाने की अधिकारी है क्योंकि उनके बाप दादा पंडित कहलाते आये है। बिना गुण का। मैं मूर्खों की लिखी बातों में विश्वास नहीं करती। इन लोगों ने कौन सा नियम बनाकर रखा है कि पंडित पीढ़ी दर पीढ़ी पंडित ही कहलाये जबकि एक अच्छर का ज्ञान नहीं,और दूसरे वर्ग के लोग वास्तव में पंडित रहते हुए भी अपने पूर्वजों के रंग में ही रंगे रहें। मानवों के प्रति यह घोर अन्याय है। "

भारतीय समाज में नारी का जीवन अभिशप्त है। उसे वर्ग और लिंग का भेद भाव सहन करना पड़ता है। दलित नारी को वर्ग, लिंग के साथ जाति का शाप भी झेलना पड़ता है। दोहरा या तिहरा अभिशाप से पीडित दलित नारी की मुक्ति का स्वर है 'मिस रमिया'। इसकी रमिया दलित नारी के विकास का परिचय हमें देती है। रमिया को नारी होने से उतना दुख नहीं मिला जितना दलित होने से मिला है। दलित होने के कारण उसे स्कूल के पानी का घड़ा छूने तक का अधिकार नहीं है। स्कूल में प्यास लगने पर स्कूल के अन्दर बने कुएँ पर पानी पीने जैस ही रमिया बाल्टी लायी 'बाल्टी छू दी' कहकर एक टीकाधारी मास्टर ने उसे अपनी ओर खींचकर ताड़तड़ और दो झापड़ जड़ दिया। इस घटना से रमिया का बाल मन आहत हो उठा और वह बीमार पड़ गयी। शिक्षा हर कदम में वह यह तिरस्कार महसूस करती है। प्रशिक्षण कॉलेज के होस्टल में भी उसे भेद भाव सहन करना पड़ा। कावेरी नारी को

क्रान्तिकारी तेवर अपनाने संदेश तो देती है साथ ही साथ उसे एक नया हथियार भी देती है, वह है सहनशीलता। एक छोटे सहन से तो कभी कभी बड़ी कुछ हासिल कर सकती है। समाज के दमन से रमिया विद्रोही नहीं बनती। उसके स्कूल को माधो चाचा हडपने की कोशिश करता है तब भी वह छुप ही रहती है। सहनशीलता रमिया का गहना है। स्कूल वह अपने लिए नहीं गाँव के लिए बनाना चाहती। घर की बरामदे में बनी रमिया का स्कूल पाँच शिक्षकोवाली एक सरकारी स्कूल बनती है। वह स्कूल के अधिकार के लिए कभी माधो चाचा से नहीं लड़ती। वह इस अपमानित सम्यता से दूर एक नये बसेरे की स्थापना करना चाहती है। वह आगे पढ़ती है और कंपनी स्कूल में अध्यापिका बन जाती है। इस प्रकार सहनशीलता से अपने गाँव के लिए एक स्कूल देती है साथ ही साथ अच्छी नौकरी भी प्राप्त करती है।

सहनशीलता नारी का गहना है साथ ही साथ एक अच्छा हथियार भी है। लेकिन हमेशा मौन से काम नहीं चलेगा ऐसे अवसर पर विद्रोह को ही अपनानी पड़ती है। रमिया सकुची जरूर है लेकिन डरी हुई नहीं है। अध्यापिका बनने के बाद वह जातीय विद्वेष के खिलाफ तनकर खड़ी हो जाती है। रमिया कंपनी स्कूल के सांस्कृतिक कार्यक्रम की अध्यक्षा है और उसने जिले में होनेवाले गणतंत्र दिवस के कार्यक्रम में भाग लेने के लिए छात्राओं को मनोयोग से तैयार कराया। लेकिन कार्यक्रम में रमिया के स्कूल के अलावा अन्य सभी स्कूलों को कार्यक्रम करने का मौका दिया। रमिया के पूछने पर ए॰ के सिंह इतना क्रुद्धिद हुआ रमिया दंग रह गयी। जब चोट स्वाभिमान पर होती है तब बेजुबान की भी जुबान निकल आती है। हर दमन को सहन करनेवाली रमिया अपना अभिमान दाँव पर लगाने के लिए तैयार नहीं होती। वह ए॰ के सिंह की शिकायत करती है। चारों तरफ शिकायत वापस लेने के लिए दबाव बना रहता है। वह किसी भी समझौते के लिए तैयार नहीं होते। वह कहती है—'-समझौता कैसे हो गया। समूह में इन्होंने मुझे गाली दी और माफी माँगे बस यही समझौता हो गयी। मेरा सम्मान आप कहाँ दिलवाये। 'दलित नारी का सम्मान किसी भी इन्सान से कम नहीं है। रमिया दबाव के आगे न झुककर अपने समुदाय के लोगों और दलित सामाजिक संगठनों की मदद लेकर ए॰ केसिंह के सामने फौलाद के समान खड़ी होती है। रमिया की हिम्मत और अडिगता ने ए॰ के॰ सिंह को उसके सामने झुकने के लिए मजबूर करता है। अब तक रमिया अपनी शक्ति से अनजान थी। इस घटना ने उसकी जिन्दगी को पूरी तरह बदल दिया। दलित नारी के आत्मसम्मान की रक्षा के लिए वह संगठनों से जुडकर काम करती रहती है।

दलित एवं नारी जीवन के विभिन्न पहलुओं पर प्रकाश डालनेवाला यह उपन्यास कावेरी की महत्त्वपूर्ण कृति है। नारी शोषण से निकलने का भरसक प्रयास है साथ ही साथ स्वावलंबन की उत्कंठा लिए हुए भी है। वह अपमान का बदला लेने के

लिए तैयार है तो अपनी लाज मर्यादा, शर्म हया का भी ख्याल रखती है। दलित नारी की मुक्ति का एकमात्र रास्ता शिक्षित होना है। कावेरी नारी को शिक्षित होकर आर्थिक और बौद्धिक दृष्टि से सक्षम होने का संदेश देता है। जो समाज दलित नारी को सम्मान देना नहीं चाहता था उससे वह सम्मान हासिल करती है और रमिया मिस रमिया बन जाती है। दलित उपन्यासों में 'मिस रमिया' नारी विमर्श की दृष्टि से अपना एक अलग स्थान बना लेता है।

तुमने उसे कब पहचाना : औरत के वजूद की तलाश

–डॉ॰ संगीता पी॰

आज स्त्री शाक्तीकरण के संबंध में कितने शोर मच रहे हैं, फिर भी नारी 'आँचल में है दूध और आँखों में पानी' की स्थिति से मुक्त नहीं है। दलित और स्त्री लगभग एक दूसरे के पूरक हैं। दलित को अपने जीवन में कई तरह की विषमताओं का सामना करना पड़ता है, उसी तरह नारी भी सदियों से पीड़ाएँ सहकर गुजर आ रही है। सुशीला टाकभौरे की कविताओं में दलितों और स्त्रियों से अपने अस्तित्व को पहचान कर वंश परंपरा को कायम रखने का आह्वान है। उनसे रूढ़ियों को तोड़कर बाहर आने का और आगे बढ़ने का आदेश भी देती हैं।

'तुमने उसे कब पहचाना' काव्य-संग्रह सुशीला जी की नारी चेतना और नारी विमर्श की कविताओं का संकलन है। पुरुष प्रधान समाज में स्त्री को भी समता और आदर का भाव दिलाना कवयित्री का लक्ष्य है। 'यह तुम भी जानो' में कवयित्री ने सदियों से यातनाएँ सहकर रहनेवाले दलितों का यथार्थ चित्र प्रस्तुत किया है। अपने को दलित मानकर वे पूछती हैं कि अंधकार रूपी कुएँ की गहराइयों में वे कब तक रहेंगी? अहाता ने ही उन्हें अंधकार रूपी कुएँ में धकेल दिया है।

"मगर विस्तार से अनभिज्ञा मैं
कब तक रहूँगी तिमिर घन के कूप में।"

आरंभ की कविताओं में प्रमुख रूप से दलित वर्गों की निस्सहायता का चित्रण हुआ है। दलित को क्रांति का दूत और समष्टि की सन्तान घोषित करते हुए कवयित्री कहती हैं–

"व्यक्ति है वह, क्रांति का दूत है
फिर भी/समष्टि की सन्तान वह
संपूर्ण जाति, धर्म/देश और काल में
शिखर पर एक होता है।"

दलित सदियों से रूढ़ियों और परंपराओं की आड़ में उलझ रहे हैं। उनके पास

चेतना है। लेकिन पुराने रूढ़ी रूपी बेड़ियों को तोड़ने के लिए साहस नहीं है। कवयित्री की वाणी उन्हें रूढ़ियों को तोड़ने की प्रेरणा देती है

‘हमें/सागर के पल्लर की तरह
लाट की तरह,
हर क्षण/अपनी बेड़ियों को काटना है।

आगे वे उनमें निहित शक्ति और चेतना को जगाने की कोशिश करती हैं—

“आह्वान की आवाज
चौतन्य करती है बधिरों को भी
तुम स्वयं/अपनी गति के संचालक हो।”

सुशीला दलितों से दीप से दीप जलाकर सारे समाज लोक प्रकाशमय बनाने को कहती हैं। लेकिन आगे वे चेतावनी देती हैं कि—

“मगर याद रखो—आग तुम्हारे हाथों में है,
आग का धर्म/जलाना भी है।”

ध्यान से आगे बढ़ो दुःख की कोई बात नहीं है। पहले अनभिज्ञ कवयित्री समय बदलने से अभिज्ञ हो गयी है। आज वे सब कुछ जानती हैं। अच्छाई और बुराई की समीक्षा कर सकती हैं—

“आज मैं समीक्षा कर सकती हूँ
अच्छाई और बुराई की।”

अबला नारी का चित्रण करने के लिए भी सुशीला ने अपनी कलम चलायी है। पुरुष प्रधान समाज नारी को दुर्गुण का दोषी मानता है। मनु सर्वगुण संपन्न पुरुष वर्ग का प्रतीक है। उसका नाम कहकर वे लोग दुर्गुणों के दोष से बचते हैं।

‘दुर्गुण का दोष नारी पर है।
पुराष के दुर्गुणों पर हमेशा
मनु नाम की चादर डाली जाती है।”
अबला नारी का चित्रण इन पंक्तियों में व्यक्त है—
‘लिखते समय कलम को झुका ले
बोलते समय बात को सँभाल ले
और समझने के लिए सबके दृष्टिकोण से देखे,
क्योंकि वह एक स्त्री है! लेकिन कब तक?

इतिहास भी नारी शोषण का साक्षी है। यातनाएँ सहती हुई वह ज्वालामुखी बन जाती है। यह तो आश्चर्य की बात नहीं है सहज साधारण ही है। एकलव्य, शबरी और शंबूक के इतिहास दोहराकर दलितों के पिछड़ेपन का चित्र दिखाती हैं। उनके लिए आवाज उठाने के लिए कोई नहीं है। दमित वर्ग सदा के लिए दमित ही रह जायेंगे। शोषकों के प्रति आवाज उठाने के लिए उन्हें ताकत नहीं थी—

“हाथ नहीं उठाया किसी ने भी,
गुरु भक्ति के नाम पर
आवाज नहीं उठाई।
विषमताओं और स्वार्थ की बात को
तुम सब ने मौन रूप से स्वीकार किया।”

दलितों को मान्यता मिलनेवाले समाज को सपने में देखती हुई वे उनके लिए न्याय चाहती हैं—

“कब मिलेगा पशुतुल्य मानव को
अधिकार! कब बदलेंगे कर्मकाण्ड!
कब मिलेगा सामाजिक न्याय!”

स्वयं को पहचानकर अतीत और वर्तमान पर ध्यान रखते हुए, भविष्य में सम्मान का सपना देखते हुए आगे बढ़ने को कहती हैं—

“वर्तमान के कानों को समय की पुकार सुनने दो!
अतीत की वाणी को मुखर होने दो!
भविष्य की आँखों में सम्मान का सपना सजने दो !”

‘तुमने उसे कब पहचाना’ काव्य-संग्रह में स्त्री मुक्ति का स्वर मुखरित है। कवयित्री युग चेतना को जगाना चाहती हैं। वे अपने को क्षुद्र और नगण्य मानकर किसी सत्य की माँ बनना चाहती हैं। वे भी एक संस्कृति और एक परिवेश की पुत्री हैं। वर्तमान की पीढ़ी को भविष्य की दिशा देना चाहती हैं। वे युग चेतना को जगाकर अपने मरणोन्तुख समाज को उद्धार करना चाहती हैं—

“मैं मरण-मुखी समाज को अमरत्व देना चाहती हूँ,
किसी एक नाम से किसी परंपरा से।”

पुरुषसत्ता ने नारी को सदा के लिए दब कर रखा है। उसने अपना व्यक्तित्व पुरुषों के लिए समर्पित की है और वह सदा के लिए उपेक्षिता समझी जाती है। स्त्री को मानव समाज का गहना कहता है। कवयित्री पुरुष प्रधान समाज से पूछती हैं कि ऐसा क्यों कहता है? तुमने उसे कब पहचाना? उपेक्षा का भाव सदियों से नारी का अलंकार है—

‘उपेक्षा की ठंडक और आक्रोश के तेजाब से
नारी व्यक्तित्व को हमेशा रौंदा जाता है! !”

आगे वे इतिहास को दोहरा कर लिखती हैं—

“विश्वास, भक्ति, प्रेम की सीता
बार-बार धरती में दफनाई जाती है
इसलिए संसार में पीड़ा की फसलें उग आती हैं।”

सदियों से शोषित नारी आज जाग चुकी है। परंपराओं के बंधनों से अब वह

मुक्त है। प्रगति के पथ पर वह धीरे-धीरे कस्म रखकर आ रही है। अब कवयित्री से आश्वासन की बात सुनती हैं–

"आज खुशी की बात यह है शोषित नारी जाग चुकी है,
काट सभी बंधन को वह प्रगति का पथ जान चुकी है।"

नारी पुरुष के साथ आगे बढ़ना चाहती है। पुरुष को पीछे हटाकर आगे बढ़ना उसका मक्सद नहीं है। लेकिन पुरुष समाज नारी को साथ लेना नहीं चाहता है–

"साथ चलने का साँझा है
मगर फिर भी लड़ाई है
वह आगे बढ़ ही जाता है।
ठेककर पीछे उसे, बढ़ गया आगे
नहीं वह दो कदम भी
अकेला चल ही पाता है।"

नारी को अपना एक अलग अस्तित्व है। वह स्वतंत्र है। कवयित्री उससे अपने अस्तित्व को पहचान कर आगे बढ़ाने का आह्वान देती हैं -

'लड़की तुम किस पर निर्भर नहीं
स्वयं पूर्ण हो
तुम मुझसे अलग नहीं
फिर भी तुम्हारा अपना
एक अलग-अलग अस्तित्व है।"

आज नारी यह प्रमाणित करती है कि वह किसी से कम नहीं है। समाज के सभी क्षेत्रों में उसने उन्नति प्राप्त की है।

"मान सम्मान में
ज्ञान और विज्ञान में
पीछे नहीं है औरत
पूरे विश्व को मुट्ठी में रखकर समझेगी–
तभी वह मर्द की तरह जी सकेगी।"

अब तो नारी चक्की में पिसते अन्न की तरह जीवन बिताना नहीं चाहती–

"स्वयं को पहचानो
चक्की में पिसते अन्न की तरह नहीं–
उगते अंकुर की तरह जीना है।"

अंत में कवयित्री नारी जातियों को प्रगति के पथ पर ध्यान से कदम बढ़ाने का आदेश देती हैं। प्रगति के प्रवाह में कहीं भी नहीं रुकना चाहिए–

"रूको नहीं प्रगति-पथ पर बढ़ते रहो।"

यह काव्य-संग्रह सुशीला टाकभौरे के स्वतंत्र चिंतन का परिचायक है। इसके

जरिए वे दमित और शोषित वर्गों से अपने अस्तित्व को पहचानकर समाज में आगे बढ़ाने का आह्वान देती हैं। पुरुष प्रधान समाज में स्त्री स्वतंत्रता एवं मुक्ति चाहती है। इसका अर्थ तो पुरुष वर्ग को पीछे हटाकर आगे बढना नहीं है। समाज में स्त्री-पुरुष समत्व वे चाहती हैं। सुशीला अपनी कविताओं के माध्यम से दलित एवं नारी को उद्‌बोधित करने में एक हद तक सफल हुई हैं। उनके शब्दों की तीव्रता पाठकों को प्रभावित करने में सक्षम है।

मेरा बचपन मेरे कंधों पर : एक दलित बचपन की आपबीती

–अनु॰ टी॰

दलित लेखकों ने आत्मकथा को अभिशप्त जीवन की सशक्त अभिव्यक्ति के रूप में स्वीकारा है। दलित आत्मकथाओं के संदर्भ में डॉ॰ जयप्रकाश कर्दम का कहना है–"समाज के जिस विद्रूप, बीभत्स, क्रूर और अमानवीय चेहरे पर गैर-दलित लेखक पर्दा डालते आए थे और समाज जिस सच से साक्षात् नहीं करना चाहता था, इन आत्मकथाओं ने समाज के उस नग्न सच को बेपरदा किया।" इस संदर्भ में डॉ॰ श्यौराज सिंह बेचैन की आत्मकथा 'मेरा बचपन मेरे कंधों पर' चर्चा की माँग करती है।

दलित साहित्य के क्षेत्र में डॉ॰ श्यौराजसिंह बेचैन एक प्रमुख हस्ताक्षर हैं। उन्होंने कविता, आलेख, निबन्ध, पत्रकारिता आदि के क्षेत्र में अपनी लेखनी चलायी है।उनकी रचनाओं के केन्द्र में दलित व्यक्ति ही होता है। सामाजिक, आर्थिक असमानता और हर तरह के शोषण के विरुद्ध वे आवाज उठाते रहते हैं। उनकी आत्मकथा केवल हाईस्कूल तक की स्मृतियों को संजोकर लिखी गयी आत्मकथा है। अछूत में भी अछूत और वह भी बाल-अछूत के परिवेश में लेखक अपनी आप-बीती को प्रभावशाली ढंग से प्रस्तुत किया है।

हर एक व्यक्ति का सुनहरा काल बचपन होता है। लेकिन दलित बच्चों के लिए ऐसा नहीं हैं। क्योंकि जन्म लेते ही उनके मासूम पैरों पर मनुवादी सामाजिक व्यवस्था द्वारा जातीयता की बेडियाँ डाल दी जाती हैं। उनका जीवन इन्हीं बेड़ियों में ही गुजरा है। गुलामी की इन जंजीरों को तोड़कर मुक्ति पाने के लिए वे जिन्दगी भर संघर्ष करते रहते हैं। क्योंकि व्यवस्था उन्हें आगे बढ़ने नहीं देती। समाज के सवर्णो ने दलितों के लिए जो विषाक्त माहौल उपलब्ध करवाया था उसके फलस्वरूप उन लोगों की जिन्दगी गरीबी, अभाव, भूख, जातीय भेद-भाव, छुआछूत, अशिक्षा, शोषण आदि में बीत रही है। डॉ॰ श्यौराजसिंह बेचैन भी इस कलुषित सामाजिक व्यवस्था के शिकार हैं। उनका बचपन भी गरीबी, अभाव, शोषण, जातीय भेद-भाव

और पारिवारिक उपेक्षा में व्यतीत हुआ है। उनको स्नेह और सहयोग सिर्फ माँ से ही मिला है। लेखक की पाँच-छह वर्ष की उम्र में ही उनके पिता का देहांत हो जाता है और घर की जिम्मेदारियाँ अनायास उनके कन्धों पर आ जाती हैं।

'मनुस्मृति' के अनुसार शूद्रों का एकमात्र काम अन्य तीनों वर्णों की सेवा करना है। उच्चवर्गवाले इन्हें शारीरिक और मानसिक रूप से गुलाम बनाया था। उनके लिए धनोपार्जन के लिए कोई स्वतंत्र व्यवस्था न होने के कारण यह वर्ग कभी भी आत्मनिर्भर होकर ऊपर उठ नहीं सका। उन्हें जीविका चलाने के लिए उच्चवर्गों के घर और खेतों में हाड़-तोड़ मेहनत करनी पड़ी, फिर भी एक वक्त की रोटी के बजाय और कुछ नहीं मिला। उनका जीवन उच्चवर्ग की दया पर निर्भर है। दलितों की इस दयनीय स्थिति का उच्चवर्ग फायदा उठाता है। लेखक के पिता राधेश्याम की मृत्यू के बाद उनकी जिन्दगी एकदम गरीबी में डूबी हुई थी। गरीबी से विवश उसकी माँ उनसे कहती है "अब तोई अपनी जिन्दगी अपनी कमाई में गुजरनी है। जिद्द छोड़, कुछ काम सीख ले। कुछ नहीं तो साइकिल में पिंजर जोडना ही सीख ले।" इस छोटी सी उम्र में जिन्दगी की मुश्किलों से संघर्ष शुरू हो जाता है। एक तरह से यह आत्मकथा बालश्रम के लिए मजबूर दलित बचपन की त्रासदपूर्ण जिन्दगी का दस्तावेज है।

समाज द्वारा दलितों पर जो काम थोपा गया था उसमें गंदगी साफ करना प्रमुख है, जो कल और आज भी ये लोग कर रहे हैं। घर की आर्थिक स्थिति कमजोर होने के कारण बेचैन को अपने जीवन के प्रारंभिक चरण में पैतृक पेशा ही एकमात्र सहारा था—"मैं जब से समर्थ हुआ न जाने कितने कटरे-कटरियाँ, गाय-बैल और भैंसे उठाने में शामिल रहा था, उन सबकी खाल उतारना मैं आज भी भूला नहीं हूँ।" इस तरह के काम करने के कारण लेखक और उनके परिवारवालों को समाज ने बहिष्कृत किया था। एक जरूरी सेवा होने पर भी इसे करने से चमारों को जीवन भर घृणा और तिरस्कार मिलते रहे। इस संबन्ध में लेखक ने लिखा है "डॉक्टर मनुष्य की लाश का पोस्टमार्टम करता है तो इज्जतदार होता है। भंगिन सफाई करती है तो दुत्कारी जाती है। चमार पशु की खाल उतारता है तो वह बहिष्कृत और अछूत बन रहता है।"

मनुष्य को जिंदा रहने के लिए जिन बुनियादी चीजों की जरूरत है, दलित लोग उन सबसे वंचित हैं। उन्हें रहने के लिए अच्छे घर, पहनने के लिए अच्छे कपड़े, भूख मिटाने के लिए भर-पेट खाना तक नहीं मिलते। सवर्ण लोग दलितों को लूटकर ऐशो-आराम की जिन्दगी जीते हैं। मगर दलित बच्चे अभाव की जिन्दगी जीते हैं। बेचैन के शब्दों में "उन दिनों मेरे पास हाई-स्कूल तक स्कूल ड्रेस भी नहीं थी। एक ही जोडी कपड़े थे, सो स्कूल से जाकर उन्हें उतार कर टाँग देता था, और नेकर

बनियान में काम करता रहता था। बदलने के लिए दूसरी जोड़ी नहीं होते थे। एक सप्ताह तक गंदे-कपड़े स्कूली साथियों से छिपाने मुश्किल होते।"

शिक्षा के अभाव के कारण दलित समाज अन्धविश्वास के जाल में जकड़ा गया है। भगवान का डर, स्वर्ग-नरक, मोक्ष, आत्मा-परमात्मा, जन्म-पुनर्जन्म आदि के डर ने इस शोषित समाज को आगे बढ़ने से रोका है। बीमार पड़े लोगों को वे अस्पताल नहीं ले जाते। बल्कि सयानों के दल को बुलाकर झाड़-फूँक करते हैं। इसी अन्धविश्वास के कारण ही लेखक के पिताजी की मृत्यू हुई। शिक्षा के अभाव के कारण ही ये लोग अन्धविश्वास और नरकीय जिन्दगी जीने के लिए विवश हो जाते हैं। लेखक इस सोच की वजह शिक्षा प्राप्त करने तथा जीवन के हर संघर्ष का सामना करने के लिए तैयार हो जाते हैं तथा शिक्षा के सभी द्वार उनके सामने खुलते गये।

अस्पृश्यता के पालन द्वारा समाज इन्सानियत को भूल जाता है। प्रस्तुत आत्मकथा में प्रेमपालसिंह की पत्नी आशा के शब्दों में छुआ-छूत की भावना देख सकते हैं। यादव प्रेमपालसिंह के घर और खेत का सारा काम लेखक करते हैं, बदले में उन्हें रोटी मिलती है और पढ़ाई भी कर सकते हैं। प्रेमपाल आर्य समाज के प्रवर्तक होने के कारण छुआछूत को नहीं मानते। इसलिए वे श्यौराज को अपने घर में रखते थे। संस्कृत अध्यापक सियाराम आर्य ने ये सब देखकर दूसरे शिक्षक से कहा—"चमार के हाथ से छिली हुई सब्जी खाना अच्छी बात है क्या? तुम खा पाओगे तोमर साहब? मेरे तो गले के नीचे नहीं उतरेगी एक अछूत के हाथ से छुई हुई सब्जी। प्रेमपालजी संत हो गये होंगे। पर हम सब तो सामान्य अध्यापक ही है"। समाज का पथ प्रदर्शन करनेवाले अध्यापक ही इस तरह व्यवहार करेंगे तो दूसरों का क्या कहना?

ऊँच-नीच और छुआछूत की समस्या सवर्ण और दलित के बीच ही नहीं है, बल्कि दलित जातियों में भी फैली हुई है। दलितों में जाति के अन्तर्गत उपजातियाँ होने का उल्लेख लेखक ने आत्मकथा में किया है। चमार, जाटव, भंगी, चूहड़ा, वाल्मीकि आदि जातियों में भेद-भाव के कारण आपस में संवाद नहीं होते। उनकी एकता अनिवार्य है। दलितों के बीच के इस भेद-भाव भरे व्यवहार को लेखक ऐसा स्पष्ट करते हैं "दस जने एक नीम के नीचे बैठकर भी भेद दर्शाने के लिए चमार मिट्टी के ऊँचे टीले पर और भंगी निचली जगह पर बैठकर लंबे-लंबे किस्से कहानियाँ सुनाया करते थे। बीच में कोई यादव या मुसलमान आ जाता तो भंगी चमार दोनों अपनी खाटों या ऊँचा टीला छोड़ नीचे जमीन पर बैठ जाते थे।"

दलितों के श्रम का शोषण सवर्ण समाज द्वारा बरसों से हो रहा है। इसके कारण उनकी आर्थिक स्थिति में कोई सुधार नहीं हुआ है। प्रस्तुत आत्मकथा में हम देखते हैं कि लेखक किसी न किसी तरह शोषण का शिकार बनते जा रहे हैं। अपनी पढ़ाई और रोजी रोटी के लिए वह इन सब अत्याचारों का चुप-चाप सहन करते हैं। उसके

सौतेले पिता ने भट्ठे के एक ठेकेदार से एडवांस लेकर लेखक और उनकी बहन को भट्ठे पर भेजा, वहाँ उनसे तन-तोड़ मेहनत करवाकर उनके श्रम का फायदा उठाते हैं। उसी प्रकार जब लेखक गरीबी के कारण होटल में जूठे बर्तन धोने का काम करते हैं तब वहाँ के मालिक नौकरों का शोषण करते हैं।

लेखक पढ़ाई के प्रति असीम इच्छा और रोजी रोटी के लिए मास्टर साहब प्रेमपालसिंह के घर में नौकर बनकर गया। उनके घर खेतों के सारे काम उस पर सौंपा गया था। वहाँ के काम पूरा करने के बाद उसे स्कूल जाना था। एक ओर देखें तो प्रेमपालसिंह श्यौराज को पढ़ाई के लिए प्रोत्साहन और सहायता करनेवाला आदमी थे तो दूसरी और वे लेखक का पूरी तरह से शारीरिक और आर्थिक शोषण करते थे। उनके दिन-रात काम करने के बदले सिर्फ रोटी ही मिलती थी। उनके अपने ही शब्दों में "शिक्षा मेरे लिए उस कबूतर के चुग्गे की तरह थी, जिसे पाने के लालच में मैं हर बार किसी न किसी शोषण के जाल में फँस जाता था।"

आत्मकथा में लेखक ने अपने बचपन काल की राजनीतिक व्यवस्था और सुधारवादी प्रचारकों और आन्दोलनों का जिक्र किया है, साथ-साथ वर्तमान के साथ उसे जोड़ने का भी प्रयास किया है। उनके गाँव में गाँधीवादी सुधारक चमारों-भंगियों से दलितों की आजादी की बात कहते रहते थे। पर ज्यों-ज्यों स्वतंत्रता की उम्र बढ़ रही है, दलितों की दलित स्थिति, दरिद्रता और सवर्णों की समृद्धि-सवर्णता और जातीय विद्वेष की भावना बढ़ती जा रही है। आर्य समाज के संपर्क से और कम्यूनिस्ट साहित्य पढ़कर लेखक ने भी गाँव में मौजूद अन्धविश्वास और पाखण्डों के विरुद्ध निरन्तर संघर्ष किया था। गाँव में सब मामलों का हल पंचायती तौर पर किया जाता था। गाँव के प्रधान निर्णय लेते थे। वहाँ के पुलिसवाले भी प्रधान के कहने के अनुसार काम करते थे। श्यौराजसिंह बेचैन के पिता राधेश्याम को तो जूते बनाकर बेचने की हुनरमंदी के लिए पुलिस को जुर्माना देना पड़ा तथा मार खानी पड़ी। वर्तमान समाज में भी ऐसी घटनाएँ देख सकते हैं, अर्थात आज भी इसमें कोई बदलाव नहीं आया है। असल में पुलिस लोगों को जनता की सेवा करनी है लेकिन वे बड़े-बड़े राजनीतिक नेताओं के हाथों के कठपुतले बनकर समाज के निचले लोगों का शोषण करके उनसे फायदा उठाती हैं।

राजनीति के क्षेत्र में जब चुनाव का सवाल आता है, तब नेता लोग नीच जातियों को अपने वश में लाने का प्रयास करते हैं। जैसे आत्मकथा में लेखक के संस्कृत अध्यापक सियाराम आर्य ने बचपन में लेखक को जाति के नाम पर अपमानित किया था। कालान्तर में जब वे एम॰एल॰ए॰ का चुनाव लड़ रहे थे तब लेखक से चुनाव प्रचार के लिए कहा तो उन्होंने अपना विद्रोह इस प्रकार व्यक्त किया "जरूर करूँगा, खूब करूँगा। कहूँगा कि खादी के कुरता-धोती, टोपी देखकर नेता मत समझो। ये

छुआछूत का बर्ताव करनेवाले तुच्छ यादव हैं, उन्हें वोट मत दो।"

'मेरा बचपन मेरे कंधों पर' सिर्फ एक अछूत बालक की कथा ही नहीं उसमें पूरे दलित समाज की जिन्दगी का चित्रण किया है। इसमें विद्रोह की कोई आवाज नहीं है क्योंकि आर्थिक स्थितियों की दयनीय परिस्थितियों में रहकर सब कुछ सहने के लिए लेखक विवश थे। फिर भी उन्होंने अपनी आत्मकथा के जरिए बिना हिचक के सारी घटनाओं को सच्चाई के साथ प्रस्तुत किया है। सदियों से दलितों पर होनेवाले अन्याय, अत्याचार और उत्पीड़न का सीधा खुलासा है–'मेरा बचपन मेरे कंधों पर'।

अनुभूति के घेरे : औरत की अनुभूतियों का साक्ष्य

–रेष्मा एम॰ए॰आर॰

डॉ॰ सुशीला टाकभौरे हिन्दी दलित साहित्य की एक चर्चित लेखिका है। उनका जन्म 1954 में मध्यप्रदेश के बानापुर गाँव में हुआ। उनके बचपन में दलित जाति के लड़कियों को अधिक नहीं पढ़ाया जाता था। 15-16 साल की उम्र में ही शादी करवाते थे। उन सब रीतियों को तोड़कर उन्होंने पढ़ा और जीवन में आगे निकल आयीं। अपने जीवन के कड़ु अनुभवों को उन्होंने कागज पर उतारा है। सुशीला ने बहुत सारी कहानियाँ नाटक और काव्य लिखे हैं। अपने जीवन के अनुभवों से प्रेरणा लेकर उन्होंने लिखी हैं। उनका एक कहानी संग्रह है 'अनुभूति के घेरे'। जिसमें संकलित सारी कहानियों का मुख्य पात्र स्त्री है। 'अनुभूति के घेरे' कहानी संग्रह में उन्होंने दलित और गैरदलित नारियों के भावनाओं को व्यक्त किया है।

इस कहानी संग्रह में 13 कहानियाँ हैं। हर एक कहानी में नारी की अलग-अलग भावनाओं को दर्शाया गया है। सामान्य से भावनाएँ अलग हैं लेकिन विभिन्न होकर भी नारी की भावना अलग नहीं है। साहित्य में अनेक प्रवृत्तियाँ आयीं, अनेक वाद आये, कई साहित्यिक, आन्दोलन चले फिर भी दलित समाज और नारी की स्थिति पिछड़ी ही है। इस कहानी संग्रह की सभी कहानियाँ नारी जीवन की स्थितियों पर आधारित हैं। जहाँ नारी मनुवादी मान्यता के आधार पर क्षमा, त्याग, करुणा, ममता, दया, परोपकार आदि सद्भावनाओं से परिपूर्ण आदर्श रूप है; जहाँ उनके पास अधिकार नहीं केवल कर्तव्य ही कर्तव्य है।

स्त्री के पास इतना साहस और अधिकार नहीं होता कि वे, समाज में सम्मान के साथ तर्क और न्याय द्वारा अपना हक लें सकें। समाज में जो रीति-रिवाज है, उसका पालन करना पड़ता है। परिवार के अतंर्गत ही जीना पड़ता है। परिवार में रहनेवाली एक भारतीय नारी को हर एक बात पर ध्यान देना पड़ता है। धर्मों का पालन करना पड़ता है। सब कुछ करने पर भी स्त्री होने के कारण उसकी भावनाओं को दबाये रखा जाता है। विशेषकर इस पुरुषप्रधान समाज में उसकी अस्मिता को कोई नहीं मानता।

इस कहानी संग्रह में नारी का चित्रण अत्यंत पूर्णता से किया गया है। कशमकश भरी जिन्दगी गुजारती है। समाज हमेशा बदलता गया लेकिन नारी कई स्थिति में आज भी बदलाव नहीं आया है। जहाँ भी जाओ पुरुष के पीछे ही स्त्री का स्थान समझा जाता है। स्त्री को आगे आने का मौका बहुत ही कम मिलता है। अगर पढ़-लिखकर कोई काम किया भी समाज और लोगों के सवालों से डरकर जीना पड़ता है।

'बंधी हुई राखी' नामक कहानी की नायिका लेखिका है। उनके स्कूल में हरिश नामक एक युवक आकर जाईन करता है और उससे दीदी का रिश्ता जोड़ लेता है। चार भाईयों के साथ रहकर भी लेखिका के लिए यह एक नयी अनुभूति थी। लेकिन जलदी ही सहकर्मचारियों का काला मुँह देखना पड़ा और वह रिश्ता खत्म सा हो गया। उसके बाद आपस बात करना बहुत कम हो गया। एक दूसरे की तरफ देखने का समय तक नहीं रह गया। रिश्ता निभाना जैसा औपचारिक बन गया है। किसी के लिए, अपनों के लिए भी समय नहीं निकाल पाते हैं। पढ़-लिखकर अच्छा काम, कमा लेते हैं लेकिन सच्चा रिश्ता निभाना भूल जाते हैं। स्त्री को किसी भी रिश्ते निभाने से पहले समाज और लोगों के बारे में सोचना पड़ता है।

स्त्री को हमेशा दूसरों के लिए जीना सिखाते हैं। यही कारण है, वह अपने लिए कभी नहीं जीती। फिर भी कोई भी उसकी ओर नहीं देखता। 'घर भी तो जाना है' कहानी की नायिका आशा भी ऐसा ही एक पात्र है। घर-परिवार को सभालनेवाली एक साधारण नारी। घर के काम करके स्कूल जाओ वहाँ से ढाँढ खानी पड़ती है। वापस बच्चों के स्कूल में आओ, तो स्कूल नहीं छोड़ा होता। दोनों के बीच रहकर वह धक जाती है। फिर भी सुशी-खुशी जीने की कोशिश करती है। अपने परिवार के लिए सारा काम करती है अपनी सारी जिन्दगी परिवार का देखभाल करने के लिए जीवन बिताती है। फिर भी कोई उसकी भावनाओं का सम्मान नहीं करता।

स्त्री की अस्मिता को कोई नहीं मानता। हमेशा उसे क्षमा का मूर्त रूप माना जाता है। मनुवादी काल से लेकर आज तक स्त्री हमेशा कर्तव्य और क्षमा के सिवाय कुछ नहीं करती। 'भूख' कहानी में ऐसी नारी का चित्रण हमें मिलता है। पत्नी को हमेशा पति के इच्छानुसार जीना पड़ता है। 'भूख' कहानी में, पति के साथ होने पर भी पत्नी को उसकी श्रद्धा नहीं मिलती। जब भी बाहर जाओ पति कोई किताब लेकर बैठता है। पत्नी की ओर ध्यान नहीं देता। ऐसा करने पर भी पत्नी सहनशीलता के साथ अपना जीवन बिताती है।

हर परिस्थिति में स्त्री की मानसिकता और भावनाएँ बिलकुल अलग होती हैं। कुछ भी करने से पहले उसे जरूर सोचना पड़ता है। 'प्रतीक्षा' कहानी का सुमन, जब अपने दफतर में आये नवयुवक से रिश्ता जोड़ लेती है उसे अंजाना सा अनुभूति का एहसास होता है। जब वह विनय के घर पार्टी के लिए जाती है तो प्रकाश को दैखकर आश्चर्य चकित होती है। वह अपने आप को संभाल नहीं पायी। उसके पुरानी यादें

ताजा हो जाती हैं। वह जल्दी ही घर वापस आती है, शहर छोड़कर जाने का फैसला करती है। लेकिन जल्दी ही अपने फैसले को बदलती है। समाज और लोगों के बारे में सोचनेलगती है। नारी हमेशा कुछ पलों में हार जाती है। उसे किसी भी निर्णय लेना कठिन लगता है। लेकिन जिन्दगी में सही निर्णय लेने पर वह चल पड़ती है।

स्त्री, परिवार का एक बहुत बड़ा वरदान है। परिवार के साथ रहनेवाली स्त्री का एक अलग ही महत्त्व होता है। उसकी चिंता, रहन-सहन सब कुछ खास होते हैं। पति और बच्चों के साथ रहना उनके जीवन में एक नया बदलाव आता है। लेकिन जब परिवार के साथ रहकर भी वह परिवार के साथ न हो तो उसकी मानसिक संघर्ष कुछ अलग ही होता है। 'हमारी सेलमा' कहानी की सेलमा ऐसी ही एक स्त्री है, जो पति और बेटे के साथ रहकर भी उनके साथ नहीं है। इस कारण से उनके मानसिक चिंतन में बहुत बदलाव आता है। हर किसी से गुस्सा करती है। लेकिन कुछ समय बाद जब वह बीमार पड़ जाती है तो अपनी परिस्थितियों से समझौता करना सीख जाती है। अपनी जिन्दगी से बिना शिकायत के जीना सीख लेती है। हर एक मनुष्य के जीवन में अनुभूतियों का प्रवाह है, लेकिन सिर्फ कुछ ही लेग ऐसे होते हैं जो अपनी अनुभूतियों को पहचानने की कोशिश करने का प्रयास करते हैं।

जब भी कोई लेखक या लेखिका कुछ भी लिखती है वह अपनी जिन्दगी के पलों को कागज पर उतारते हैं। उसमें सच्चाई होती है, उनके जीवन के कडु अनुभव होते हैं। भारत जैसे एक देश में नारी को सम्मान दिया जाता है, फिर भी उसे बाँधकर चलना सिखाते हैं। कुछ भी करने से पहले सोचने को मजबूर कर देते हैं। बचपन से ही उसे बांधकर चलाना सिखाते हैं। रूसो ने कहा है कि, "मनुष्य स्वतंत्र होकर पैदा होता हैं, लेकिन वह हर कहीं जजीरो में ही है।"

नारी की स्थिति भी ऐसी ही है। इस कहानी संग्रह की 'कैसे कहूँ' कहानी लेखिका का ही अनुभव है। भारतीय परिवार में रहनेवाली एक औरत को जब कोई अंजान आदमी प्रेम पत्र लिखता है तो उसका मानसिक संघर्ष बहुत अधिक होता है। वह परिवार के लोगों के बारे में सोचती है, पति और बच्चों के बारे में सोचती है। समाज और लोगों के बारे में सोचना पड़ता है। अपने पति से उसे मिले प्रेम पत्र के बारे में कहने के लिए डरती है। अपने परिवार के लिए वह कोई लेखिका नहीं है, अपने परिवार का एक सदस्य है, किसी की पत्नी, और माँ है। पति से कहने पर वह क्या सोचेगा? क्या कहेगा? ऐसे सोचकर उसकी मानसिक व्यथा बढ़ जाती है।

आखिर में वह पति से प्रेमपत्र के बारे में कहती है। पति वह सुनकर हँस पड़ता है। बहुत ही कम लोग ऐसे होते हैं, जो इस तरह की बातों को नजर अंदाज करते हैं। अपनी पत्नी को समझने की कोशिश करता है। उसके मानसिक संघर्ष को समझकर उसे आश्वास दिलाता है। अगर वह नारी दलित समाज की हो तो उसे इस तरह का उम्मीद बहुत ही कम होता है। नारी दलित हो या गैरदलित उसके

मानसिक संघर्ष और पीड़ा बहुत अधिक होता है। स्त्री हमेशा दलित ही होती है, लेकिन कुछ लोग अपने को दलित मानना पसंद नहीं करते हैं।

जिस तरह एक स्त्री समाज और परिवार को बनाती है, उसी तरह बिगाड़ती भी है। समाज में नारी की अनुभूतियों या भावनाओं को नहीं माना जाता। फिर भी कुछ समय उसे सम्मान दिया जाता है। एक परिवार को अच्छे ढंग से चलाना भी और बिगाड़ना भी स्त्री जानती है। इस कहानी सग्रह की 'गलती किसकी है' नामक कहानी में दो नायिकाएँ हैं दोनों बहनें हैं, फिर भी दोनों के स्वाभाव में अंतर हैं। शादी के बाद अनिता के तीन बेटे होते हैं, और सुनिता की तीन बेटियाँ। अनिता बेटे होने के कारण अहंकार दिखाती है। लेकिन सुनिता साधारण तरीके से जीती है। अपनी बहन से वह कुछ भी नहीं कहती है। अपने परिवार का ध्यान रखती है। कहानी के अंत में अनिता के बेटे कुछ भी नहीं बन पाते हैं, सुनिता की बेटियाँ पढ़कर काम हासिल करती हैं। इस कहानी में अनिता अहंकार की मूर्ति है। सुनिता शांत स्वाभाव वाली एक स्त्री। जहाँ एक तरफ स्त्री के स्वाभाव से परिवार बिगड़ता है, दूसरी तरफ बनता भी है।

स्त्री को समाज के अनुसार जीना पड़ता है। समाज के हर एक रीति-रिवाजों का पालन करना पड़ता है। भारत जैसे देश में स्त्री को जंजीरों में बांधकर चलना सिखाते हैं। अपनी इच्छानुसार नहीं दूसरों की इच्छानुसार जीना पड़ता है। यही कारण है कि आज भी नारी अपनी इच्छाओं को अपने अंदर दबा लेती है। ऐसी नारियों की व्यथा-कथा के जींवत यथार्थ को सुशीला टाकभौरे ने अपनी कहानियों में अभिव्यक्त किया है। परिवार और समाज दोनों में स्त्री का स्थान महत्त्वपूर्ण है। लेकिन कुछ लोग उसे मानने से इनकार करते हैं। सुशीला अपने कहानी संग्रह के माध्यम से जिन्दगी में नारी का महत्त्व बताती हैं। उसी तरह उनकी व्यथाओं को भी हमारे सामने खोलकर रखती हैं।

खामोश नहीं हूँ मैं : व्यवस्था की साजिश के खिलाफ

–मृदुला पी॰एम॰

सदियों से चलती आ रही दलितों की दमित दीन गाथा रटना कवि असंगघोष का उद्देश्य कभी भी नहीं रहा है। दलित वेदना और पीड़ा अब विद्रोह का रूप धारण कर लेती है जिसकी सघन अभिव्यक्ति अन्य समकालीन दलित कवियों की भाँति असंगघोष में भी मौजूद है। कितने युगों से स्वतंत्रता और प्रतिष्ठा की आकांक्षा को चुप्पी में बाँधकर रखा गया, वह छिलके तोड़कर आसमान की ओर शब्द बन जाती है। कवि असंगघोष ने भी अपनी खामोशी को अर्थवत्ता प्रदान करके जोर से उद्घोषित किया है कि मैं अर्थात हम निश्शब्द-निश्शस्त्र नहीं हैं। इसका साक्षात्कार हम 'खामोश नहीं हूँ मैं' में कर सकते हैं।

हाशिए पर जीनेवाले भद्र समाज की तथाकथित नैतिकता और उपेक्षा के शिकार, लोगों के जीवन संदर्भों में कवि के शब्द व्यापकता पाते हैं तो तर्कहीन आक्रोश के स्थान पर कविता में अपनी चेतना की अपेक्षित गहराई मिलती है जो अभिव्यक्ति को सघनता प्रदान करती है। अपना जिया-भोगा सच कवि की वाणी में साकार हो जाता है। सीधी-सपाट भाषा में जब कवि अपने अनुभवों की सच्चाइयों का परिचय देते हैं तो उनकी जिंदगी की तल्ख अनुभूत यथार्थता की कसौटी पर कसकर मूल्यांकित करना समीचीन प्रतीत होता है।

दलित वर्ग को दमित ही रहे जाने देने के अभिजात वर्ग के औजार रूढ़िवाद, जातिवाद, मनुवाद और ब्राह्मणवाद रहे हैं। दलित साहित्यकार इस सत्य को पहचानने में सफल हुए हैं और इनका प्रखर विरोध ही उनकी अभिव्यक्ति की मुख्य दिशा बन गयी है। समाज की मुख्यधारा में प्रतिष्ठित हो पाने की मानव सहज चाहत को दीर्घकाल से मन में ही दबे रहने की नियति को अब वे चुनौती देते हैं। समय को, अपने को कविता में बदल देने की प्रक्रिया में असंगघोष भी प्रतिरोध का यही मार्ग चुन लेते हैं। अपनी रचनात्मक भागीदारी में ईमानदारी बनाए रखने में और विवेक की तार्किकता अपनाने में कवि सफलता पा रहे हैं।

'धर्म तुम्हें तिलांजलि देता हूँ', 'जाति जाती', 'मुझे ही', 'जब चाँद गिर पड़ेगा' आदि ऐसी कविताएँ हैं, जिनमें समाज की सुव्यवस्था को विकृत बनानेवाली जातिप्रथा की निरर्थकता और उसको तिलांजलि देने की चाह कवि ने व्यक्त की है। 'मुझे ही' में कवि बताते हैं–

"बामन
तुम्हारे ही स्वार्थ पूर्ति के लिए
यह हरदम
मुझे दंश मारती है
तुम नहीं काटोगे
अपने बोये बबूल
मुझे ही डालना होगा मट्ठा
तुम्हारी और इसकी जड़ों में"

जाति खेतों में पैदा नहीं हुई है और घर के अंदर-बाहर रखे गमलों में नहीं सिली गयी है। किसी पेड़ के फल से पल्लवित भी नहीं और कारखाने में निर्मित भी नहीं हुई। समाज के उच्चवर्ग के ही बोये बबूल के काँटों की नोंक पर ही बनी जाति उन्हीं के द्वारा खत्म नहीं होनेवाली है। जातिवाद के जड़ों को काट देना उसके दुष्परिणामों को भोगनेवालों का ही संकल्प बनना जरूरी है। जातियों की झंझटों से तब तक छुटकारा नहीं पा सकेगा, जब तक दलित अपने को जागृत करते नहीं। नहीं तो चाँद जब कभी गिर पड़ेगा उसी वक्त की व्यर्थ प्रतीक्षा करनी पड़ेगी।

बचपन में गुजरे गए जीवन संघर्ष को कवि भूल नहीं पाते हैं और बुरे वक्त का एकमात्र आसरा 'अलगनी' और 'हल्लाडी' को वे इस संघर्ष के प्रतीक चिह्नों के रूप में हमारे सामने प्रस्तुत करते हैं। 'सहारा अलगनी', 'मीठा काँदा', 'हल्लाडी', 'कंदील' जैसी कविताओं में स्मृति में क्रांति की किरण खोजकर कवि आगे निकल जाते हैं।

'नदी सदियों से प्यासी है', 'छप्पर फाड़कर देना', 'गाडफादर' आदि कविताओं तक पहुँचकर संघर्ष की यह चेतना तार्किक रूप धारण कर लेती है। सदियों से अनुगूँजित अपनी प्रतिष्ठा की पुकार को कवि 'नदी' के माध्यम से व्यक्त करना चाहते हैं–

"नदी ने गुहार लगाई
ऊँचे पहाड़ों को
जिसके बीच उसकी गुहार
आज भी प्रतिध्वनित हो रही
नदी सदियों से प्यासी है।"

नदी की तीव्रगति को रोकने का व्यर्थ प्रयास करनेवाली शिलाओं के शोर में डूब जाकर भी नदी की आवाज हमेशा की तरह उठती ही रहती है। नदी की अभिशप्तता सागर तक पहुँचकर भी समाप्त नहीं होती। सागर की प्यास बुझाने हेतु

उसको अपनी इच्छा की प्यास वैसी छोड़कर उसमें समाहित होना पड़ता है। अपने उद्गम से लेकर अंतिम साँस तक दलित जीवन का अभिशाप इसी तरह बना रहा क्योंकि सभ्य समाज उन्हें छुटकारा पाने नहीं देते। तो भी अपनी आवाज उनके पास है और शोर मचाती ही रहेगी।

धर्म के ठेकेदारों को कवि चेतावनी देते हैं कि कमबख्त जाति जन्म से ही उन पर चिपके रहती है तो भी धर्म को छोड़ देने को वे सदैव तैयार है। कवि जोर से पूछना चाहते हैं कि यह कैसा न्याय है कि दलित जाति से दूर रहना चाहते हैं तो भी उनकी जाति की नीचता को ढूँढ निकालने में वरेण्य वर्ग व्यर्थ ही व्यस्त रहते हैं, अपने को ऊँचे साबित करने के लिए -

"यदि मैं
जाति बोधक शब्द न लगाऊँ तो
तुम्हारा घाघ पुरोधा
जासूसी कर
मेरी जाति खोज लाता है।"

जाति के नाम पर पिछड़े छोड़कर वे दलितों पर अपना शोषण चलाते हैं और स्वयं पण्डित घोषित करने का खोखला प्रयास करते हैं, अपने नाम के साथ उच्च जाति के सूचक शब्द लगाते हैं।

नये संसार की सर्जना के हसीन सपनों को निद्रा में ही छोड़ देने की विवशता के बीच भी 'समय और मैं' में कवि अपने लक्ष्य तक की अनवरत दौड़ की संघर्षमय दृष्टि व्यक्त करते हैं—

"मैं ने पहचाना,
वह समय था
जिसे मैं अभी तक
पीछे नहीं कर पाया
दौड़ना अब भी जारी है।"

आगे की यात्रा में समय को भी पीछे कर देने की आकांक्षा इसमें ध्वनित होती है और जीवन पथ पर ठोकर खाकर गिर पड़ने पर भी संभलकर उठनेवाली इच्छा इसके लिए उनको शक्ति अवश्य ही प्रदान करेगी। समय की पहचान इसका पहला सफल कदम है।

'मोना तुम मरी क्यों' समकालीन दलित जीवन का जीवंत दस्तावेज है। बूख, बीमारी, उपेक्षा के शिकार दलित अभिरक्षा से भी वंचित रहते हैं। झुलसाती गर्मियों में तपित होकर या कठिन सर्दी में ठण्डे होकर, बाढ़ में बहकर या दूसरों की लगाई आग में भस्म होकर वे प्राण छोड़ देते हैं। दलितों की मृत्यु आज दूसरों को विवाद का विषय है लेकिन भोगनेवालों की वेदना कौन समझ पाता है?

"खाने को जब तक होती हैं
हवा खारा भीख या रहम
तब तक गरीब नहीं मरते
कभी भूख से।

इस प्रकार कहकर सर्वहारा वर्ग को उनकी नियति पर छोड़कर निरसंग रहनेवाले लोगों के दृष्टिकोण पर कवि व्यंग्य करते हैं। मरे हुए दलित की लाश उखाड़े बिना, उसकी चीरफाड़ किए बिना अंधा शासन यह नहीं पहचान सकता कि वह भूख से या अभाव से, बुखार से या अन्य बीमारी से पड़ गया। अंत में यह निष्कर्ष निकाल देगा कि मौत ने ही उसको मारा है। भूख से लड़ते रहना उनके जीवन का अभिन्न हिस्सा बन गया है और हवा और घास मिलते रहने तक वे भूख के सामने हारे नहीं होते। दलित जीवन के उद्धार हेतु कितनी ही योजनाएँ शासन व्यवस्था द्वारा बनायी गयी तो भी वे अभी भी न्यायवंचित होकर मर जाने को विवश रहते हैं।

कवि उन ब्राह्मणों की पाखण्डी पवित्रता पर प्रश्नचिहन लगाते हैं जो अछूत कहनेवालों की रोवा-शुश्रुषा पाकर, अपने घर-खेत-खलिहानों के सारे कार्य करवा लेकर, मरी गाय के चमड़े से दलितों के ही हाथों बनाई चरणपादुकाएँ पहनकर, उनसे ही बने चड़सों से कुएँ से पानी निकालकर अपनी खोखली पवित्रता के नाम पर, दलितों की प्यास के उस पानी से वंचित रखा करते थे। अपना रोष कवि इस प्रकार प्रकट करते हैं -

"तुम पीते रहे जीवन भर
मरी गाय के चमड़े से
उलीचा पानी
यह कैसी थी तुम्हारी पवित्रता
अपने स्वार्थ के लिए
कुटिल ब्राह्मण
मुझे घिन आती है तुम पर।"

निम्न कहे जानेवाले, बिना मजूरी पाये, उच्चवर्ग के सारे काम करते थे और भीख सा अपर्याप्त अनाज पाकर, खुद नंगे पाँव रहकर द्विजों के पाँवों को फटने से बचानेवाली पादुकाएँ बनाते थे। कुएँ का पानी ब्राह्मणों के लिए ही पवित्र माना जाता था। ये सब कहानियाँ पुरानी पड़ गयीं और दलितों की वर्तमान पीढ़ी इस पर घृणा प्रकट करने से जरा भी हिचकती नहीं। ब्राह्मण समाज की कुटिलता के प्रति अपने घोर असंतोष को सीधे ही अभिव्यक्त कर देने में वे तनिक भी डरते नहीं। धर्म के झण्डाबरदारों से मुठभेड़ करके वे कह देते हैं—बहुत हो गया। अन्याय को चुपचाप सहकर गुलामी जिंदगी बिता देने का जमाना बदल गया है। वैसी शोषक नीति अब नहीं चलेगी। बहुत हो चुका है हम पर और धर्म के नाम पर धोखा चलानेवालों के

दकियानूसी विचारों को बहा देने में और अधिक समय नहीं लग जाएगा

"हम तोड़ देंगे पाल
बहा देंगे
सारा का सारा पानी
तुम्हारे खेतों में
खलिहानों में
मकानों और
तुम्हारे दकियानूसी विचारों में
तुम्हें नेस्तनाबूद करने।"

यह उन बामनों के लिए धमकी है जो मुँडेर पर बैठ तालाब में, विचारों के पत्थर फेंककर प्रतिक्रियाओं की लहरें गिनकर समय व्यतीत करते हैं। धर्म के नाम पर उनके खोखलेपन को सह लेना अब नहीं रह जाता। प्रतिक्रिया को सशक्त बनाना होगा।

अंग्रेजियत की शताब्दी पर बने कीर्तिस्तंभ की नींव पर गिरकर मरे गये दलितों की रुलाई को अनसुना करनेवाले, राजा के महलों के दीवारों पर टकराकर अब भी वह क्रंदन गूँज रहा है। 'राजा बहरे थे' की पंक्तियाँ हैं

"बचे खुचे दलित मजदूरों को
रियाया ने भीख दी काम के बदले
उनकी आत्मा
आज भी भटक रही है
गलियों में भीख माँगने।"

दलितों की पुकार की ओर पूरे समाज के कान अब भी बंद हैं और उन्हें खुला देना समय की माँग बन गयी है। आवाज को तीखा कर देना जरूरी बन गयी है। देखना होगा कि कब तक इसको अनदेखा-अनसुना कर देगा बहरा समाज। राजा की कथा पुरानी पड़ गयी लेकिन पुकार शेष रही है और अधिकाधिक तीव्र होती जाती है।

ईश्वरत्व पर विश्वास बनाये रखनेवाली कोई भी घटना दलितों के जीवन में अब तक घटित नहीं हुई अतः उस ईश्वर को कवि असंगघोष भी पूर्ण रूप से तिरस्कृत दृष्टि से देखते हैं जो दलितोद्धार के लिए हाथ नहीं बढ़ाते हैं। 'अंधा बहरा भगवान' में उस भगवान की आँखों और कानों पर कवि व्यंग्य करते हैं, जो उस अबोध दलित बालक को पिटाई से बचाने के लिए मंदिर के अंदर रहकर भी प्रकट नहीं हुए

"मोटी ताँद
चोटीवाला एक पूजारी
उसे सहा नहीं गया
एक अछूत का
अनायास मंदिर में घुरा आना।"

बचपन के भोलेपन में, खेल के वक्त, अपनी जाति के अछूतेपन को भूलकर, मंदिर में घुस जाने के दोष को उस बालक की लहू का बदला लेने में पंडित हिचकते नहीं तो उसकी रुलाई की ओर तथाकथित दीन-दयाल भगवान क्यों अंधा-बहरा रह गया?

"उस रोते अबोध बालक को बचाने
वहाँ क्यों नहीं प्रकट हुआ
भगवान
अंधा-बहरा?"

दलितों-पीडितों पर कृपा दृष्टि न डाले तो ईश्वर नाम का मतलब शून्य ही है।

'आखिर क्यों?' में कवि की शंका व्यक्त होती है—शास्त्रधारी भगवान का रूप दिये की रोशनी में चमककर युद्ध के सदैव तैयार दिखाई देता है लेकिन उसके कठोर दिल में पीडित जनता के उद्धार करनेवाली प्रकाश किरण कभी भी क्यों नहीं उदित हुई है?

"किसी भी रोशनी में
कभी भी दिखाई नहीं दिए
शिखाधारियों के षड्यंत्रों को रोकते
दलितों पर होते दमन को थामते
शास्त्रधारी पत्थर दिल भगवान।"

भगवान के हाथों में दिखाई देनेवाले नाना प्रकार के शास्त्र मनुवाद को स्थापित करने के लिए ही थे। शोषित जनता के लिए युद्ध करने के लिए वे कदापि नहीं रहे। 'बिना शीर्षक' में कवि पूछते हैं -

"ईश्वर यदि तुम हो, तो
क्या चाहते हो?"

आढंबरयुक्त आराधना-अर्चना, पाखण्डपूर्ण सेवा-समर्पण, भोग-विलासी जीवन, तिलकधारियों की चापलूसी, भेदभाव, छुआछूतवाली वर्णव्यवस्था, दुराचार आदि से ईश्वर की माँग तृप्त है तो उनका अस्तित्व कहाँ है?

जन्म से ही दलित अदृश्य धागों में बँधा हुआ होता है जो दिन ब दिन मजबूत होता ही जाता है। अपनी इच्छाओं को दबाकर जिंदगी काटनेवालों के सामने मुक्तिपथ दर्शाते कोई मुक्तिदाता अब तक अवतरित नहीं हुए और आगे की संभावना भी संदिग्ध है। अतः स्वर्ग-पद की ओर ले जानेवाले ईश्वर की प्रतीक्षा बिलकुल व्यर्थ ही है। कवि अपना दर्द इस बात पर व्यक्त कर रहे हैं—

"इच्छाशक्ति के अभाव में
कुछ भी नहीं कर पाया मैं
और जख्म खाएँ दरख्त की तरह
केवल अपना ही दर्द सहता रहा।"

अपने कर्तव्य से, दायित्व रो, पहचान से अलग रहने या चूक जाने का अपराधबोध और उससे उद्भूत निराशा से कवि त्रस्त हैं। उससे छुटकारा पाने का रास्ता वे ढूँढते हैं।

सभ्य कहनेवाली बाजारू संस्कृति द्वारा दलित मजदूरिनों पर होनेवाली लूट की ओर 'सिलसिला' इशारा करती है

"लकड़ी बेचकर पैसा पानेवाली
हाट-बाजार करती
दलित मजदूरिन
जो मोल-भाव से कम पाती
क्रय करती अपनी आवश्यकता
ऊँचे भावों पर
दोनों ओर लुटी जाकर घर जाती।"

परिष्कृत समाज की लेखनी नारी के अंग-प्रत्यंगों का वर्णन करती है, उसके प्यार को तरह-तरह के अलंकृत शब्दों में बुन देती है। लेकिन उसकी असली ममता से अछूती रह जाती है। कबूतर को शांति का प्रतीक मानने का कवि का तर्क 'शांति-कपोत' में इस प्रकार व्यक्त होता है–

"कबूतर नहीं जाता फर्क
मंदिरों मस्जिदों गिरजाघरों
हवेलियों, झोंपडियों व खण्डहरों में।"

जाति-धर्म की सीमाओं की रचना स्वयं करके उसके भीतर-बाहर लड़नेवाले इनसानों के बीच धर्म की विकृतियों से वाकिफ, अजानों व घण्डों की आवाजों के बारे में बारीक जानकारीवाला कपोत शांति का प्रतीक बन जाता है।

रोको ब्राह्मण ब्राह्मणवाद पर एक घोर प्रहार और चुनौती है। ब्राह्मणों ने पूरी प्रकृति को अपने लिए पवित्र बनाये रखने की मूढ़ता में व्यस्त रहकर स्वयं मूर्ख स्थापित किये हैं। उनकी पवित्र दृष्टि में बहता पानी गंगा समान है, हवा, धूप, चाँदनी, बारिश की बूँदें सब उनको पवित्र रूप में मिल जाती हैं। लेकिन दलितों को भी ये सब समान रूप से मौजूद हैं और उनको छूने के बाद ब्राह्मण की पवित्रता पर बरस पड़ती है, यह बात वे भूल जाते हैं और इनको रोकने में भी वे पराजित ही हो जाएँगे। कवि उनको चुनौती देते हैं -

"रोको ब्राह्मण
यदि तुम रोक सको तो
उस हवा को जो
मुझे छूकर तुम तक आ रही है
जिसमें मेरे द्वारा छोड़ी गयी
साँस भी

घुल-मिल गयी है
तुम्हारा धर्म भ्रष्ट करने।"

अछूतों के स्पर्श मात्र से अपवित्र बन जाते तो उस हवा को, बहते पानी को, प्रकाश किरण को, धूप को, वर्षा को रोक न सकने के कारण ब्राह्मणत्व क्या नष्ट हो जाएगा? दूसरी प्रकृति की रचना वे नहीं कर सकते तो दिखाने की यह पवित्रता और मूर्ख बाह्याडंबर कहाँ तक चल जाएगा। ऋग्वेद की ऋचाओं को सुने और पढ़े कानों पर पहले की तरह गर्म-पिघला शीशा डालने की हिम्मत तक अब ब्राह्मण में शेष नहीं है।

समाज की मुख्यधारा में स्वतंत्र रूप से आने की चाहत को जब समाज की अन्यायपूर्ण न्याय व्यवस्था पीछे खींचती है तो उसके बोझ को हल्का करने के लिए बेडियों को तोड़ना पड़ता है–

"मन के परों को फड़फड़ाने से कैसे रोकुँ
चाहता हूँ उड़ना
कोई बताए कैसे उड़ूँ"

उड़नेवाले परों को निष्ठुर समाज ने काट दिया और क्रांति की फड़फड़ाहट को रोक नहीं सकता और वे उड़ ही जाएँगे।

सशरीर स्वर्ग जाने की कामना लेकर तपस्या करनेवाले शंबूक की हत्या करके तथाकथित रामराज्य की स्थापना करना वर्तमान समाज का भी शोषणतंत्र है। प्रजाहितैषी राजा के आदर्श रूप राम को भी दलित की यह कठिन तपस्या असह्य लगा तो शंबूक बेकसूर मारे गये। हत्यारा होकर भी राजा राम अब भी भगवान श्रीराम के नाम से ही महिमामंडित है। क्या ऐसी मोक्ष-प्राप्ति की चाह में शंबूक ने तपस्या किया था? 'शंबूक' में कवि बताते हैं कि–

"तुम्हारी यही तपस्या
सही नहीं गयी
ब्राह्मणों क्षत्रियों व
खुद राजा राम तक
सबने षड्यंत्र रचा और
तुम्हारा सिर धर पर न रहा।"

मुक्तिपथ से भी शूद्र के नाम हटा देने का षड्यंत्र अब भी रचा जा रहा है। फर्क तो यही है कि आज का शंबूक इससे अवगत है छल की परंपरा जारी नहीं रहेगी। रामराज्य का मतलब ब्राह्मणराज्य नहीं है।

असंगघोष की कविताओं की क्रांति आक्रामक रूप में नहीं दिखाई देती बल्कि भविष्य के प्राप्ति दृढ़ निश्चय का रूप धारण कर लेती है।

'खामोश नहीं हूँ मैं' की सारी कविताएँ दलित चेतना को सशक्त तौर से उजागर

करनेवाली हैं। अतीत की—अनुदारता, वर्तमान की निष्ठुरता और भविष्य की चिंता इन कविताओं के केंद्रबिंदु है। अदृश्य भगवान की निस्तुर निष्क्रियता पर भरोसा रखने के बजाय दलितों को 'अपना दीप खुद बनना' जरूरी ही है, यही कवि का वक्तव्य है।

कविताओं की भाषा संप्रेष्य और सहज अनुभूति के सर्वथा अनुकूल प्रतीत होती है। आदमी-आदमी के बीच विभाजक रेखाएँ खींचनेवाली व्यवस्था से वे घृणा प्रकट करते हैं। कवि यह घोषित करते हैं कि शब्दहीन अंतराल को अर्थविहीन खामोशी नहीं समझना। अंतहीन अन्याय का प्रतिरोध जारी रहेगा, अंधा-बहरा समाज जागृत होने तक।

सुअरदान : दलित उत्थान का अभिनव प्रयोग

—सुमा॰ ए॰एम॰

हिन्दी साहित्य के कालिक परिवर्तन और परिवर्द्धन में नयी नयी प्रवृत्तियाँ उभरकर आयी हैं। इसमें प्रमुख है दलित विमर्श। स्वानुभव पर लिखनेवाले उपन्यासकारों में रूपनारायण सोनकर अग्रणी हैं। सन् 2010 में प्रकाशित 'सुअरदान' उनका दूसरा उपन्यास है।

उपन्यास का केन्द्र बिन्दु सिंहासनखेडा गाँव का पिगरी फार्म है। चार दोस्तों ने मिलकर पिगरी फार्म के द्वारा एक ऐसे व्यवसाय की शुरुआत की जो सिंहासनखेडा गाँव में व्याप्त समस्त अंधविश्वास और आर्थिक विपन्नता को दूर कर सके। मात्र मुनाफा प्राप्त करना उनका लक्ष्य नहीं है, बल्कि अपने गाँव के पिछड़ेपन को दूर करना ही उनका लक्ष्य रहा है। कम समय में ज्यादा मुनाफा प्राप्त करने के लिए इससे ज्यादा और कोई व्यवसाय नहीं है। सुअर के दूध, बाल, गोश्त सभी से पैसा कमा सकते हैं। इस व्यवसाय के लिए माता सुअर और नर सुअर को वे बाहर से निर्यात करते हैं।

आर्थिक विपन्नता ही दलितों की दयनीय स्थिति का कारण है। इसे मिटाने के लिए अर्थ को ही उन्होंने रामबाण माना। अर्थ की शक्ति को इन दोस्तों ने अच्छी तरह पहचाना है। इसके लिए उन्होंने पिगरी फार्म खोला। पिगरी फार्म के जरिए वे एक वर्णहीन, वर्गहीन समाज की स्थापना करना चाहते हैं जिसमें वे सफल भी होते हैं। बांके बिहारी मंदिर के पुजारी दयाशंकर कट्टर ब्राह्मणवादी था। लेकिन बाद में उन्होंने अपना पूरा जीवन पिगरी फार्म के सुअर पालन में लगा दिया। इसका समर्थन करते हुए वह कहता है "इन पत्थर की मूर्तियों को जिनको हम देवता कहते हैं। रात दिन इनकी सेवा में लगे रहते हैं, इस विश्वास के साथ कि ये हमारा कल्याण करेंगी। यह सभी कोरी चीजें हैं। इन्होंने कभी भी किसी मानव का कल्याण नहीं किया है। हमारे संस्कारों को बेवजह इतना धार्मिक बनाकर हमें कर्महीन बना दिया है एवं फिजूल के धार्मिक कर्मकाण्ड में लगा दिया है।" घोर जातिवादी, धर्मांध

सत्यनारायण त्रिपाठी भी अंत में यह स्वीकार करता है कि–"जिस दुनिया में मैं जीता था अंधकार ही अंधकार था।" पिगरी फार्म के जरिए एक वर्गहीन, वर्णहीन समाज की स्थापना ही नहीं, बल्कि ग्रामोद्धार भी है। चारों अपने गाँववालों को ही नही, आसपास के गाँववालों को भी नौकरी देते हैं। कुत्ता हाँकनेवाले उनके बच्चे स्कूल में जाकर पढ़ने लगे, दो वक्त की रोटी भी नसीब न होनेवाले गाँववाले चारों वक्त भरपेट खाना खाने लगे। सिंहासन खेडा गाँव असल में भारत का प्रतीक है। ग्रामोद्धार से ही भारत का विकास हो सकता है। गाँधीजी की इस परिकल्पना को साकार बनाने की कोशिश इसमें है।

परम्परागत कर्म व्यवस्था और वर्ण व्यवस्था से देश और समाज का कल्याण नहीं होनेवाला है। जातिगत पेशे संबंधी मान्यताओं से राष्ट्र का आर्थिक हित पूरा नहीं होगा। कर्म को धर्म से जोडनेवालो से लेखक का कहना है–"आज के युग में कोई भी व्यापार करना अधर्म नहीं होता है। मेहनत और ईमादारी से किया गया कार्य उस कस्तुरी को प्राप्त करता है जो मृग में रहती है। पूरे उपन्यास में कर्म और धर्म का संघर्ष जारी रहता है। पिगरी फार्म के जरिए कर्म को धर्म से श्रेष्ठ साबित करने का प्रयास उपन्यास के आद्योपांत देख सकता है।

पिगरी फार्म लेखक कोरी कल्पना में बुन गए व्यवसाय नहीं है। फार्म को सुचारु ढंग से चलाने के लिए जो भी व्यवस्थाएँ वहाँ की गयी हैं, प्रशंसनीय हैं। पिगरी फार्म के संबंध में वे कहते हैं–"यह वास्तव में काल्पनिक लोक नहीं है बल्कि पिगरी लोक है। एक ऐसा व्यवसाय जिसके निर्यात से देश की आर्थिक स्थिति सुदृढ़ हो सकती है, देश से गरीबी मिट सकती है।"

ब्राह्मणवाद और धार्मिक पाखण्डों पर कठोर प्रहार का दूसरा नाम है 'सुअरदान'। बांके बिहारी मंदिर से चौबीस मीटर की दूरी पर सुअर केन्द्र का खुलना हिन्दू धर्म पर करारा प्रहार है। भारत में विशेषकर बाह्मणों में जातिवाद का नशा सभी नशों से ज्यादा है। वे अपने स्वार्थ के लिए जातिवाद को कायम रखना चाहते हैं। वे उन्नति के विरोधी और कामचोर होते हैं। जनता को अकर्मण्य बनानेवाले ब्राह्मणवाद राष्ट्र के समग्र विकास में रोक लगाते हैं। बाह्मणवाद के अनुसार ब्राह्मणों का कार्य है–ज्ञानी बनना, ज्ञान बाँटना और ज्ञान के बदले भिक्षा ग्रहण करना। बाकी सब कामों को वे घृणा की दृष्टि से देखते हैं। ऐसा दृष्टिकोण उन्हें कर्महीन बना दिया। हर काम का अपना महत्त्व है। लेकिन इसे मानने के लिए वे तैयार नहीं होते। मजदूरी करना अपमान माननेवाला सत्यनारायण त्रिपाठी मजदूरों के खून चूसने में आगे है। वह ग्रामप्रधान की हैसियत से मजदूरों के लिस्ट में अपने परिवार व रिश्तेदारों के नाम देता है। लेकिन उनमें से कोई भी काम के लिए आते नहीं। फिर भी त्रिपाठी उनके नाम से भुगतान लूटता रहता था। नए ग्राम प्रधान संकटा प्रसाद चिकवा ने इसका विरोध किया तो वह पूछता है–"तुमने कभी ब्राह्मणों को मजदूरी करते देखा

है?” तब चिकवा ब्राह्मणों के कमण्ड पर प्रहार करते हुए कहता है–“जी हाँ। मैंने स्वाभिमानी ब्राह्माणों को मजदूरी करते देखा है। आज के युग में भिक्षा लेना, भीख माँगना अपनी तौहीन समझते हैं। ब्राह्मणों के सिवा जो दूसरी जाति के लोग मजदूरी करते हैं, क्या मजदूरी करने से उनकी गरिमा कम होती है? स्वाभिमान की रोटी खाने से उनकी गरिमा बढ़ती है।” यहाँ खुद ज्ञानी बनकर भिक्षा ग्रहण करके गुजारा करनेवाले ब्राह्माणों को कामचोर साबित करने के साथ ही उनके पाखण्डी स्वाभिमान पर व्यग्य बाण चलाया है।

साम्राज्यवाद ने भारत की मिट्टी को दुकडों में बाँट दिया तो जातिवाद ने भारतीय अंतरात्मा को। स्वतंत्र भारत में साम्राज्यवाद का अधःपतन तो हुआ लेकिन जातिवाद की जड़ें मजबूत होती गयीं। सोनकर ने जातिवाद का विरोध नवीनतम ढंग से किया है। जिस प्रकार पिगरी फार्म उनका नया सोच है उसी प्रकार विभिन्न जातिवालों का पिगरी फार्म जातिवाद के प्रतिरोध का नया स्वर है। खटिक, चमार, यादव, ब्राह्मण आदि मिलकर पिगरी फार्म खोलता है। इन चारों भिन्न जाति के लडकियों से शादी करते हैं। यह केवल जातिवाद का विरोध ही नहीं बल्कि अंतरजातीय विवाह का सच्चा उदाहरण भी है। आज भी अंतरजातीय विवाह प्यार करनेवालों का बलिपीठ है। ऐसी एक सामाजिक परिस्थिति में एक ब्राह्मण युवा क्रिस्तान युवती से और तीन ब्राह्मण युवतियाँ खटिक, चमार, यादव से शादी करने का चित्रण साहसपूर्ण है। शादी के वक्त पुजारी दयाशंकर अंबेडकर के संविधान की समानता और मौलिक अधिकारों की धाराएँ पढ़कर जातिमुक्त चेतना को सार्थक बनाया।

जिस प्रकार अन्य जाति के लोग ब्राह्मणवाद से आक्रांत थे उसी प्रकार ब्राह्मण स्त्रियों को भी ब्राह्मणवाद के कट्टरतापन का शिकार बनना पड़ा है। घर की चार दीवारों के अन्दर धार्मिक पाखण्डों ने उन्हें ऐसे जकडकर रखे थे कि सांस लेना तक दुसाध्य हो गया। लेकिन दयाशंकर की बेटियाँ हिमला, शिमला और तरना शिक्षित एवं ऊँचे विचार रखनेवाली हैं। उनके चित्रण के जरिए लेखक ने ब्राह्मण नारी को शिक्षित होकर आत्म निर्भर बनने का संदेश भी दिया है। शिक्षा और आर्थिक स्वावलंबन स्वतंत्र होकर सोचने का और कुछ करने का हिम्मत देगा। तीनों ब्राह्मण युवतियों ने खटिक, चमार, यादव से शादी करके धार्मिक रूढियों और परम्पराओं को तोड़ा, साथ ही व्यक्ति स्वातंत्र की स्थापना की। मानव केवल मानव होता है, और कुछ नहीं। तीनों का मानना था–“आदमी जाति से नहीं बल्कि कर्म से बड़ा होता है। जातिवाद, ऊँच नीच की भावना समाज में एक कोठ की तरह है। यदि इसका इलाज न किया गया तो पूरा समाज रोगी बन जाएगा।”

वैज्ञानिक युग के भारतीय समाज में कन्या भ्रूण हत्या की तादाद बढ़ रही है। कन्या भ्रूण हत्या का प्रमुख कारण है नारी को भोग की वस्तु माननेवाला सामाजिक दृष्टिकोण और बोझ समझनेवाला पारिवारिक दृष्टिकोण। नारी को बोझ बनानेवाली

व्यवस्था में एक ओर दहेज प्रथा आदि कुरीतियाँ है तो दूसरी ओर उनके प्रति होनेवाले यौन अत्याचार। भारतवर्ष के प्रत्येक घर में यही भय सदैव पैर पसारे विराजमान है कि अपनी बेटी के साथ कहीं ऊँच-नीच न हो जाए। जिन्दगी भर की इन तसदीहों को खतम करने के लिए वे जन्म के पहले ही बेटियों के नाम और निशान तक मिटाना चाहते हैं। "कन्या भ्रूण हत्या की वजह से कन्याओं का अकाल पड़ गया था" कहकर इस समस्या का आगामी दुष्परिणाम पर भी विचार किया गया।

आज धर्म और राजनीति व्यभिचार का अड्डा बन गया है। आज बेटियाँ अपने ही घर में सुरक्षित नहीं हैं? फिर कैसे धर्म और राजनीति के हाथों में सुरक्षित होंगी। अपनी मरदानगी दिखाने के लिए नन्हें बच्चों पर भी अत्याचार करनेवाले मर्द, मर्द नहीं हिजड़ा है। पुजारी दयाशंकर और ग्राम प्रधान सत्यनारायण त्रिपाठी ऐसे पतित धार्मिक व राजनैतिक नेताओं का प्रतीक है। "जो ताकतवर है, वही सभी चीजों का भोग करता है" ऐसे खयाल रखनेवाले पुरुष सत्तात्मक समाज में भारत की बेटियाँ कैसे सुरक्षित होंगी? समाज में अत्याचार बढ़ने का सबसे प्रमुख कारण सत्ता और लोगों की निष्क्रियता है। अन्याय और अत्याचार के विरुद्ध जहाँ प्रतिरोध नहीं होता वहीं निरंकुशता हावी रहती है। सन्नो, अनुसूइया, सुनयना आदि दलित नारियों के जरिए नारी को अबला माननेवाले सामाजिक दृष्टिकोण पर वार किया है। नारी शोषण के प्रति अंधा बननेवालों को सन्नो चेतावनी देती है—"आज यह मेरे साथ अत्याचार कर रहा है, कल तुम्हारी लडकियों और स्त्रियों के साथ भी करेगा।" इन को सचेत किया है कि प्रतिरोध करनेवालों को छुई-मुई नहीं, हथौड़ा बनना चाहिए। यहाँ नारीवाद का स्वर मुखरित है।

विदेशों की अपेक्षा भारत में नारी उत्पीड़न ज्यादातर होती है। माँ की गोद में खेल रहे बच्चों से लेकर बूढ़ी औरत की लाश तक को वे नहीं छोड़ते। घिसी-पिटी परम्पराएँ सख्त नियम का अभाव आदि इसके कारण हैं। लेकिन लेखक की राय में सबसे प्रमुख कारण सेक्स दमन और सेक्स एजुकेशन का अभाव है। सेक्स एजुकेशन के लिए सरकार दारा अभी तक कोई योजना नहीं बनायी गयी है। खटिक चमार, यादव, त्रिवेदी की शादी में प्रोजक्टरों से बड़े बड़े स्क्रीन प्ले पर सेक्स एजुकेशन संबंधी फिल्मों को दिखाने का प्रसंग लेखक के विद्रोही स्वर को मुखरित करता है।

सेक्स संबंधी गलत धारणाओं के कारण तमाम प्रकार की बीमारियाँ पैदा होती हैं जिनमें प्रमुख है 'एड्स'। इस महामारी के नाम पर चल रही छुआछूत पर भी उपन्यास में विचार किया है। 'एड्स' छूत की बीमारी नहीं है। एक दमदार प्रसंग के दारा रचनाकार ने इस संदेश का प्रचार किया। रोगग्रस्त पुजारी दयाशंकर का हाथ पकड़कर ग्राम प्रधान संकटा प्रसाद चिकवा सभी को यकीन दिलाया कि यह छूत की बीमारी नहीं है। जिनकी छाया तक पड़ने से सवर्ण डरते थे, वही अवर्ण की मदद से पुजारी वास्तविक भव सागर पार कर लिया। यह प्रसंग जातिवाद, छुआछूत, एड्स

संबंधी गलत धारणाओं को भस्मीभूत बना दिया।

भारतीय समाज में जातिवाद का नशा इतना चढ़ गया कि पशु पक्षियों को भी भी भेदभाव की दृष्टि से देखता है। ब्राह्मणवाद के अनुसार सुअर घृणित जानवर है और गाय श्रेष्ठ और पूजनीय। इसका खण्डन करते हुए रचनाकार ने लिखा है—"जानवर जानवर होता है चाहे गाय हो या सुअर जानवरों के प्रति प्यार होना चाहिए। लेकिन मात्र एक जानवर के प्रति धार्मिक होने के लिए दबाव डालना उचित प्रतीत नहीं होता है" गोमूत्र और गोबर को पवित्र माननेवाले पुजारी दयाशंकर देवीदान सचान के प्रत्याघाती विचार सुनकर अवाक रह जाता है। उनकी राय में—"यह आप लोगों ने धारणा फैला रखी है। मूत्र मूत्र होता है और पाखाना पाखाना होता है। चाहे वह आदमी का हो या जानवर का।" मोती चुगनेवाले हंस को बगुलों से श्रेष्ठ माननेवाली धारणा पर भी प्रहार हुआ है। सोनकर अपनी व्यवहारिक दृष्टि से बगुलों को श्रेष्ठ साबित करके कहते है—बगुला और हंस का रंग सफेद होता है। बगुला मछली खाता है और हंस मोती चुगता है। मोती हरदम नहीं मिलते हैं। इसलिए हंस भूखों मर जाता है। मछलियाँ हरदम तालाब में मिलती है। इसलिए बगुला जिन्दा रहता है। उपन्यास में दलित पात्रों से ज्यादा इन पशु पक्षियों के जरिए दलित चेतना उभरा है।

एक रूढ वाक्य है—जब अच्छा कार्य मानव द्वारा किया जाता है, उनकी प्रशंसा मानव ही नहीं बल्कि देवता भी करते हैं। इस रूढ़ वाक्य का खण्डन इस प्रकार होता है—"कहते हैं जो अच्छे कार्य मानवो द्वारा किए जाते हैं उनकी प्रशंसा केवल मानव ही नहीं करते बल्कि जानवर भी करते हैं।" यहाँ देवता के स्थान पर जानवर की प्रतिष्ठा की है क्योंकि देवता दलितों के लिए अप्राप्य है। देवता ने उनका उद्धार नहीं किया है। सुअर जैसा ताकतवर पशु से ही उनका उद्धार हो सकता है। ऐसे जानवर उनके लिए देवता से बढ़कर होंगे।

सामाजिक प्रगति के लिए सवर्णों में रूढ हो गयी कई मिथ्या धारणाओं को तोड़ना जरूरी है। इसलिए रचनाकार ने कट्टर ब्राह्मणवादी जातिवादी पात्र-पुजारी दयाशंकर और सत्यनारायण त्रिपाठी-का वैचारिक परिवर्तन करके दिखाया है। अपनी अंतिम दिनों में पुजारी दया शंकर स्वर्ग-नर्क की कल्पना और गोदान को झूठ और फरेब मानकर कहता है—"मरने के बाद मृत व्यक्ति के लिए काल्पनिक भव सागर की बात करना मिथ्या है। झूठ और फरेब है। यदि मुझे दान करना पड़ा तो मैं प्यार, भाईचारा, सांप्रदायिक सद्भावना, समानता देश प्रेम, जानवरों और मानवों के प्रति लगाव का दान करूँगा।"

हताशावादियों या नक्सलियों को रचना से जोड़कर नक्सलवाद को रोकने के लिए लेखक अपना सुझाव सरकार के सामने रखते हैं—"जो पैसा सरकार उनके दबाने में खर्च करतीं है, यदि इसका एक बटा तीन भाग उनके विकास करने में खर्च कर दिया जाए तो ऐसे लोग हिंसा का रास्ता छोड़ देंगे।" क्योंकि गरीबी से लडना

भयंकर युद्ध ही है। अपनी भूख मिटाने के लिए और अच्छी जिन्दगी के लिए उन्हें आतंकवाद का सहारा लेना पड़ता है।

पंजायती राज व्यवस्था में आयी खामियों को ईमन्द्वार दलित पदाधिकारी संकटा प्रसाद चिकवा दूर करता है। पंजायती राज व्यवस्था में क्रांतिकारी सुधार के जरिए भारत को विश्व शक्ति और सिंहासन खेड़ा गाँव को विश्व का आदर्श जिला बनाने का प्रयास प्रशंसनीय है।

भारत के अधिकांश पाठक 'गोदान' से परिचित हैं। इसलिए 'सुअरदान' शीर्षक से पाठक के पूर्वाग्रह पर चोट लगेगा। लेकिन 'सुअरदान' में चर्चित परिवेश और समस्याएँ बिलकुल भिन्न हैं। 'गोदान' के केन्द्र में जमीन्दारी शोषण और श्रम से पीडित किसान हैं तो 'सुअरदान' का केन्द्र दलित चेतना है। 'गोदान' में प्रेमचन्द भारतीय किसान की दयनीय व फटेहाल जिन्दगी को चित्रित तो करते हैं लेकिन उस जिन्दगी से उन्हें बाहर निकाल नहीं पाते हैं। वहीं 'सुअरदान' में लेखक पिगरी फार्म के जरिए मजदूरों, किसानों और फटेहाल जिन्दगी जीनेवाले लोगों को उन्नति का रास्ता दिखाया।

आज दलितों के पिछड़ेपन का कारण सिर्फ सवर्ण या सवर्णव्यवस्था नहीं। दलितों के द्वारा भी दलितों का शोषण होता रहा है। दलित शिक्षित होकर नौकरी प्राप्त करने के बाद अपने परिवारवालों और गाँव को मुडकर तक नहीं देखता। रतनलाल ऐसा एक पात्र है जो कलक्टर बनने के बाद अपने घरवालों को जिन्होंने उन्हें कलक्टर बनाने के लिए अपना खून पसीना बहाया छोड़ देता है।

ग्लोबल वार्मिंग, ग्लेशियर का पिघलना, जलवायु परिवर्तन आदि रोकने के लिए घोड़ा गाड़ी, साइकिल आदि के प्रयोग का सुझाव असंगत लगता है। उपन्यास में तत्कालीन सभी सामाजिक समस्याओं पर चर्चा की है। इसलिए संवादात्मक शैली से ज्यादा विश्लेषणात्मक शैली का प्रयोग हुआ है जो उपन्यास के तत्व के अनुकूल नहीं। संरचनात्मक त्रुटियाँ और मुद्रण की त्रुटियाँ पठनीयता में बाधा डालती हैं।

'सुअरदान' समाज में सदियों से चली आ रही लूली-लगड़ी अंधधार्मिक प्रथाओं को मिटाता है। सोनकर ने 'सुअरदान' उपन्यास लिखकर प्रेमचन्द की चुनौती को स्वीकार किया और गोदान में स्थापित धार्मिक मिथकों को 'सुअरदान' ने ध्वस्त कर दिया है। यह ऐसा एक सशक्त उपन्यास है जिसमें समस्याओं की प्रस्तुति के साथ साथ निवारण का सुझाव भी पेश किया है।

जोर्ज ओखेल ने अपना उपन्यास 'आनिमल फार्म' में जानवर पात्रों के जरिम सत्ता का विरोध किया। उसी प्रकार 'सुअरदान' में सोनकर ने सुअर बगुले आदि पशु-पक्षियों के जरिए दलित चेतना को अभिव्यक्ति दी है।

सलाम : मनुवादी संस्कृति का पर्दाफाश

–रम्या एस॰

दलित साहित्य में वर्ग संघर्ष के स्थान पर वर्ण संघर्ष की आवाज गूँज रही है। इस धारा में ओमप्रकाश वाल्मीकि का स्थान महत्त्वपूर्ण है। अपनी रचनाओं में दलितों की व्यक्तिगत संवेदनाओं की बारीकियों को प्रस्तुत करने में वे सफल हुए हैं। उनके कहानी-संग्रह 'सलाम' में शोषित, उत्पीड़ित दलित-मानसिकताओं के जरिए भारत में पनपी मनुवादी-संस्कृति का पर्दाफाश किया है। इस कहानी-संग्रह में चौदह कहानियाँ संकलित हैं। इनमें सवर्ण द्वारा थोपी गयी अपसंस्कृति और साजिशों पर घायल होकर भी अपनी अस्मिता की खोज करनेवाले अवर्ण या पिछड़े जाति का आक्रोश बुलंद है।

मात्र दलित होने के कारण इन्सानी जिंदगी जीने से वंचित अवर्ण अपने अधिकारों से भी अनजान रहते हैं। सवर्ण वर्चस्ववादी समाज में अवर्णों को गुलाम या सेवक माना जाता है। दलितों के रंग को ही उनकी पहचान मानी गयी है। वाल्मीकि के कहानी-संग्रह में समाहित 'बैल की खाल' नामक कहानी में प्रतीकात्मकतायुक्त आख्यान हुआ है। बैल को दलित का प्रतीक माना गया है। खेतों में जुताई के वक्त बैलों का उपयोग होता है और उसके मर जाने पर उसे देखना भी पाप मानकर घृणित नजरों से निम्न जाति से बैल को गाँव के बाहर ले जाने की आज्ञा देते हैं। बैल की खाल यहाँ दलितों की गुलामी की खाल है। कहानी के पात्र काले और भूरे बैल की खाल को छीरते हैं, जो गुलामी की खाल को छीरकर फेंकने का प्रयास माना जा सकता है। दलित विद्रोह को स्पष्ट करते हुए उसके परिणाम पर भी प्रकाश डाला है–"खाल अभी आधी नहीं उतरी थी कि आकाश से गिद्धों के झुंड उतरने लगे। देखते-ही-देखते झुंड-के-झुंड गिद्ध घेरा डालकर मँडराने लगे।... ताजा उतरी खाल को लेकर वे बैल से थोड़ा दूर हट गए। उनके हटते ही गिद्ध बैल पर टूट पड़े। गिद्धों की आवाज भयानक वातावरण बना रही थी।"

दलित अपनी अस्मिता की तलाश में है। वह अपने स्वाभिमान एवं आत्मसम्मान के लिए संघर्ष करता चला आ रहा है। उनका संघर्ष सवर्णों के लिए भयावह स्थिति बन जाता है। अपने वर्चस्व को सुरक्षित रखने के लिए दलितों को अपने स्वत्व

का बोध होने से रोकना पड़ता है। कहानी में सवर्ण पीढ़ी के भय का चित्रण इस प्रकार हुआ है—"जब तक बैल जीवित था तो कोई बात नहीं थी। कल तक अन्न उगानेवाला बैल मरते ही अपवित्र हो गया था।..... गाँव के बड़े-बूढ़े बैल को लेकर कुछ ज्यादा ही चिंतित थे।"

सदियों से सवर्ण अपने अधिकारों को दलितों का शोषण करने के लिए प्रयुक्त हथियार मानते आये हैं। मौन धारण कर सवर्णों के अन्यायों और अत्याचारों का पालन करने से दलितों को पशुवत जिंदगी ही सही जीने का अवसर प्राप्त होता है। इसके बावजूद सवर्ण के खिलाफ आवाज उठाने या अपनी अस्मिता की तलाश करने पर अपनी जान को ही दाव पर लगानी पड़ती है। 'गोहत्या' शीर्षक कहानी का पात्र सुक्का मुखिया के घर का आज्ञाकारी सेवक है। वह मुखिया के खिलाफ एक लफ्ज भी नहीं बोलता—"पिछले कई सालों से मुखिया का नौकर था सुक्का। तब से जब उसके होंठों पर रोए भी नहीं फूटे थे। खेत-खलिहान से लेकर घर-बाहर के सभी काम सुक्का पूरी तन्मयता से करता था। मुखिया जी की किसी भी बात का उसने कभी विरोध नहीं किया।"

दलितों के अंदर आत्मचेतना का सोच फूटते ही उसे मिटाने का प्रयास सवर्णों द्वारा किया जाता है। प्रस्तुत कहानी में मुखिया कहते हैं—"औकात में रह सुक्का। उड़ने की कोशिश न कर, बाप-दादों से चली आई रीत है।" जब दलित अपने ऊपर होनेवाले अत्याचारों का विरोध करते हैं तब उसे मिटाने की साजिश रची जाती है।

'जिनावर' नामक कहानी की खुबियत यह है कि इसमें दलितों के शोषित-पीड़ित-दुःखद स्थितियों का चित्रण नहीं हुआ है, बल्कि एक सवर्ण स्त्री द्वारा सवर्ण पुरुषों के वर्चस्ववादी मानसिकता का पोल खोलने की कोशिश की गयी है। सवर्ण स्त्री के मन में दलितों के प्रति सकारात्मक दृष्टि का भाव भी प्रस्तुत किया है। सामाजिक व्यवस्था में दलितों की तरह स्त्रियों को भी हाशिएकृत किया गया है। प्रस्तुत कहानी का पात्र जगेसर अपने गुलामी को अपनी नियति मानकर भोगने के लिए तैयार होता है। अपनी अस्मिता की तलाश में निकलने का प्रयास न करके चौधरी के घर को ही संसार मानकर जीने के लिए विवश हो जाता है—"अब तो वह चौधरी से अलग कुछ भी सोच नहीं पाता है। चौधरी को छोड़कर वह जाए भी तो कहाँ जाए।" अंत में बिरजू की बहू के द्वारा अपने ऊपर होनेवाले शोषणों का विरोध करने का विवरण दिया गया है और ससुर चौधरी बिरजू की बहू को घर से निकाल देता है। बिरजू की बहू से चौधरी की असलीयत को पहचानकर जगेसर अपने ऊपर थोपी गयी गुलामी से बाहर आने की आकांक्षा रखता है—"उसे लग रहा था जैसे उसके भीतर कुछ जल रहा है। उसे खुद पर भी गुस्सा आ रहा था। उसने एक ऐसे आदमी के लिए अपनी जिंदगी बर्बाद कर ली जो आदमी नहीं, जंगली जिनावर है।"

दलितों को गुलाम बनाकर उनके श्रम का ही शोषण नहीं होता बल्कि उनकी

संवेदनाओं का भी शोषण होता है। वाल्मीकि की कहानी 'ग्रहण' में दलितों के व्यक्तिगत संवेदनाओं का शोषण सवर्णों द्वारा होने का चित्रण है। बिरम की बहू सवर्ण परिवार की स्त्री है, जो संतान न होने के कारण परिवार के अन्यों द्वारा घृणित बन जाती है। ग्रहण के दिन दान-दक्षिणा देते समय दलित टोली में रमेसर को देखकर अपनी जिंदगी में पड़े ग्रहण को दूर करने का उपाय बिरम की बहू को सूझता है। रमेसर को घर के अंधेरी कोठरी में ले जाकर एक बच्चे की माँग करते समय रमेसर कहता है—"बहू जी, मुझे अनाज माँगने जाना है... घर में अनाज का एक भी दाना नहीं है... बापू बीमार है.." इसमें दलितों के गरीबी का भयावह चित्रण हुआ है। वाल्मीकि की अन्य कहानियों के समान इस कहानी का भी शीर्षक सार्थक नजर आता है। भंगी जाति का काले दलित द्वारा सवर्ण जाति के चंद्रमा जैसी स्त्री पर हुआ ग्रहण यहाँ सार्थक लगता है।

सवर्ण द्वारा दलितों का उपयोग मात्र अपने उद्देश्यों की पूर्ति करने के लिए है। 'बिरम की बहू' शीर्षक कहानी में रमेसर ऐसे शोषण का शिकार है। भंगी जाति के दर्दनाक हालत को व्यक्त करते हुए कहा है—"उसका ही क्या भंगी बस्ती में सबकी यही हालत थी। बेगार के बदले मिलती भी प्रताड़ना, लांछन, गाली और अपशब्द। जैसे ये लोग आदमी नहीं, मात्र इस्तेमाल की वस्तु हो। जब चाहा इस्तेमाल किया। टूट-फुट गयी तो उठाकर फेंक दिया। कहीं कोई सहानुभूति नहीं, कोई संवेदना नहीं।" अभिजात अवर्णों का उपयोग करते हैं अपनी इच्छाओं की पूर्ति के लिए। दलितों की मानसिकता की कोई एहमीयत सवर्णों के नजरों में नहीं होती। दलितों को अपने अस्तित्व की खोज जीवन भर करनी पड़ती है, जो हमेशा अधूरे रह जाते हैं।

दलितों की स्थिति जानवरों से भी बदतर होती है। दलित स्त्री के संदर्भ में उसका दोहरा शोषण होता है। 'अम्मा' नामक कहानी में सशक्त दलित स्त्री को दिखाया है। दलित स्त्रियों की विवशता को पाखाना साफ करने के लिए मजबूर करने के जरिए प्रस्तुत किया है। सदियों से अपने ऊपर थोपे गये ऐसे घृणित कर्मों को करने के लिए विवश होने पर भी दलित चेतना और दलित विद्रोह की गूँज अवर्णों के अंदर मुखर होती रहती है। सवर्ण द्वारा हो रहे शोषण का विद्रोह करते हुए अम्मा कहती है—"भैण जी इस हरामी के पिल्ले से कह देणा... हर औरत छिनाल ना होवे है।" वर्णव्यवस्था की गुलामी से अगली पीढ़ी को आजाद करने की कोशिश हर दलित के अंदर जागृत होता है। नयी पीढ़ी को अपनी अस्मिता की पहचान से अवगत कराकर शिक्षा प्राप्त करने की जरूरतों पर जोर देते हैं। योग्यता प्राप्त करके दलित गुजरे पल और अपने उत्तरदायित्वों का स्मरण न करते हुए सवर्णों के समान बन जाने की प्रवृत्तियाँ भी देखी जाती हैं।

'खनाबदोश' कहानी में अस्तित्वहीन दलित लोगों की इच्छाओं पर प्रकाश डाला है। समाज के सबसे निम्न पड़े लोगों के परिश्रम से ही सवर्ण अपनी जिंदगी सुखमय

एवं सुविधापूर्ण तरीखे से गुजारते हैं। सवर्णों की जिंदगी स्वच्छ, सुंदर एवं सुरक्षित बनाने के लिए दलितों को दिन रात मेहनत करना पड़ता है। किंतु दलितों की हालत बहुत ही दर्दनाक है। प्रस्तुत कहनी में सुकिया और मानो भट्टे के मजदूर है जो पक्के ईंट बनाने के लिए कठिन परिश्रम करते हैं। अपने प्रयत्नों से बने ईंटों से सवर्ण मजबूत घर बनाकर सुरक्षित होकर बेफिकर रहते हैं और मजदूर दलित लोग छोटी झोंपडियों में, "एक कतार में बनी छोटी-छोटी झोंपडियों में टिमटिमाती डिबरियाँ भी इस अंधेरे से लड़ नहीं पाती थीं। दड़बेनुमा झोंपडियों में झुककर घुसना पड़ता था। झुके-झुके ही बाहर आना होता था। "

दलित, सवर्णों के लिए ही अपनी पूरी क्षमता का प्रयोग करते हैं। जब दलित अपने उद्धार के लिए कुछ करने की कोशिश करें तो उनके पूरे रास्ते को ही तोड़ फेंक देते हैं। सपनों में भी अपने को सुरक्षित पाना दलितों के हक में नहीं होते। सुकिया कहता है—"चल! ये लोग म्हारा घर ना बणने देंगे। "

सवर्ण वर्चस्ववादी समाज में दलितों को उनके अधिकारों से वंचित रखने की प्रवृत्ति सदियों से चली आ रही है। पशुवत जिंदगी जीने के लिए अभिशप्त अवर्ण हाशिएकृत बनके समाज की किसी कोने में पड़े रहने के लिए विवश है। वर्तमान संदर्भ में सवर्ण युवा पीढ़ी के दृष्टिकोण में दलितों के प्रति राहत भरी बदलाव तो है। किंतु यह केवल 'ऊँट के मुँह में जीरा' के समान है। गाँव के सवर्णों के जातिगत भेदभाव शहर से अधिक सख्त नजर आते हैं। वाल्मीकि की कहानी 'सलाम' में दलितों के प्रति सवर्ण युवक की सकारात्मक दृष्टि का चित्रण है। सवर्ण पात्र द्वारा अवर्णों के दर्दभरी स्थिति का व्याख्यान कथाकार ने किया है। दलित युवक हरीश का साथी होने के कारण कमल उपाध्याय को ब्राह्मण होते हुए भी गाँववालों से नकारात्मक व्यवहारों का सामना करना पड़ता है। चायवाला कमल से कहता है—"यों बामन है तो चूहड़ों की बारात में क्या मूत पीणे आया है। जात छिपाके चाय माँग रा है। मैंने तो साफ कह दी। बुद्धू की दूकान पे तो मिलेगी ना चाय चूहड़ों-चमारों कु, कहीं और ढूँढ ले जाके।" जमाना बदलने से भी सोच नहीं बदलते, सवर्णों के। कमल द्वारा एक झलक सवर्णों के सहयोग पर पड़ते हैं। किंतु यह सीमित बनकर रह जाते हैं।

दलित जागरण से, सदियों से चली आ रही गुलामी की राह मोड़ने का प्रयास दलितों द्वारा हो रहा है। परंपरा से हटकर नई पीढ़ी शिक्षा प्राप्त करने की कोशिश में है। अनजान शहर में अपने अस्तित्व को टिका पाने की कोशिश में दलितों को ढेर सारे सवालों का सामना करना पड़ता है। योग्यता एवं शिष्टता से सबके प्यार पानेवाले दलित अपनी जाति कहने पर कहीं का नहीं रह जाते हैं। 'कहाँ जाए सतीश?' कहानी में सतीश अपनी गुलामी जिंदगी को छोड़कर शहर में नए सपनों और उम्मीदों के साथ आनेवाला दलित पात्र है। सुदर्शन पंत के घर में किराएदार के रूप में प्यार से रहनेवाले सतीश को जाति से अवगत होने पर घर से निकाल

दिया जाता है। मिसेज पंत कहती है–"....एक डोम को घर में रख लिया। सोनू तो उसका जूठा तक खा गयी... मेरी तो समझ में नहीं आ रहा है, प्रायश्चित कैसे होगा..." दलितों का कहीं कोई टिकाना नहीं होता। जाति के नाम पर वह हर कहीं से निकाल दिया जाता है। प्रस्तुत कहानी का शीर्षक 'कहाँ जाए सतीश?' विचार करने पर 'कहीं का न रहा सतीश' मालूम पड़ता है।

शहरीय जीवन स्थितियों में शिक्षा प्राप्त दलित समाज को परंपरागत गुलामी से राहत मिली है। जाति को छुपाकर जीवन की सफलताओं के मंजिल चढ़ते दलितों के अंदर अपने जाति को लेकर हर वक्त भय महसूस होता है। 'भय' नामक कहानी में दिनेश की मानसिकता से गुजरते हुए दलितों की आशंकाओं और विवशताओं का चित्रण मिलता है। दिनेश की माँ शहर के अपने फ्लेट में पूजा का इंतजाम करती है, जिसमें सुअर की बचड़े की बलि चढ़ाई जाती है। दिनेश बछड़े की खून का इंतजाम कर देता है। किंतु भयभीत है कि उसका दोस्त रामप्रसाद तिवारी उनकी जाति न जाने। दलितों को हमेशा यह भय रहता है कि जाति जानने पर जो पद या जगह उन्हें अब हासिल है वह नष्ट न हो जाए या उन्हें पीछे की ओर धकेल दिया न जाए। इस सोच में पड़कर कहानी का पात्र दिनेश अपना मानसिक संतुलन ही खो बैठता है। दिनेश रात को चिल्लाकर कहता है–"वह देखो... सामने खड़ी है... वह देखो... तिवारी भी खड़ा है... उसे मालूम हो गया है... वह सबको बता देगा... सबको..."

ओमप्रकाश वाल्मीकि ने 'पच्चीस चौका डेढ़ सौ' कहानी में दो दलित पीढ़ियों की मानसिक चेतना को उभारा है। सुदीप बचपन से ही अपने पिता से 'पच्चीस चौका डेढ़ सौ' सुनता आया था। वह पढ़-लिखकर समझ जाता है कि यह गलत है और अपने पिता को समझाने में भी कामयाब हो जाता है कि पच्चीस चौका एक सौ होते हैं। पिता के सदियों का विश्वास टूट जाता है, किंतु अपने ऊपर थोपे गए इस विश्वास को तोड़ते हुए कहता है–"तेरे कीड़े पड़ेंगे चौधरी कोई पानी देनेवाला भी नहीं बचेगा।" परंपरा के पुरानी पीढ़ी भी झूठ से मुकाबला करने के लिए तैयार होती है।

अधिकारी या सवर्ण अपने अधिकारों का प्रयोग स्वार्थ इच्छाओं के लिए ही प्रयुक्त करते हैं। अपने वर्चस्व को बनाये रखने के लिए और अधिकारों को सुरक्षित रखने के लिए दलितों को शोषण का शिकार बनाते आये हैं। 'सपना' शीर्षक कहानी में मंदिर निर्माण योजना में आदि से अंत तक कार्यक्षेत्र में सहयोग देनेवाला अनिल कुमार गौतम नामक दलित पात्र को प्रतिष्ठा कार्यक्रम से हटा दिये जाने की कोशिश होती है। दलितों के प्रति सकारात्मक दृष्टि रखनेवाले सवर्ण पात्र ऋषिराज से अधिकारी नटराजन कहता है–".... उसे और उसके बच्चों को उठाकर पीछे बैठाओ... ये गौतम एस॰सी॰ है।"

अपनी योग्यता के बल पर सफलता के पद हासिल करनेवाले दलित भी, जातिगत मामलों में अपने को कमजोर महसूस करते हैं। दफ्तरों में जाति के नाम

पर दलितों को अलग नजरिए से देखने की प्रवृत्ति हर कहीं देखी जा सकती है। सवर्ण लोग दलितों को आगे बढ़ते नहीं देख सकते। दलितों का आगे बढ़ना उनके लिए अपमान या निंदा की बात है। 'कुचक्र' नामक कहानी में प्रमोशन के वक्त दलित पात्र आर॰बी॰ का नाम हटाने का प्रयास निशिकांत द्वारा होता है। निशिकांत कहता है—"रीढ़-वीढ़ कुछ नहीं शर्मा जी॰.. मर-मरकर काम करे हम और प्रमोशन मिले इन भंगी-चमारों को...." दलितों को फँसाने के लिए सवर्णों द्वारा निर्मित कुचक्र से दलित कब बच पाएँगे।

हाशिएकृत समाज की घुटन भरे माहौल से बाहर आने का प्रयास दलितों को अपनी जड़ों से कट जाने के लिए विवश कर देते हैं। मुख्यधारा में अपनी पहचान बनाने की कोशिश में समाज से मिल रहे सारे मान-सम्मान दिखावा मात्र लगने लगता है। अपने अतीत को पीछे छोड़कर नयी पहचान बनाके आगे बढ़नेवाले दलितों के मन में पूरी सुविधाओं के बीच रहकर भी अजीब-सा अकेलापन महसूस होता है। 'अंधड़' कहानी का पात्र एस॰ लाल ऐसा ही व्यक्ति है जो अपनी जाति छुपाकर सफलतापूर्ण जिंदगी जीने के लए अपने नाम और पहचान को भी अंधेरे में रखता है। किंतु दलितों के उद्धार के लिए संघर्ष किए पूर्व पीढ़ी के ध्यान आते ही उसे अपनी गलतियों का एहसास होने लगता है। मिस्टर लाल कहता है—"ये खुद नरक में रहे, लेकिन मुझे नरक से निकालने में जो त्याग इन्होंने किया... उसके बदले में इन्होंने न कुछ माँगा, न मैंने इन्हें कुछ दिया, बल्कि इन्हें अपने से तुच्छ मानकर रिश्ते तक तोड़ बैठा...। सच तो यह है कि मैं मि॰ लाल ऐसे वृक्ष की तरह हूँ, जो अपनी जड़ों को ही अपनी छाया नहीं देता...।" सुक्कड़ सामाजिक सोच के खोखलेपन को समझने का प्रयास करता है और अपने वजूद में रहकर आगे बढ़ने का प्रयास करने लगता है।

प्रस्तुत कहानी-संग्रह द्वारा ओमप्रकाश वाल्मीकि ने दलितों के जीवन के हर मोड़ को अपनी कहानियों में उभारने का प्रयास किया है। हर कहानी के शीर्षक एवं पात्रों के नाम सार्थक सिद्ध हुए हैं। दलितों की स्थितियों की असलियत को प्रस्तुत करने में प्रतीकात्मकता युक्त शब्दों का प्रयोग सफलतापूर्वक हुआ है। हरेक कहानी पढ़ते समय दलितों की संघर्षरत जिंदगी के संबंध में सोचने के लिए, उनके दर्द को महसूस करने के लिए पाठकों को विवश करता है। वर्तमान वैश्विक संदर्भ में पूरी दुनिया को ही एक करने का प्रयास हो रहा है। ऐसे बदलते परिवेश में भी हाशिएकृत दलित उस घेरे से आजाद नहीं हो पा रहा। सफलता प्राप्त करने की दौड़ में वह कहीं का न रह जाता है। अपने वजूद को नष्ट करके भी मुख्यधारा का अंग बनने में वह हार जाता है।

थमेगा नहीं विद्रोह : अस्मिता की लड़ाई की दास्तान

–सुनंदा ए०एम०

सन् 2008 में प्रकाशित 'थमेगा नहीं विद्रोह' उमराव सिंह जाटव का प्रथम उपन्यास है। यह दरियापुर गाँव के दलित जीवन के संघर्ष की कहानी है। यह अलग-अलग पात्रों की अलग-अलग कहानी है, जो दलित परिवेश के व्यापक प्रसंग से जुड़ जाती है। इस कृति का नायक दरियापुर गाँव है। उपन्यासकार उपन्यास के प्रारम्भ में लिखते हैं–"इस गाँव को ही मेरी इस कथा का नायक-खलनायक बनना होगा। इसके अलावा अन्य कोई चारा नहीं है।" इस उपन्यास की रचना-शैली दूसरे दलित उपन्यासों से बिल्कुल अलग है। आंचलिक उपन्यास के रूप में लिखा गया यह उपन्यास जीवन के विभिन्न भावों को अपने में समेटा हुआ है। प्रमुख रूप से इसमें दलित उत्पीड़न और नारी शोषण के मुद्दे आते हैं, साथ ही साथ कुछ मानवीय रिश्तों पर भी प्रकाश डाला है।

उपन्यासकार ने यद्यपि इस उपन्यास का नायक दरियापुर गाँव बताया है, फिर भी दरियापुर गाँव इसमें पूर्ण रूप से उभर नहीं पाया है। 'दरियापुर गाँव के पूर्व, पश्चिम, उत्तर, पश्चिम और मध्य का वर्णन करके उपन्यासकार ने कहानी को जाटवों के मुहल्ले में केंद्रित किया है। उपन्यास में गाँव के बीच की सड़क, चीवाड़े, मुकन्ना तालाब, सियाकी जाटवों के बीच का जोहद गुहली का उल्लेख मात्र किया है। इसका विस्तृत वर्णन इसमें नहीं है। गूजर और जाटव शादी के लिए संबंधों को कैसे चुनते हैं, इसका वर्णन तो इसमें है, लेकिन इन लोगों की जातिगत रूढियों, रीति-रिवाजों, रस्मों का वर्णन इसमें नहीं है।

हर गाँव का धड़कन वहाँ की खेतीबाडी है। दरियापुर की कहानी भी इसी धड़कन से शुरू होती है। अगहन माह जाटवाड़े के लिए वार्षिक अन्नार्जन का माह है। खेती की धुन में अपने आपको भूलनेवाले किसान का चित्र उमराव सिंह ने सुंदर ढंग से खींचा है–"नहाने धोने के लिए अब इस माह में कोई फुर्सत किसी के पास नहीं है। खटास भरी पसीने की बदबू इनके शरीर में रच बर। जाएगी। सो बस जाए परवाह नहीं यह अन्नार्जन का पर्व है नहाने धोने को भूलना होगा।"

दरियाव इस उपन्यास का प्रमुख पात्र है। वह एक सूत्रधार के रूप में कहानी के बीच बीच आता है। कभी कभी ऐसा लगता है कि कहीं दरियाव ही उपन्यासकार तो नहीं है। दरियाव का बचपन, जवानी और अधेड़पन सब इसमें क्रमिक रूप से आया है। दरियाव जाटव मुहल्ले का बच्चा है। उसकी कहानी भागमली की कहानी के साथ शुरू होकर आगे बढ़ती है। किशोरावस्था में अधभरिया के रूप में भागमली को झूला देता है, कहीं भागमली का ससुराल सिधारा लेकर जाता है। फिर दरियाव को चावली की कहानी में ही दिखाई देता है। जवानी के दिनों में एक कहानी लिखने के लिए वह रातों के अंधेरे में चावली के घर दरियापुर की दबी ढकी कहानियाँ सुनने जाता है। उपन्यास के अंत में ही दरियाव की कहानी फ्लाशबैक की शैली में उभरकर सामने आती है।

दरियाव के अलावा इसमें और भी बहुत सारे पात्र हैं। सभी पात्र एक एक स्वतंत्र कथा लेकर आते हैं। ये सभी कथाएँ अपने आपमें पूर्ण हैं। इनके बीच कोई आपसी संबंध नहीं है। फिर भी ये सारे पात्र दरियापुर की धार्मिक, राजनीतिक, सांस्कृतिक, आर्थिक और राजनीतिक चित्र पाठकों के मन में प्रस्तुत करने में सफल हुए हैं।

'थमेगा नहीं विद्रोह' दलित चेतना के विशाल पट पर लिखा गया उपन्यास है। यद्यपि इसकी सभी कथाएँ और पात्र अलग अलग हैं, फिर भी एक ऐसा तत्व है जो इन्हें परस्पर मिलाता है वह है इसमें चित्रित दलित चेतना। सदियों की गुलामी को तोड़ता एक नया दलित समाज इसमें है। ये नए जागृत दलित वर्गों का प्रतीक हैं। इसमें खलनायक के रूप में एक भी ब्राह्मण पात्र नहीं आता। इसमें दलितों का शोषण करनेवाला खुद दलित ही है। वर्णव्यवस्था के अनुसार भारतीय समाज में सिर्फ चार वर्ण है। पर हरेक जाति को और भी उपजातियों में विभक्त किया गया है। सबसी बड़ी विडंबना यह है कि इनमें भी ऊँच-नीच और छुआछूत का भेदभाव है। वेदों के अनुसार यद्यपि स्वयं गूजर भी शूद्र है, लेकिन धर्म के ठेकेदारों ने ऐसा पुख्ता इंतजाम किया था कि गूजर अपने आपको बड़ा समझकर जाटवों को शूद्र कहकर अनाचार अत्याचार और प्रतिकार करें—"गूजरों के सामने यदि जाटव रास्ते में जाने अनजाने पड़ जाता था तो गूजर-गूजरी वापस लौटकर स्नान करके अपने आपको शुद्ध करते हैं।" भारतीय समाज में वर्णव्यवस्था की पकड़ केवल ऊपरी तह पर नहीं बल्कि इसकी जड़ें गहराई पर भी मिलेंगी। भारतीय समाज में हर नीची जाति अपने से भी नीची जाति की तलाश करती रहती है। इसकी नींव इतना मजबूत है कि आज तक इसे यहाँ से उखाड़कर फेंक नहीं पाया है, क्योंकि इसकी जड़ें भारतीयों की मानसिकता में घुलमिल गयी हैं।

दलित उत्पीड़न का व्यापक रूप इसमें दिखाई देता है। भारत के दलितों पर प्राचीन काल से लेकर अनेक प्रकार के अन्याय और अत्याचार होते आये हैं। मनुस्मृतिकार ने दलितों का कर्म केवल सेवा करना मानकर उसे ज्ञान प्राप्ति के समान अधिकारों

से वंचित रखा था यदि सेवा करता हुआ कोई शूद्र सुख का जीवन जीना चाहे तो भी उसके नसीब नहीं होता। भागमली के पिता दिन-रात मेहनत करने पर भी अपने परिवार को दो वक्त की रोटी नहीं दे पाता। दलितों का जरा-सा विद्रोह भी गैरदलित सहन नहीं कर पाता। गूजर जाटवों के कुएँ पर अधिकार स्थापित करता है। जाटवों के पास इसके अलावा और कोई कुआ नहीं है। इसलिए जाटव गूजरों के पास फरियाद लेकर जाता है। इसका परिणाम ऐसा हुआ कि गूजरों के बारह-चौदह साल के लड़कों ने जाटवों के सबसे बुजुर्ग और सम्मानित मथुरा को जूते से पीटा। पानी का मामला है मनुष्य को पानी जरूरती चीजों में से एक है। इसलिए वे दूसरे दिन भी जाता है तब भी उसे मार खानी पड़ती है। अश्लील गालियाँ सुनना पड़ती हैं। जब कचहरी में जाटवों की जीत होती है इसका बदला गूजर पचपन साल की रामबली का बलात्कार करके लेता है। सोलह सत्रह साल के लड़के द्वारा किए गए बलात्कार के सदमे में रामबली आत्महत्या करती है।

जाति के नाम पर दलितों का जो उत्पीड़न किया जा रहा है वह सबसे दर्दनाक है। जाटवों के साथ साथ इस उपन्यास में भंगी जीवन का वर्णन भी है। समाज के सभी घृणित काम करने की जिम्मेदारी उन्हें दी गयी है। टट्टी उठाना, वहाँ साफ करना, मरी हुई गाय को उठाना आदि। इसे समाज उसका कर्तव्य मानता है। इसके लिए एक फूटी कौड़ी तक नहीं देता। उसे केवल दो रोटी ही देता है। वे भी कभी कभी पुरानी बासी रोटी। इसके लिए भी उन्हें सवर्णों के सामने भीख माँगना पड़ता है। भंगियों को ऐसा सिखाया गया है कि इन कामों से उसे पुण्य मिलेगा। भंगियों की दयनीय स्थिति का वर्णन करते हुए चावली कहती है—"टोकरों से रिस रिसकर गू-मूत उनके ऊपर टपका रहता है, गू मूत की बास जिनके तन मन में इस प्रकार बस जाती है कि दुनिया के किसी साबुन में वह क्षमता और सामर्थ्य नहीं है कि तन से जाने को तैयार करे।"

जिस प्रकार धर्म का नाश लोगों में इंजक्ट किया जा रहा है उसी प्रकार जाति का जहर भी इंजक्ट किया जा रहा है। चावली का बाबा अपनी पत्नी को भंगियों की सामाजिक व्यवस्था से बाहर निकालना चाहते हैं, लेकिन वह उतना ही उससे छिपके रहती है। रोज इस पर झगड़े होते थे। किसी चीज की आदत पड़ने पर मानव उससे मुक्त नहीं होना चाहता। चावली की माँ भी आदत लत बन गयी थी। पति के लाखों मना करने पर भी, समझाने पर भी कैथों का टट्टी कमाने का धंधा वह नहीं छोड़ती। इस काम को वह अपना पुश्तैनी धंधा मानती है। इसके लिए वह अपने पति और बेटी तक छोड़ने के लिए तैयार हो जाती है। चावली की माँ कहती है—"उमर गुजर गयी है गो मूत कमाते। इस बास मेरे जीवन में इतनी समा गयी है कि सुबह उठते ही सूँघने को न मिले तो बहुत बेचैनी होती है। एक दो घर कमा लेती हूँ तब जाकर चैन आता है।" मानवेतर जीवन जीने में वह खुश है।

दलित जीवन की सबसे बड़ी विडंबना यह है कि वह इससे मुक्ति पाने के लिए जितनी भी कोशिश करें उसे मुक्ति नहीं मिलता। दलित जहाँ भी जाएँ यह लेबिल उसका पीछा नहीं छोड़ता। चाहे वह अपना धर्म ही बदलें फिर भी वह दलित ही माना जाएगा। चावली और उसके पिता ने अपनी स्थिति उभारने के लिए बहुत कोशिश की। पहले वे आर्यसमाजी बना वहाँ उसका शोषण हुआ तो वे धर्म परिवर्तन करके ईसाई बनते हैं। लेकिन वहाँ भी उन्हें दलित ही मानता है और भंगी का काम ही करना पड़ता है। लेकिन वहाँ उसे इज्जत मिलता है, बराबरी का सुख मिलता है। चावली का पिता कहता है—"ईसाई होकर भी भंगी अवश हूँ लेकिन अछूत नहीं है।"

अधिकार एक ऐसा मदिरा है जिसे एक बार चखे तो इनसान इसका गुलाम बन जाता है। दुनिया की सभी समस्याओं का मूल यही है। गूजर भी ऐसा ही है। वे जाटवों के ऊपर उनका जो अधिकार है उसे खोना नहीं चाहता। कारण अकारण उन्हें जाटवों को मारने का अधिकार है। ज्यादातर जाटव उनके खेतों में बेगार करते हैं। उन्हें मजदूरी नहीं देता। दो वक्त की रोटी ही देता है। जाटव गूजरों के मजदूर हैं। यह परंपरा से चलता आ रहा है। अगर जाटव बेगारी करने के लिए तैयार नहीं होते तो गूजर उन्हें अपनी लाठी से मारता है। गंदी गंदी गालियाँ देती हैं। दरियाव के भाई को नन्द गूजर खेत में नलाई करने के लिए बुलाता है। जब भाई इनकार करता है तो वह मरियल-सा आदमी पहलवान जैसे भाई पर वार किया सिर फटने पर भी पीटना जारी रखा। भाई के बदले माँ बेगसि करने के लिए उसके साथ जाती है। लेकिन तब भी नन्दू गूजर के मुँह से गालियाँ निकलती रहीं।

हमारे देश में कई सालों से पुरुषों ने ही सत्ता का उपयोग किया है। उन्होंने आज तक नारी को हीन बना रखा है। पितृसत्तात्मक समाज नारी का शोषण लिंगभेद के आधार पर होता आ रहा है। स्त्री जीवन के बारे में बाबा साहेब अंबेदकर कहते हैं—"भारतीय समाज व्यवस्था में रची दलितों से भी दलित है। इस व्यवस्था ने न केवल उसकी अस्मिता को नकारा है बल्कि उसे हमेशा दूसरा दर्जा दिया है।" नारी चाहे जहाँ भी हो उसके शारीरिक और मानसिक शोषण होता ही रहता है। शादी के फँदे में दम तोड़नेवाली भागो, भंगी जाति में जन्म लेने के कारण अपना इज्जत तक गँवाना पड़े चावली, गूजरों के बदले का शिकार रामबली, हिंदु पुरुष से प्यार करने के कारण आत्माहूति करनेवाली नसरिन सभी शोषण के चक्र में पिसनेवाली नारियाँ हैं।

अठारह पार करनेवाली नारी बाप के सिर का बोझ है। इक्कीसवीं सदी में भी इसमें कोई बदलाव नहीं आया है। अठारह होने के पहले ही लड़की की शादी करवानी है, नहीं तो बिरादरी में उसका नाक कटेगा। शादी होना है, बस इतना ही है बाद में वह जिये या मरें इसका परवाह समाज भी नहीं करता, माता पिता भी। भागो का जीवन इस शोषणचक्र में पिसकर खतम हो जाता है। अठारह बरस होने और निर्धन परिवार में जन्म लेने के कारण उसकी शादी तपेदिक के अंतिम अवस्था की

रोगी के साथ करवाता है। उसके पिता यह भी नहीं सोचता कि आगे क्या होगा। उन्हें सिर्फ इतना ही था कि यह फंदा उसके गले से किसी भी प्रकार उतरें। अपनी बेटी को इस प्रकार के कुएँ में धकेलने से ज्यादा उसे मार डालना ही बेहतर है।

नारी की शारीरिक शोषण करने में किसी भी जाति का पुरुष पीछे नहीं है। अगर नारी दलित हो तो उसके शोषण के खिलाफ आवाज उठाने के लिए कोई नहीं आता। चावली का बलात्कार जब उसके तेरह वर्ष की उम्र में एक अधेड़ उम्र का आर्यसमाजी पंडित करता है तो उसके खिलाफ आवाज उठाने के लिए एक भी आर्यसमाजी नहीं आता। उस पंडित को कोई सजा नहीं देता। उलटा उसके बाबा को यह धमकी देता है कि यह खबर बाहर जाने न देना।

नारी को हर कहीं कुरबानी देना पड़ता है। परिवार और प्रेमी जब सामने आता है तो हमेशा उसे एक को छोड़ना पड़ता है। प्यार की मानसिक व्यथा में तड़पनेवाली नारी का चित्रण नसरिन की कहानी में मिलता है। नसरिन और सन्तोष के प्रेम में समाज बीच में आता है। सन्तोष उसे पाने के लिए सन्त बनता और अल्लाहू अल्लाहू कहकर गली में घूमता था। इस पर भी जब वही नहीं मिलते तो वह उसी गाँव में नसरिन के सामने खाना और पानी छोड़कर मृत्यु का वरण करता है। यह एक साधारण प्रेम कहानी लगने पर भी इसमें प्रेम को उसकी संपूर्ण गहराई में चित्रित किया है। यह एक महीने या एक वर्ष के इंतजार की कहानी नहीं है। बीस बरस के इंतजार की कहानी है। नसरिन भी खाना पीना छोड़कर अपना जीवन समाप्त करती है।

नारी शोषण के साथ साथ नारी का दूसरा रूप भी इसमें मिलता है। परिवार को बनाने या बिगाड़ने में नारी का बहुत बड़ा हाथ है। कमलेश की कहानी में उपन्यासकार ने यह दिखाया है कि नारी के फिसलने पर वह ही नहीं गिरती उसके साथ साथ पूरा परिवार ही टूटकर धराशायी होता है। पुरुषों में चाहे कितना भी दोष हो, लेकिन वह यह दोष अपनी पत्नी में सहन नहीं कर पाता। दूसरी औरतों के साथ अवैध संबंध रखना मर्दानगी का लक्षण माननेवाला मुंडा अपनी पत्नी का अवैध संबंध बर्दाश्त नहीं कर पाता। मुंडा अपनी पत्नी कमलेश का कत्ल करता है। जेल जाने के लि एभी वह तैयार है। लेकिन उसके भाई केवल सिंह पैसा पानी की तरह बहाने पर भी देवीचरण को फाँसी से बचा नहीं पाता। पश्चाताप की आग में तपकर मुंडा अपनी जान दे देता है। मुंडा की इस कहानी के द्वारा भाई-भाई के प्रेम का सुंदर दास्तान मिलता है। संयुक्त परिवार के विशाल छत में व्यक्ति को जो सुरक्षा और पनाह मिलता है वह और कहीं भी नहीं मिलता।

चावली की कहानी में नारीवाद का सशक्त रूप मिलता है। ढोल गँवार शूद्र पशु नारी ये सब ताड़न के अधिकारी लिखनेवाले तुलसी एक बार उससे मिलता तो शायद ऐसा कभी नहीं लिखता। क्योंकि चावली गँवार है शूद्र है और नारी भी। वह ऐसी नारी है जो अपनी कमाऊ पर रानी की तरह जीता है। उसकी एक ही

के लिए समाज के बड़े-बड़े ठेकेदार भी उसके चरण चूने तक को तैयार है, कयोंकि वह ऐसा सक्षम दाई है जो उसके काले पड़नेवाले चेहरे को सफेद बना सकती है।

चावली इस उपन्यास का एकमात्र सशक्त नारी पात्र है। यद्यपि चावली पचास साल की गँवार औरत है फिर भी उसके सोच और शब्द बहुत ही गहरे और तीखे हैं। भंगी जीवन और नारी जीवन के अनुभवों ने ही उसके व्यक्तित्व को रूपायित किया है।

मर्दों द्वारा किये जानेवाले जुल्म का सजा हमेशा नारी को अकेला ही भोगना पड़ता है। वही कुलछनी बनती है। चावली इसका विरोध करते हुए कहती है—"गूजर, जाटव, चमार, ब्राह्मण, चूहड़ सब साले एक जैसे ही हैं। पाप स्वयं करते हैं बेटियों को जिम्मेदार ठहराते हैं! चोरी चुपे बहनों बेटियों को लेकर आते हैं याँ बेहुरमती करते इन मर्दों को क्या तनिक भी लाज नहीं है। सुअर-सुअरी, गाय-बैल, भैंस-भैंसा के सन्तान को तो नहीं छिपवाते। क्योंकि इससे तो माल मताल बढ़ता है।" समाज मर्दों द्वारा निर्मित कायदे कानून पर चलता है। वहाँ नारी के लिए पाबंदी ही पाबंदी है। इससे तनिक भी इधर-उधर हुई तो मर्दों की मूँछों पर पहाड़ टूट पड़ता है। फिर चाहे वह औरत उसकी माँ ही क्यों न हो उसके गर्दन उड़ाने में भी वह तनिक भी नहीं हिचकता।

नारी के शारीरिक शोषण सिर्फ बाहर ही नहीं बल्कि अपने घरों में भी हो रहा है। यह बात वर्तमान दुनिया की समस्या नहीं है। पुराने जमाने में भी इसके बहुत सारे उदाहरण मिलते हैं। नारी के लिए अपना घर भी सुरक्षित स्थान नहीं है। उसे कभी-कभी अपने ही लोगों के हवस का शिकार बनना पड़ता है। मामा, चाचा, ममेरा भाई, काका, सखा भाई के अलावा अपने पिता भी इसमें पीछे नहीं है। चावली के घर रात के अंधेरे में आनेवाले पुरूषों में भी ऐसे कई भाई और पिता हैं जिन्होंने भेडिये के मुखौटे पहने हैं।

भारतीय संस्कृति का गुणगान तो हर कहीं सुनाई देता है। इसके दूसरे पहलू की ओर कोई देखता ही नहीं है। चावली इस दूसरे पहलू का पर्दाफाश करती है। भारतीय संस्कृति अपने स्नेह, प्रेम, करुणा, भाईचारा, समानता, नारी के प्रति आदर की भावना आदि के नाम पर देश विदेश में प्रशंसनीय है। पत्थरों तक पूजने की बात पर भी भारत इतराता है। भारतीय संस्कृति की आलोचना करते हुए चावली कहती है—"इनकी यह संस्कृति स्वर्णिम तो कतई नहीं है, ही, सवर्णित अवश्य है। पत्थरों को पूजती और जीते जागते इनसानों को निर्दयता से कुचलती, उनकी बहन-बेटियों, पत्नियों, माताओं पर बलात्कार और दासत्व के जुए में जोतकर इनकी इस सवर्णित सभ्यता में तनिक भी लाज लिहाज है तो किसी कुआ-खाई में डूब क्यों नहीं मरती?"

भारतीय नारी के आदर्शों को सामने रखकर भाषण देनेवालों को खरीखोटी सुनाते हुए चावली उसमें दम घुट-घुटकर जी रही नारी के बेजुबान विद्रोह को शब्दों

में व्यक्त करती है—"तंबू से भी अधिक लंबे और भारी भरकम घूँघट में घुटती नारी को भूलकर इतराता है, जिसमें घुटकर नारी जीवन गँवाकर चुक जाती है, जो अनपढ़ है अपने बूते पर तो नगर की भीड़ भरी सड़क भी पार करने में सक्षम नहीं है। व्यवसाय में, कला में, विज्ञान में, राजनीति में बराबरी कौन कहे। उस नारी पर इतराता है जो कौन जाने अपने मन से कि विवशता में कि ज़ोर जबरदस्ती गरे पति की लाश के साथ जल मरती है।" पाश्चात्य संस्कृति के प्रति सकारात्मक दृष्टिकोण इसमें दिखाई देता है। भारत के मूल्यविघटन और परिवर्तन का दोष हमेशा पाश्चात्य संस्कृति पर थोपी जाती है। चावली इसका भी विरोध करती है। नारी के कपड़े से और धूम्रपान से भारतीय संस्कृति की नींव नहीं हिलेगी। नारी के छोटे कपड़े पर शर्मिंदगी महसूस करनेवालों को अजंता और एलोरा की मूर्तियों के नंगे मैथुनरत माँसल मानव को देखकर शर्मिंदगी महसूस नहीं होता? चावली के हर शब्द कमान से निकाले तीर के समान सीधे लक्ष्य को भेदते हैं।

'थमेगा नहीं विद्रोह' दलितों के विद्रोह की कहानी है। इसके दलित सब कुछ सहकर जीनेवाला दलित नहीं है। वे अपने ऊपर हो रहे सभी शोषणों के खिलाफ विद्रोह करते हैं। उनका विद्रोह शब्दों में सीमित नहीं है। वे संगठित होकर अन्याय के खिलाफ लड़ते भी हैं। विद्रोह करने के लिए लाठी लेकर किसी के घर नहीं जाता। लेकिन जो जाटवों के मुहल्ले में अपना हक दिखाने के लिए आता है उसे पर सबक सिखाए बिना छोड़ते नहीं। जाटवो के कुएँ 'किए गए संघर्ष की कहानी महत्त्वपूर्ण है। अपने कुए पर जब गूजर अधिकार स्थापित करते हैं तब वे उसे वापस मिलने के लिए विशाल योजना ही बनाते हैं, कचहरी तक जाते हैं। यह जाटवों की बड़ी जीत थी कि वे सवर्ण गूजरों से लड़कर और कानून की ताकत से कुएँ पर अपना अधिकार सिद्ध करके सफलता पाये। उपन्यास में यह दलितों के विद्रोह की शुरुआत थी। इस विद्रोह को वे आगे भी बनाये रखते हैं।

गूजरों के खिलाफ संघर्ष करने से पहले जाटव पंचायत बुलाकर मथुरा नामक सत्तर बरस के बुजुर्ग को नेता बनाते हैं। वह जाटवों की मुक्ति के लिए अंत तक लड़ने का आह्वान देता है। जाटवों के हर संघर्ष के लिए योजना उन्होंने ही बनाया था। वह ऐसा नेता है.जो किसी भी प्रतिबंधों के सामने सिर झुकने तैयार नहीं है। वह संपूर्ण जाटवों में जोरा का मंत्र फूँककर उन्हें अस्मिता की लड़ाई में लड़ मरने के लिए तैयार करता है। गूजर जाटवों के जंगल पानी पर रोक लगाता है। इस बात को लेकर भी गूजर और जाटवों के बीच संघर्ष हुआ। लाठियाँ पली इसमें जाटवाड़े के दरोंदी की जान चली गयी। दरोंदी की मृत्यु से जाटवों में एक गहरी उदासी छायी। वह लड़ाई और संघर्ष छोड़कर गूजरों से समझौता करना चाहा तो मथुरा ने इसके लिए कतई तैयार नहीं हुआ। वह जाटवों की गुलामी को बंद करना चाहता था। मथुरा ने दृढ़ शब्दों में कहा—'सेरी उमर सत्तर साल है, जितनी जीनी थी जी

चुका। मैं लड़ूँगा अकेला इस गूजर राकछस से, इस उमर में भी लड़ूँगा। बढ़ जाओ सब अपनी लुगाइन के घाघरे में। मर जाऊँ तो मेरी 'ल्हास' भी ले जाके फूँक दी जों चिवाणेन में।"

इस उपन्यास में वर्ण व्यवस्था और ईश्वरीय सत्ता पर भी प्रश्नचिस्न लगाया है। तुले की कहानी यह दिखाता है कि ईश्वर के प्रति दलितों के मन में कितनी घृणा है। तुले दलितों की दीन-हीन दशा का कारण भक्ति की कमी मानता है। इसलिए मन्दिर बनाकर ईश्वर की पूजा करना चाहता है। भारतीय समाज में आज भी तुले जैसे बहुत सारे लोग हैं जो हर दुःख और समस्या का हल भगवान में ढूँढता है। वह यह भूल जाता है कि ईश्वर अकर्मण्यता में नहीं कर्मण्यता में बसता है। जो समस्या का सामना छाती फैलाकर करता है उसे ही ईश्वर अपनी छाती से लगाएँगे। तुले मन्दिर बनाने का हठ करता है तो सारा मुहल्ला उसकी मूर्खता पर हँसी उड़ाता है। क्योंकि वे ईश्वर की शक्ति को मानने के लिए भी तैयार नहीं है। रैतास ईश्वर का विरोध करते हुए कहता है कि—इस देस पै हजार मुसलमानों ने राज करौ, कोई डेढ़ सौ साल अंग्रेज ईसाइयों ने राज करौ और दोनों ने ही अत्याचार भी करै, और जबरन मुसलमान और ईसाई भी बनाये। थारे किरसन पता न कहीं बँसरी बजा रहयाँ हाँ कि वाह इस बात की सुध ही नहीं आयी कि हिन्दू धर्म की हानी हो रही है।"

जाटवों के विद्रोह में तुले की कहानी एक अलग विद्रोह की कहानी है। पहले वह जाटवों के लिए मन्दिर बनाना चाहा था। लेकिन बाद में वह यह निर्णय बदलने ही वाला था कि गूजर आकर उसे धमकी देता है। तुले गूजरों के सामने झुकने के लिए तैयार नहीं था। जाटवाड़े में मन्दिर बनाकर वह गूजरों का विद्रोह करता है। इसके लिए उसे अपने बाबा की संपत्ति भी गँवाना पड़ा। वह किसान से मजदूर बन गया। लेकिन इस बात पर उसे जरा भी दुख नहीं है। क्योंकि यह गूजरों के विरुद्ध उसका अपना संघर्ष था।

उपन्यास में दलितों के उद्धारक कहनेवालों की भी आलोचना मिलती है। दलितों के उद्धारक करनेवाले भी असल में उनका शोषण ही करता है। उद्धार की बातें करनेवाले भी असल में उनका उद्धार नहीं करना चाहते। गाँधीजी के दलितोद्धार को दलित ढकोसला मानते हैं। भारतीय समाज की असमानता ही शोषण का प्रमुख कारण है। इस असमानता का कारण काम पर आधारित वर्ण व्यवस्था है। शद्रों पर थोपा गया काम ने ही उन्हें दलित बनाया है। दलितोद्धार के लिए पहले उन्हें कामों से मुक्ति देना चाहिए। जन्म से दलित बना शूद्र वर्ण व्यवस्था द्वारा थोपे गये इन कामों से निंदनीय बनता है। दलितोद्धार की बातें करनेवाले गाँधीजी दलितों को इन घृणित कामों से मुक्ति पाने का आह्वान नहीं देते। बल्कि वे दलितों को अपना अपना काम करते रहने का उपदेश ही देते हैं। गाँधीजी का दलित के साथ भोजन करना वे एक दिखावा मानते हैं।

दलितों के उद्धारक कहनेवाले आर्यसमाजी भी असल में उन्हें धोखा ही देते हैं। वे सिर्फ हिंदुत्व को बचाना चाहते हैं। सब समान हैं कि घोषणा करनेवाले आर्यसमाजी नेता जब जाटवाड़े में आते हैं तो उपवास रखकर ताकि वहाँ से एक बूँद पानी भी न पीना पड़े। साँप भी मरे लाटी भी न टूटे के सोचवाले आर्यसमाजी नेताओं पर बी इसमें आलोचना मिलती है। दलितों के पिछड़पन का प्रमुख कारण अशिक्षा है। पुराने जुमाने में उसे शिक्षित होने का मौका नहीं देता था। अशिक्षा के कारण वे अपने ऊपर हो रहे शोषण से अनभिज्ञ थे। दलितों को शिक्षित करने में ईसाई मिशनरियों ने बहुत योगदान दिया है। दरियापुर के उद्धार में एक ईसाई दंपति ने स्कूल चलाकर जो काम किया है उसे दरियाव श्रद्धापूर्वक याद करता है। जाटवों के वैचारिक और भौतिक विरोध की नींव असल में इन्होंने ही डाली है।

दरियापुर को प्रतीक बनाकर उपन्यासकार ने दलितों की वर्तमान समस्याओं पर भी प्रकाश डाला है। उपन्यास के अंत में केंद्रीय सरकार का अधिकारी बने दरियाव बरसों बाद दरियापुर वापस आता है। यहाँ आकर उसे निराशा के अलावा कुछ नहीं मिलता। अब सारे जाटव शिक्षित हो गए हैं।

लेकिन यहाँ की परिस्थितियाँ अब वहीं की वहीं है सिर्फ परिवेश में ही बदलाव आया है। शिक्षा को वे नौकरी पाने का साधन ही मानते हैं। शिक्षा से जो परिवर्तन उसकी सोच और जीवन में आने की कल्पना बाबा साहब ने की थी, उसे पाने में वह असमर्थ हुआ है। आज के दलितों की सबसे बड़ी समस्या यह मी है कि दलित बच्चे स्कूल पढ़ने के लिए नहीं बल्कि छात्रवृत्ति पाने के लिए जाते हैं। दलितों के जीवन में आज भी कोई खास परिवर्तन नहीं आया है। आज भी वे जुआ खेलते हैं, मजदूरी करते हैं, छह छह बच्चों की गुजारा होने के लिए उनकी पत्नियाँ यहाँ वहाँ मजदूरी करती रहती हैं। दरियाव दुःखी होकर कहता है–"यह दरियापुर कैसा है? किसका है पाँच पाँच बच्चे सब अनपढ़ गँवार काम के नाम पर मजदूरी, फिर भी सबके ब्याह, बाल बच्चे, लगता तो यही है कि वे भी अनपढ़ गँवार ही रह जायेंगे....।" उपन्यासकार ने एक और गंभीर मुद्दे पर भी प्रकाश डाला है। नौकरी प्राप्त करनेवाले दलित शहरों में ही रहते हैं। नौकरी मिलने के बाद वह अपने गाँव लोगों के बारे में सोचता तक नहीं है।

स्वतंत्रता के पहले और बाद के कालखण्ड के दलितों की अस्मिता की लड़ाई को इस उपन्यास में चित्रित किया है। इस लड़ाई में वे किन किन प्रतिबंधों का सामना करके आगे बढ़ते हैं इसका बखान इसमें है। लेकिन संघर्ष के सभी पहलुओं को छूने में यह कहाँ तक सफल हुआ है इसे देखने परखने की आवश्यकता है। जाटवों के कुएँ के प्रकरण में उठनेवाले संघर्ष जंगल पानी के संघर्ष में भी दिखाई देता है। फिर विद्रोह कहीं गायब होता है पता ही नहीं चलता। बाद में तुले की कहानी और दरियाव की कहानी में संघर्ष की छोटी झलक ही मिलती है। 'थमेगा नहीं विद्रोह'

का विद्रोह स्पष्ट रूप में उभर नहीं पाया है। जितना उम्मीद पाठक उपन्यास का प्रारम्भ देखकर करता है। उसे कायम रखने में उपन्यासकार सफल नहीं हुए हैं। एक बम्ब की प्रतीक्षा करनेवालों एक पटाका ही हाथ आता है। विद्रोह उपन्यास के बीच में कहीं खो जाता है।

उमाराव सिंह जाटव ने सामान्य दलित उपन्यास की धारा से हटकर एक अलग तरीके से इस उपन्यास के। प्रस्तुत किया है। दलित उपन्यास के क्षेत्र में इसकी शैली अलग और निराली है। दलित जीवन के संघर्ष कहाँ तक सफल हुआ है इस पर विचार करने के लिए उपन्यासकार अतीत के पन्ने पलटते हैं। अंत में वे इसकी ओर भी इशारा करते हैं कि आगे उन्हें क्या करना चाहिए और यह सबक भी देते हैं कि विद्रोह खतम करने का समय नहीं आया है। जहाँ तक हमें पहुँचना है वहाँ तक पहुँचने के लिए नये सिरे से विद्रोह करना है। जब तक लक्ष्य तक नहीं पहुँचता तब तक विद्रोह थमना नहीं चाहिए।

नीला आकाश : इंसानियत की मुक्तियात्रा

—डॉ॰ प्रमोद कोवप्रत

हिंदी दलित लेखन के क्षेत्र में डॉ ॰सुशीला टाकभौरे पिछले कुछ सालों से विशिष्ट पहचान बना पायी हैं। उनका पहला उपन्यास 'नीला आकाश' दलित जीवन के कठोर यथार्थ का जीवंत दस्तावेज है जो अतीत, वर्तमान और भविष्य की आशाओं और आशंकाओं को व्यक्त करता है। महाराष्ट्र के कन्हान गाँव को केंद्र में रखकर दलितों के पूरे परिवेश का 'लाइव शो' लेखिका ने प्रस्तुत किया है। यह सिर्फ दलितों की आपबीती नहीं है, बल्कि उनकी शिक्षा, जागृति है—सशक्तीकरण, उत्थान तथा मुक्ति का प्रबल आग्रह है। 'नीला आकाश' दलित जीवन का बीहड़ सत्य, अनंत छटपटाहट, असमाधानजन्य विवशता, शोषणचक्र व साजिश, घृणा व तिरस्कार, आत्मसम्मान व अस्मिता का अनवरत संघर्ष, अस्पृश्यता व असमानता से मुक्ति, रूढ़ियों तथा पाखंडताओं से छुटकारा, कलुषित परंपराओं का त्याग, स्त्री शाक्तिकरण की आवश्यकता, यथास्थितिवाद के प्रति विद्रोह आदि मुद्दों को उजागर करते हुए सदियों से बहिष्कृत, तिरस्कृत, अपमानित तथा अभिशप्त जीवन बितानेवाले दलित समुदाय की मर्मवेदना के प्रति मानवीय संवेदना जागृत करने का सहज और सफल प्रयास है।

भीकुजी और चंदरी ने यह समझ लिया है कि अशिक्षा तथा अंधविश्वास ही दलित जाति का अभिशाप है। छुआछूत की मार से प्रताड़ित उन्हें संगठन और संघर्ष की जरूरत है क्योंकि छुआछूत आत्मा का चीरहरण है। भीकुजी और चंदरी इंसानियत के पक्षधर हैं। उपन्यास सिर्फ दलित व्यथा कथा नहीं, बल्कि उनकी बेबसी, मोहभंग, मोह, प्रतिरोध एवं अथक आशावादिता की कथा है। सुशीला टाकभौरे ने उत्तर के अछूतानंद, रैदास से लेकर केरल के नारायण गुरा, अय्यनकाली तक का जिक्र करके दलित उद्धार का भारतीय परिप्रेक्ष्य खड़ा कर दिया है।

रामकिसन-उर्मिला की बेटी नीलिमा और दुलारी-नंदलाल का बेटा आकाश परिवर्तन की दिशा में अग्रसर नयी पीढ़ी के प्रतीक पात्र हैं। अपार आत्मविश्वास के साथ वे संगठन, सशक्तीकरण तथा जागृति के पथ पर प्रयाण करते हैं। दलित उत्थान आदि प्रासंगिक मुद्दों से 'नीला आकाश' साक्षात्कार करता है।

सुशीला टाकभौरे ने उपन्यास के 'मनोगत' में लिखा है—"नीला आकाश' उपन्यास मेरे मन का आकाश है—जहाँ मेरे विचार, मेरी भावनाएँ और मेरी अपेक्षाएँ मुखरित हैं। 'नीला आकाश' की कथावस्तु दलित जीवन का यथार्थ है। यहाँ सवर्णों के षड्यंत्रों के साथ दलितों के शोषण उत्पीड़न और अभावपूर्ण जीवन का चित्रण है।.... भारतीय समाज रचना में वर्णभेद और जातिभेद की भावना है। यह पहले बहुत विकराल रूप में थी। धीरे-धीरे परिवर्तन हुआ है। मगर यह भावना अभी भी है। इसे पूरी तरह खत्म करके, सवर्ण और अछूत का भेद मिटाया जा सकेगा। इसके लिए सबसे अधिक जरूरत है, दलितों के बीच एकता, संगठन और भाईचारे की। 'नीला आकाश' यही संदेश देने के लिए अग्रसर हुआ है।

उपन्यासकार ने इसमें मातंग और वाल्मीकि आदि का उदाहरण एकता को प्रमाणित करने के लिए दिया है। उनकी धारणा है कि इसी प्रकार चमार महार, खटिक सभी दलित जातियाँ एकता और प्रेम के साथ संगठित होंगी तो बड़ी ताकत बनेंगी। अर्थात् दलितों के बीच जो दूरी मौजूद है वही अभिशाप बन जाता। लेखिका अंतर्जातीय विवाह पर बल देती हैं। नीलिमा और आकाश इसी के मिसाल हे। नीलिमा अलग रहे और सिर्फ आकाश रहे तो ठीक नहीं। सौंदर्य और विराटता का अनुभव तभी संभव है जब नीलिमा और आकाश मिलकर नीलाकाश बन जाए।

रामकिसन और उर्मिला काफी समझदार हैं। उनकी एक ही बच्ची है नीलिमा। यानी परिवार का बड़ा होना दलितों की पतित स्थिति का कारण बन जाता है। अनावश्यक खर्च से बचने तथा बच्चे की ठीक परवरिश के लिए परिवार का छोटा होना जरूरी है। तभी बच्चे के लिए अच्छी शिक्षा का अवसर मिल जाएगा। शिक्षा सबसे बुनियादी बात है। सभी प्रतिकूल परिस्थितियों को पार करके शिक्षा को चुनौती के रूप में स्वीकार करके सामाजिक परिवर्तन का शंखनाद बजा सकता है। 'नीला आकाश' में कुछेक दलित परिवारों की कथा है;। भीकुजी और चंदरी, रामकिसन और उर्मिला, दुलारी और नंदलाल आखिर नीलिमा और आकाश आदि दलित जीवन के तथा उनके उत्थान के अलग अलग अध्यायों तथा आयामों को द्योतित करते हैं। व्यक्तिगत उत्थान के साथ सामाजिक उत्थान में भी योग देना होगा। तभी शोषण से मुक्ति का प्रयाण जारी रख पाएगा।

नीलिमा के माध्यम से सुशीला टाकभौरे ने एक ओर स्त्री शिक्षा का एक नया अध्याय जोड़ दिया तो दूसरी ओर स्त्री शाक्तीकरण की वर्तमान माँग को सख्त कर दिया। स्त्री के व्यक्तित्व का विकास देश की प्रगति के लिए अत्यंत महत्त्वपूर्ण है। अपने व्यक्तिगत अनुभवों ने उपन्यासकार को नीलिमा की सृष्टि करने के लिए प्रेरित किया है। पुरुष प्रधान समाज व्यवस्था में स्त्री सबलता जरूरी है, तभी स्त्री-पुराष समता संभव है। स्त्री अस्मिता के बुनियादी प्रश्न को 'नीला आकाश' में उजागर किया है।

यह एक उपन्यास से बढ़कर सच्ची जिंदगी का गवाहीनामा है। भारतीय इतिहास

में दलित समाज का गवाहीनामा। कोरे जज़्बात के लिए यहाँ स्थान नहीं। यहाँ अलफाज दिल के भीतरी तह से निकलते हैं। अनुभवों की ज्वालामुखी फुट पड़ती है। उसकी लावा का ताप महसूस करना है। विलक्षण दृश्य है। भोलापन है, सहजता है, सरलता है, सादगीपन है, जीवन की सच्ची और कच्ची माटी है।

यह उपन्यास भविष्य पर टिका हुआ है, आगामी दिनों में होनेवाले परिवर्तन का स्पष्ट संकेत है। रामकिसन की वाणी विशेष ध्यान देने योग्य है—"मेरी बेटी नीलिमा लाखों में एक है। वह अकेली सबल और सक्षम है। नीलिमा और आकाश एक होने जा रहे हैं। यह हम सबके लिए ऐतिहासिक घटना है। नीलिमा और आकाश केवल एक वधू और वर के नाम नहीं है। बल्कि ये दोनों मिलकर एक नये नीले आसमान का निर्माण करेंगे—जो हम सबका होगा। हमारा अपना नीला आकाश! इस नीले आकाश की नई दुनिया हमारी होगी। यहाँ कोई ऊँच-नीच, छोटा-बड़ा नहीं होगा। सभी दलित जातियाँ मिलजुलकर एकता के साथ संगठित होकर, रहेंगी। वे अपना आपस का जातिभेद भूलकर, समता सम्मान और बंधुभाव के साथ मिलजुलकर, प्रगति के पथ पर आगे बढेंगे।"

उपन्यासकार ने अंबेड़कर और गौतम बुद्ध के प्रति काफी आदर उपन्यास में दिखाया है। हिंदु संस्कृति की जीर्ण-शीर्ण परंपराओं व अंध मान्यताओं का विरोध भी परोक्ष रूप में दर्शाया है। 'नीला आकाश' दरअसल दलितों की मुक्ति गाथा है! यह उत्थान का प्रयास है। दलितों की व्यथा कथा द्वारा एकता की विजय गाथा की ओर लेखिका अग्रसर होती हैं। नीलिमा और आकाश में कल की सारी संभावनाएँ और सफलताएँ निहित हैं।

उपन्यास का कन्हान गाँव पूरी तरह से जाति के चंगुल में फँस गया है। वहाँ स्पष्ट जातिगत भेदभाव है, छुआछूत कायम है। यहाँ कई परिवार रहते हैं। सब अपने खानदानी पेशे का अनुसरण पीढ़ी-दर-पीढ़ी करते रहते हैं। वे इस काम को छोड़ते नहीं। मगर इनमें भोलापन प्रकट है, गरीबी स्पष्ट है और वे मेहनत में मस्त हैं। मानवतावादी विचार को सुशीला टाकभौरे ने स्पष्ट किया है। दलितों पर अमानवीय व्यवहार ही ज्यादा चल रहा है। उन्हें इंसान के रूप में जीने का हक चाहिए।

'नीला आकाश' दलित जागृति का उपन्यास है। साथ ही जागरूकता का भी। दलित सशक्तीकरण और स्त्री सशक्तीकरण दो केंद्रीय बिंदु हैं, जिनके इर्द-गिर्द पूरी कथा का गरिवेश आगे बढ़ता है। इसके उद्देश्य के रूप में जातिविहीन समाज का गठन बता सकते हैं। कलुषित परंपराओं से मुक्त होकर, व्यवस्था की हैवानियत से बचकर मानवतावादी दृष्टिकोण विकसित करना समय की माँग है। शिक्षा, संगठन और संघर्ष दलित मुक्ति का मार्ग बताया गया है। इस पर उपन्यास बल देता है। समाज सुधार की भावना नयी पीढ़ी में स्पष्ट है। 'छोटा परिवार सुखी परिवार' वाला संदेश हमें उपन्यास से मिल जाता है।

परिवर्तन समय की माँग है। मुक्तियात्रा में कर्मकांडों को त्यागना होगा। सड़ी गली मान्यताओं का पोशाक उतारना होगा। अशिक्षा और अंधविश्वास हमें पतन की बावड़ी की ओर ले चलेंगे। भेदभाव और अस्पृश्यता की मार से प्रताड़ित होने का एक कारण यह भी है। मुक्ति दूसरों से मात्र नहीं, अपने आप से भी चाहिए, बनी-बनायी परिपाटि से, घिसी-पिटी परंपराओं से, जर्जर मान्यताओं से। जाति के ऊपर इंसानियत की स्थापना उपन्यास का प्रमुख उद्देश्य है। दलित जाति को शिक्षा से वंचित रखने की सवर्णों की साजिश पर कुठराघात करना उपन्यास चाहता है। लेखिका ऐसी अमानवीय करतूतों के खिलाफ तर्जनी उठाती हैं। अपनी लेखनी को हथियार बनाती हैं। हौसला को तलवार बनाती हैं। न्याय वंचित भारतीय जनता की आह को नीला आकाश में सुशीला टाकभौरे ने भाव एवं भाषा देने का प्रयास किया है। इसमें कहीं आक्रोश नहीं, आक्रांत नहीं, शांत, सौम्य एवं सहज भाव, वह भी सरल, प्रवाहमयी भाषा में, प्रकृति के पूरे परिवेश के साथ। यह उपन्यास सिर्फ लेखिका के मन का आकाश ही नहीं, बल्कि हर इंसान के मन का आकाश है, जहाँ आस्था का रास्ता मौजूद है।

❑❑